Fernando de Rojas
LA CELESTINA

CLÁSICOS UNIVERSALES PLANETA

Dirección:
GABRIEL OLIVER
catedrático de la Universidad de Barcelona

Fernando de Rojas

LA CELESTINA

Introducción de
JUAN ALCINA
catedrático de Lengua y Literatura de I.N.B.

Edición y notas de
HUMBERTO LÓPEZ MORALES
catedrático de la Universidad de Riopiedras,
Puerto Rico

Planeta

© Editorial Planeta, S. A., 1980
    Córcega, 273-277, Barcelona-8 (España)

Diseño colección y cubierta de Hans Romberg (realización de Jordi Royo)
Ilustración cubierta: grabado de la edición de 1499, Burgos

Primera edición en Clásicos Universales Planeta: diciembre de 1980
Segunda edición en Clásicos Universales Planeta: setiembre de 1981
Tercera edición en Clásicos Universales Planeta: noviembre de 1982

Depósito legal: B. 39.590-1982

ISBN 84-320-3844-X
ISBN 84-390-0001-4 publicado anteriormente por Cupsa Editorial

Printed in Spain - Impreso en España

Grafson, S. A. - Luis Millet, 69 - Esplugues (Barcelona)

SUMARIO

INTRODUCCIÓN

UNA LECTURA DE «LA CELESTINA»

La ficción y su expresión literaria

Es difícil llegar a reconstruir, casi quinientos años después, lo que pudo representar para sus primeros lectores la aparición de La Celestina[1]. *Parece que en esta obra se da cuerpo literario por primera vez entre nosotros, y sin duda antes que en otras literaturas, a ese agridulce gusto de mostrarnos los grandes y pequeños hechos cotidianos de manera que parezcan la vida misma; con su parte de nostalgia del propio pasado, no siempre mejor, de otras maneras de vivirla, con sus ilusiones a veces obsesivas, sus necesidades más materiales y con una discreta exaltación y comprensión de lo que somos aquí antes de la muerte. Su realismo nació como veta de todos los realismos posteriores, y —ése es su milagro—, completamente acabado. Volver a aquel manantial primero, tras tantas experiencias lectoras, magistrales o simples intentos fallidos de búsqueda de nuevas fórmulas, siempre resulta una reconfortante aventura. Nadie quedará con las manos vacías tras su lectura.*

---

[1] La crítica ha establecido que *La Celestina*, a lo largo de los siglos XVI y XVII fue la obra más veces editada. En segundo y tercer lugar se han situado respectivamente el *Guzmán de Alfarache* con sus casi cuarenta ediciones, y *La Diana* de Jorge de Montemayor. Sólo en cuarto lugar se sitúa el *Quijote* con el acompañamiento del *Amadís* (1508) y *Cárcel de Amor* (1492), una novela de caballerías y otra sentimental de la misma época de *La Celestina* (K. Whinnom, «The problem of the "best-seller" in Spanish Golden-Age literature» en *BHS*, LVII [1980], pp. 189-198).

Nace La Celestina² *en* Castilla, *en una época muy
determinada de su historia. A lo largo del siglo XV
castellano se produce una subida sorprendente en
la línea demográfica de la península; Castilla tiene,
al comenzar el XVI, más de las tres cuartas partes de la población de la península. A lo largo del XV
se ha producido también un amplio movimiento mi-
gratorio del Norte hacia la meseta y, sobre todo, a
Andalucía donde en 1492 se cierra la Reconquista.
Aumenta la concentración humana en las ciudades:*

² *La Celestina,* nombre con que se la conocerá muy pronto, nos
es conocida actualmente, por una continuada elaboración que se
refleja en sus títulos y ediciones tempranas conservadas. Con el
título de *Comedia de Calixto y Melibea* tiene 16 actos; con el de
Tragicomedia de Calisto y Melibea, 21. A esta serie corresponde
también el título de *Libro de Calisto y Melibea y de la puta vieja
Celestina* que debió de ser impreso entre 1518 y 1520 en Sevilla.

A) Serie de *Comedia.* Se conservan tres ediciones: *a)* Burgos,
1499 (?). Actualmente en la Hispanic Society of America en Nueva York. Fue dada a conocer por Foulché-Delbose en la *Bibliotheca Hispanica,* 12, Barcelona-Madrid, 1902. Hay edición facsímil (Nueva York, De Vinne Press, 1909). *b)* Toledo, 1500, actualmente en la Bibliotheca Bodmeriana en Coligny-Ginebra. Edición
facsímil con introducción de Daniel Poyán, Zurich, Bibliotheca
Bodmeriana, 1961. *c)* Sevilla, 1501. Actualmente en la Bibliothèque
Nationale de París. La dio a conocer Foulché-Delbosc en *Bibliotheca Hispanica,* Barcelona-Madrid, 1900, tenida entonces como
la primera.

Desde la de 1500 aparecen además de los subtítulos, los siguientes textos: Delante de la obra: *1) El autor a un su amigo*
(Informa de que encontró un acto ya hecho quizá por Mena o
por Rodrigo de Cota. Como el autor del primer acto, él oculta
su nombre por tratarse de obra alejada de su profesión jurídica.)
2) «El autor escusándose de su yerro en esta obra que escrivió,
contra sí arguye y compara.» Se trata de una serie de once
coplas de arte mayor, acrósticas. Nos da a conocer que «El bachiller Fernando de Rojas acabó la Comedia de Calisto y Melibea y fue nascido en la Puebla de Montalbán». Después de la
obra: «Alonso de Proaza, corrector de la impresión.» Se trata
de una serie de seis coplas de arte mayor. La última sirve de
colofón para indicar la fecha y lugar de impresión.

B) Serie de *Tragicomedias: a)* Zaragoza, 1507. Característi-
camente carece de los «argumentos». *b)* Toledo, 1502, pero fechada modernamente entre 1510 y 1514. *c)* Sevilla, 1502, pero
fechada actualmente en 1511. Se conserva un ejemplar único en
el British Museum. *d)* Valencia, 1514, conservada en la Biblioteca
Nacional de Madrid. *e)* Sevilla, 1502, pero fechada ahora entre
1513 y 1515. *f)* Sevilla, 1502, fechada ahora en Roma, posible-

*la industria, el comercio y las mansiones señoria-
les atraen a los campesinos. Desde la década de los
ochenta comienzan a crearse universidades junto a
la vieja universidad salmantina, aparecen los primeros maestros formados en Italia y artesanos impresores del Norte fijan sus talleres entre nosotros.*

*La imprenta se lanza a publicar obras de ficción,
lo cual nos da cuenta de un público lector numero-
so y hambriento de este tipo de literatura. La novela sentimental, lectura de corte, llega a nuevas manos entre los grupos sociales de letrados y bachille-
res que van a ocupar cargos importantes en la admi-
nistración con los Reyes Católicos. Hacia 1480 co-
mienza la publicación de libros de caballerías, que
llegan a un espectro más amplio de lectores y cono-
cerán un momento de florecimiento tardío en la primera mitad del siglo siguiente. A comienzos del XVI,
los impresores tendrán la genial idea de los pliegos
de cordel y comenzarán la primera gran recolección
de romances, que serán lectura para todos.*

*La Celestina, como un género totalmente nuevo,
responde a la necesidad de satisfacer los gustos de
ese nuevo público lector de obras de ficción. Su acción se sitúa en una ciudad castellana de su época*[3],

---

mente 1515, conservada en el Ann Arbor, Michigan. Existen varios
ejemplares. *g)* Valencia, 1518. *h) Libro de Calixto y Melibea y
de la puta vieja Celestina*, Sevilla, 1502, fechada actualmente hacia 1518-1520, conservada en la Biblioteca Nacional de Madrid y
editada por Criado de Val y Trotter, Madrid, CSIC, 1958. *i)* Salamanca, 1502, realmente, Roma, 1520, por Antonio de Salamanca.
Hay ejemplar en la Hispanic Society of America y en el British
Museum de Londres.

A los materiales que presentan la serie de Comedias, además
de las interpolaciones y los cinco actos añaden: *Delante de la
obra: Prólogo:* «Todas las cosas ser criadas a manera de contienda...» *Detrás de la obra: 1) Concluye el autor.* Serie de tres
coplas de arte mayor. *2)* Una estrofa en la serie de «Alonso
Proaza, corrector de la impresión». Es la que «Toca como se
devía la obra llamar tragicomedia y no comedia».

[3] Los interesados en la identificación de la ciudad encontrarán
abundante bibliografía y discusión del tema en María Rosa Lida
(1962), pp. 162-168.

*y los personajes pertenecen a un grupo burgués per-
fectamente definido: Melibea es hija de un merca-
der enriquecido, Calisto pertenece a la «cibdadana
cavallería» (acto XX) y es «de estado mediano». Junto a estos pocos personajes —Calisto, Melibea y sus
padres—, bien asentados, personas conocidas y res-
petadas, están Celestina y sus pupilas, los criados, el
bravucón Centurio: un bajo mundo urbano que va
a ocupar gran parte de la atención del lector.*

*Todos los personajes están escrupulosamente in-
dividualizados, no son el simple perfil humano de
una peripecia como en las narraciones sentimentales
o caballerescas; se nos ensanchan con su propia memoria que nos informa de su pasado y nos dan un
sinfín de aspectos de su personalidad. Si el acto I
es todavía una acción cortesana, sin concretar su escenario, a partir del siguiente, la obra es netamente
urbana y burguesa, lo caballeresco se incorpora como
lectura sobrepuesta a la entidad de los personajes;
en cambio, la idea del dinero y su codicia cobra ca-
tegoría central como motor de la acción. De otra
parte, el amor rompe con las restricciones del código
amoroso cortés para explicar la existencia de esas pobres gentes que proclaman su derecho a vivir y «de-
leitarse».*

*Parece evidente que La Celestina surgió muy cons-
cientemente para satisfacer a un público que, como
sus autores[4], necesitaba de una literatura que habla-
se sinceramente de la realidad que estaban viviendo.*

---

[4] Son problemas de todo tipo los que plantea la fijación de la
autoría por muy diversas razones. Parece ser general, salvo muy
contadas opiniones en contra, que hay como dice Rojas un autor
desconocido —Cota o Mena— para el primer acto y Rojas o Rojas
y el «interpolador» para el resto de la obra. Rojas escribiría
sin duda alguna los quince actos de la Comedia que siguen al
primero, y el «interpolador» lo que se añade en la Tragicomedia.
Otra cuestión plantea la redacción de los materiales editoriales,
incluidos los argumentos, sobre lo que no hay ninguna conclusión definitiva.
Valga decir que se llegó a dudar de la existencia de Fernando
de Rojas, actualmente.

La literatura catalana ofreció el anticipo de algo semejante, aunque no igual, en las partes de Tirant lo Blanch, *en las que el autor se distancia del mundo caballeresco para darnos unas escenas vivas y jocundas de la existencia burguesa.*

Para dar forma literaria a su ficción, los autores de La Celestina *tenían que elegir entre el mostrar —el «showing» de la concepción teórica de H. James— o el contar —el «telling»—. La narración era el modelo de libros de caballerías y sentimentales impregnados de la idealización del mundo que desaparecía. Tenían que colocar su creación literaria dentro de una de las tradiciones existentes y eligieron como modelo la «comedia humanística» latina que había comenzado a dar sus primeros ensayos en romance, porque era el género que aspiraba a captar esa realidad urbana y burguesa. ¿Se le puede acusar a Rojas de no haber inventado la novela moderna? Adoptaron la única solución razonablemente posible, pero en muchos aspectos nos dieron el espíritu de la novela moderna[5].*

La obra aparece así dividida en actos —16 en la Comedia *y 21 en la* Tragicomedia—. *Los personajes nos serán conocidos por lo que dicen y hacen y por*

[5] La *comedia humanística* florece en Italia en los siglos XIV y XV. En su mayoría están escritas en prosa y las versificadas imitan la de la comedia romana. Es una representación de la realidad más rica y variada que la de la comedia antigua. Lida ha descrito así su fracaso pese a las novedades de todo tipo que aportaba: «El prestigio creciente del teatro romano, favorecido en general por el culto a la literatura antigua y patrocinado en particular por magnates y latinistas, arrolló esta tentativa de teatro nuevo.» El género pervive en lengua vulgar. Se cita *La Venexiana,* de comienzos del siglo XVI, que emplea tres variedades dialectales del italiano en relación con los personajes.

La crítica que se ha ocupado de *La Celestina* no ha podido dejar de plantearse el problema del género. Salvo Giman, que la considera una obra agenérica, nadie ha podido negar su condición de obra dramática, pero nadie tampoco ha podido reconocer las dificultades de su representación. De hecho, la obra era dedicada a la lectura. La aparición de las novelas dialogadas de Galdós llevó a algunos a hablar de *La Celestina* como precedente.

lo que unos dicen de los otros o por esas maravillo-
sas reflexiones de cada uno de los personajes sobre
sus propias conductas. Ahora bien, ¿realmente esta
división en actos coincide con lo que se entiende por
tal en el género dramático?

Estructura argumental, estilo y recursos dramáticos

En relación con la pregunta que nos acabamos de
hacer hay que agradecer a Stephen Gilman dos ob-
servaciones muy esenciales: su concepto de la «con-
ciencia dialógica» en la creación de un diálogo flexi-
ble y vivo, y la organización de cada acto en La Celestina *por la ordenación de varias «situaciones*
dialógicas» en torno a un personaje que le sirve de
eje.

«En la Celestina —*nos dice*— *la palabra constitu-*
ye un puente entre el personaje que habla y el que
escucha, el punto en que vienen a confluir dos vidas.»
Distingue en cada intervención de los personajes par-
tes argumentativas destinadas a impresionar al oyen-
te y partes sentimentales que expresan el yo del per-
sonaje. Esta «conciencia dialógica» es la que reduce
la importancia de la acción, cuya peripecia puede
sin disminución ninguna encerrarse en un solo pá-
rrafo en el argumento general y dar más amplia ca-
bida a la «mostración» de la vida misma de cada per-
sonaje.

En cuanto a la concepción del acto, éstos no divi-
den la «acción en el sentido usual de la palabra sino
el continuum *de la conciencia en el diálogo». De la*
misma manera, lo que entendemos por escenas nos
son reunidas en actos, «cada uno de los cuales subra-
ya y relaciona entre sí los estados de conciencia ha-
blada que en él se exponen». Ha subrayado también
el carácter radicalmente no teatral o ateatral del
arte de Rojas como una consecuencia de su análisis

del diálogo y del acto. Con ello parece señalarnos que la ficción que deliberadamente no fue realizada como narración, en cuyo caso tendríamos la primera novela moderna, fue muchísimo más allá de los modelos dramáticos a que pudo acudir y que sobrepasó con unas dotes creadoras plenas de originalidad.

El lector, habituado al lugar y tiempo del teatro realista —espacio estático donde convergen la acción de los personajes y el tiempo que corresponde— advertirá la decidida libertad con que actúan los autores de La Celestina. *Los escenarios parecen fluir múltiples de la conversación de los personajes con cambios que lo aproximan al tratamiento del espacio en el cinematógrafo y en la novela. Gilman, que llama a esto «escenario dinámico», lo ejemplificó con la escena simbólica del caballo (II) que Calisto ordena a Pármeno disponer para montarlo, como hace a continuación. La acción corre desde la cámara de Calisto a la cuadra, luego al portón y por último calle abajo. El tiempo de la escena se comprime mientras no se ahorra ni uno sólo de los escenarios que el diálogo exige. Evidentemente, una representación teatral no podrá mantener esta escena; sólo la novela o el cinematógrafo podrían hacerlo. Con estos cambios acentúa la verosimilitud de la secuencia y al mismo tiempo nos deja percibir en qué medida se está mostrando, a la manera impresionista, una selección de situaciones y no la secuencia ininterrumpida de la realidad, según observa la señora Lida.*

Una consecuencia de gran efectividad será el simultaneísmo: una misma situación es encarada por personajes distintos desde escenarios contiguos, de tal manera que pueden dialogar los de uno con los del otro. Así en las escenas amorosas: los amantes en el huerto y los criados en la calle. Por medio de escenas sucesivas: en el acto I, Sempronio visita a Celestina, mientras queda Pármeno con su señor. El contrapunto lo conoceremos en la escena siguiente,

durante una larga espera de Sempronio y Celestina
que acaban de llamar a la puerta. Simultaneísmo de
gran riqueza plástica encontramos en el final del
acto III cuando se oponen la pareja Sempronio-Eli-
cia arriba, con Celestina durante su conjuro al «triste Plutón».

Un tipo muy característico de acotación incorporada al texto dirigirá la acción de los personajes. Sa-
bremos cuándo suben o bajan, van de camino, llegan
o salen porque nos lo dicen ellos mismos o quienes
les ven hacerlo. A veces esta acotación se funde más
estrechamente al diálogo.

El tiempo se expresa de manera muy particular,
que habría que relacionar con el gusto por la circunstancia concreta, por los personajes según interesa a la acción. Así dice en el acto IV que «No es
tan poco tiempo dos años» que no ve a Celestina.
Y ésta, en el mismo acto, nos informa que Calisto
«Podrá ser, señora, de veinte y tres años» o de que
padece su dolor de muelas «ocho días». La expresión
de tiempo concreto —al que hay que añadir las par-
ticularizaciones de parte del día o las menciones de
tiempo mecánico, tan frecuentes—, como las de espacio concreto y, en general, las de circunstancias
concretas tan escasas en el acto I, y tan frecuentes
en el resto, contribuyen a acentuar el realismo y la
verosimilitud de lo que se nos muestra.

Siendo su técnica selectiva de la realidad que nos
comunica, no puede extrañar que el tiempo implíci-
to o sobrentendido exista en la obra. Mientras en la
acción de la Comedia el tiempo corre desbocado
hacia el final, con ostensibles nexos de enlace y continuidad entre acto y acto, en la Tragicomedia, de
repente, se nos habla de «treinta días», «un mes»,
«muchos, e muchos días son passados» para medir
la duración de las relaciones de Calisto y Melibea.

Se incorporan igualmente a la naturaleza del diálogo recursos propios del drama. Se acaba de hablar

de la acotación incorporada al texto. Tiene gran interés la acotación descriptiva con la que se nos comunican aspectos, gestos, actitudes de los personajes, circunstancias que encuadran la acción y complementan el diálogo. Junto a las acotaciones que llegan a tener en algunos casos gran complicación hay que recordar la importancia del aparte tan característico de nuestro teatro clásico posterior. De todos los tipos empleados, destaca el aparte medio percibido por la persona a cuyas espaldas hablan; principalmente están en boca de los criados y son víctimas Calisto, Melibea y Celestina. El personaje-víctima advierte al murmurador y éste en alta voz dice otra cosa o mantiene alguna palabra de manera que no sea advertida la falsificación. Con estos apartes se subraya la actitud hostil de los criados y se da a éstos el carácter de un coro de tragedia que comenta desde su punto de vista los hechos y acciones que presencian.

Por último, el monólogo en La Celestina *se desentiende de la acción de tal manera que, como se ha dicho, puede suprimirse sin que la acción deje de ser inteligible. En cambio, nos muestra el interior del personaje que en un momento de fuerte carga afectiva —así sucede en la mayor parte de los monólogos— deja escapar su razonamiento íntimo. De alguna manera esto se puede considerar, como se ha hecho, una muestra de fidelidad y consecuencia con su ideal de realismo verosímil.*

La materia argumental tiene una primera rama ascedente que culmina en el acto XII; en éste se da la primera entrevista en la que los amantes están separados por la puerta y se produce el asesinato de Celestina. La segunda rama descendente, muy a la manera de las tragedias de Séneca, se inicia exactamente con el asesinato de Celestina y va seguido en la Comedia *por la sucesión de muertes de los que han intervenido directamente en las relaciones de los*

amantes: se comunica a Calisto la muerte de los criados (XIII), primera y única noche amorosa y muerte de Calisto (XIV), suicidio de Melibea (XV) y lamento de Pleberio (XVI) que cierra la obra. Para
una crítica de cierto fondo teórico neoclásico, la
Comedia está más lograda por su unidad —corto
tiempo— y mayor cohesión de acontecimientos.

La interpolación del Tractado de Centurio simplemente alarga el tiempo y repetirá una segunda noche
amorosa en el acto XIX para situar ahí la muerte
de Calisto seguida en el siguiente por el suicidio de
Melibea (XX) y el lamento de Pleberio (XXI). El
acto XIV introduce, en lugar de la muerte de Celestina, el segundo monólogo de Calisto en relación con
el del acto XIII, y plantea la venganza de Areúsa y
Elicia (XV) acudiendo a la información de Sosia
(XVII) y la complicidad de Centurio (XVIII). El
acto XVI es independiente por sí mismo y hay que
relacionarlo con la declaración de Melibea antes de
morir. La interpolación frena el ritmo acelerado de
la Comedia.

En la primera parte, cuya continuidad está marcada por acotaciones integradas en el texto, hay una
cierta ruptura en el acto VII. Tienen unidad argumental los dos primeros actos como planteamiento,
los actos III al VI por la intervención de la magia
y el símbolo del cordón de Melibea, los actos VII a
IX por el ambiente interior de la casa de Celestina
que culmina en la orgía del último acto. Por último,
los actos X a XIV nos presentan la eclosión del amor
de Melibea y la consecución apetecida, con la muerte
de Celestina y los criados. La estructura superficial
es lineal en el tiempo, coherente y lógica.

Moralización, obscenidades y blasfemias

Sin duda, llamará la atención al lector de La Celestina *saber que la obra no fue prohibida hasta fecha muy tardía, 1793, en que evidentemente la moral
empieza a cambiar. Hasta entonces no ha conocido
más que la censura de unas siete frases en el Índice
de Sotomayor (1640). Las frases censuradas lo fueron por su contenido teológico, no por su obsceni-
dad. Sin embargo, se conocen censuras sobre la ligereza con que son presentadas ciertas escenas desde
relativamente pronto en el siglo XVI: Vives, Gueva-
ra, Alejo Venegas, fray Juan de Pineda. De la serie
recogida por la señora Lida destaca la de Gracián en*
El Criticón: «De La Celestina *y otros tales, aunque
ingeniosos, comparó sus hojas a las del perejil, para
poder pasar sin asco la carnal grosería.» Interés, por
otras razones tiene la del prólogo de* La Pícara Jus-
tina: «No es mi intención ni hallarás que he preten-
dido contar amores al tono del libro de* Celestina;
antes, si bien lo miras, he huido de eso totalmente,
porque siempre que de eso trato voy a la ligera, no
contando lo que pertenece a la materia de deshones-
tidad.»*

*Sin embargo, la obra es ofrecida como una mora-
lización[6], y parece plausible entender que ésta existe
en la misma concepción de la historia y su desarrollo. La muerte violenta de los personajes, sin confe-*

---

[6] La edición de *La Celestina* de 1500 y así las siguientes, tras
el título de la portada se escribe lo siguiente: «la cual contiene,
además de su agradable y dulce estilo, muchas sentencias filo-
sofales y avisos muy necesarios para mancebos, mostrándoles los
engaños que están encerrados en sirvientes y alcahuetas». Tras
el *Síguese* que va a continuación de los acróticos en la *Comedia*
o del *Prólogo* en la *Tragicomedia*, viene el título de la obra y
lo que sigue: «compuesta en reprehensión de los locos enamorados, que, vencidos en su desordenado apetito, a sus amigas
llaman y dicen ser su dios. Asimismo hecha en aviso de los
engaños de las alcahuetas y malos y lisonjeros sirvientes».

sión, es el castigo de los protagonistas de acciones culpables y condenables. Igualmente, es antigua ya la moralización por el aborrecimiento que inspira la presentación de acciones censurables. Sin embargo, también parece evidente que Rojas y el «interpolador» sobrepasaron los presupuestos de una moralización a la manera medieval para presentarnos la vida como «litigioso caos» gobernado por un irónico azar. Cada lector pudo quedarse con lo que era más de su gusto; pero sin duda de manera consciente, los autores supieron crear las bases de una nueva manera de contemplar la existencia al contrastar el amor en dos estados bien distintos: el de los amantes y el de los criados y sus amigas.

La importancia del amor carnal y la sensualidad está implícita en la moralidad de la obra, y aparece dominando no sólo la acción de los amantes sino la de las restantes parejas. Sin embargo, lo verdaderamente característico de La Celestina es no quedar «nunca en lo meramente carnal» (Lida), no dar pie a la tradicional concepción cómica que encontramos en los narradores medievales, con Boccaccio en cabeza, y que volveremos a encontrar en los seguidores de La Celestina o en la muy próxima La lozana andaluza. La misma exaltación vital que abunda en boca de Celestina y otros personajes parece subrayar la importancia de los sentidos como puerta de su sublimación en otras formas de amor, quizá como respuesta a la particular manera del divulgado amor cortés.

Las blasfemias amorosas tienen otro carácter que nunca deja de admirar a los lectores. Calisto, desesperado de amor, grita: «Por cierto, si el del purgatorio es tal, más querría que mi spíritu fuesse con los de los brutos animales, que por medio de aquél yr a la gloria de los sanctos» (I). Sempronio se escandaliza y le pregunta si es cristiano. Calisto contesta: «¿Yo? Melibeo soy, y a Melibea adoro, y en Melibea creo, y a Melibea amo.» Semejantes exageraciones *sacroprofanas se repiten siempre en boca de Calisto. Este tipo de hipérboles no pueden considerarse como signo de judaísmo, y en el Renacimiento son tenidas como muy típicamente castellanas, en cuya literatura comienzan a aparecer desde mediados del siglo XV. Para muchas de ellas hay que pensar en la lengua amorosa del amor cortés.*

¿Por qué no piensan los amantes en matrimonio?

El amor, como un vendaval lleno de pasión, domina a Calisto y a Melibea desde el momento en que los conocemos en los actos I y X respectivamente. ¿Qué explicación puede darse al hecho de que el matrimonio no se plantee en ningún momento como solución posible? Una primera explicación busca las razones de un impedimento y acude a la relación de distintas razas en la Castilla de la época; según esta teoría uno de los dos sería judío converso o descendiente de conversos. En términos absolutos, el texto no apoya tal atribución y hay tantas posibilidades en un sentido como en otro para ambos personajes, quizá con mayor razón en el caso de Melibea que en el de Calisto, aunque en ningún caso terminante[1].

Otra hipótesis trata de apoyarse en el aprovechamiento por parte de los autores de la concepción amorosa del «amor cortés». Según estos códigos se condena al enamorado que considere lo más importante la belleza física, el perfecto enamorado no debe acudir nunca a una directa declaración amorosa y sólo los esposos pueden utilizar determinadas expresiones en su diálogo afectivo. En este sentido, se observa primero que Calisto incumple estos preceptos

---

[1] E. Orozco, «La Celestina. Hipótesis para una interpretación» en *Ínsula*, n.º 124, 1957; F. Garrido, *Los problemas de «Calisto y Melibea» y el conflicto de su autor*, Figueras, 1957; S. Serrano Poncela, «El secreto de Melibea» en *El Secreto de Melibea y otros ensayos*, Madrid, Taurus, 1959.

XXII   *FERNANDO DE ROJAS*

y justifica la llamada «furia de Melibea» al replicar-
le. Otros investigadores han añadido el descubrimiento de la fuente del diálogo inicial de la obra.
Calisto utilizaría fragmentos de tres diálogos del
De Amore de Andreas Capellanus. En todos ellos el
enamorado era de condición superior o inferior a
la dama, contra lo que se establece en el «argumento»: Calisto de «noble linaje» y «de estado mediano» y Melibea «de alta y sereníssima sangre, sublimada en próspero estado».

Por último, otro investigador puntualiza la procedencia de la primera frase de Melibea entre irónica
y ambigua: «Pues aún más ygual galardón te daré
yo, si perseueras.» Corresponde al diálogo en que la
dama noble es pretendida por un plebeyo. Para el co-
nocedor de la fuente, Calisto, como un enamorado
simple y rústico, es puesto en su lugar por Melibea[8].

El problema continúa sin solución. Quizás haya
que buscarla limitando la interpretación cortés, como
ocurre, al primer acto, obra del «auctor antiguo», y
entender su aprovechamiento por Rojas en los restantes, dentro de un tono burgués, como la aparición
del amor pasional y romántico en un determinado
grupo social cuya fuerza absorbe y anula toda capacidad de razonamiento: frente a los acuerdos matri-
moniales establecidos por los padres, la unión concertada por los propios enamorados. Quizá esto nos
explicaría el paralelismo del amor de Calisto y Melibea y el de las otras dos parejas en plano social distinto.

[8] O. Green, «La Celestina» en *España y la traición occidental*,
I, Madrid, Gredos, 1969; «La furia de Melibea» en *Clavileño*,
n.º 20, 1953; J. M. Aguirre, *Calisto y Melibea, amantes cortesa-
nos*, Zaragoza, 1962.

Melibea furiosa y Melibea enamorada

¿Cómo compaginar la «furia de Melibea» en el acto I con la Melibea que en el X dice: «O género femíneo, encogido y frágile! ¿Por qué no fue también a las hembras concedido poder descobrir su congoxoso y ardiente amor, como a los varones? Que ni Calisto viviera quexoso, ni yo penada?» Juan de Valdés, admirador de la obra, no dejó de señalar el brusco cambio de Melibea: «...se dexa muy presto vencer, no solamente a amar pero a gozar del deshonesto fruto del amor.»

Una parte de la crítica ha tratado de explicarlo como resultado de una evolución y de las artes de seducción de Celestina. Se ha acudido a ampliar el tiempo que en una primera lectura parece transcurrir entre la primera escena y el acto X en que Melibea está dispuesta a conceder la entrevista. Esta crítica da a la magia un carácter secundario y ambiental para componer la caracterización de Celestina.

Sin embargo, Russell ha proclamado·la importancia integral de la condición de hechicera de Celestina y ha, mostrado la credibilidad de la época ante tales conjuros. Caro Baroja, que se ha ocupado muy concretamente de la magia en Castilla en los siglos XVI y XVII, nos advierte de que mientras desde muy pronto hombres cultos niegan las brujas voladoras y los aquelarres, «pocas autoridades del Renacimiento, en Italia o en España, fueron capaces de negar que sus maleficios fueran eficaces».

Está demostrado que el Renacimiento estuvo muy interesado por la magia, y que la más estricta ortodoxia admitía los poderes excepcionales del demonio, del cual las hechiceras eran simples instrumentos. Sólo se entra en la heterodoxia cuando la hechicera entiende que es ella misma la poseedora de ta-

les poderes independientemente de la ayuda del demonio. Celestina desde el conjuro (III) actúa como instrumento del demonio al que invoca, cuando habla de su amiga Claudina (VII) no deja de señalar que los demonios, de quien todo cristiano ha de desconfiar, obedecían y decían siempre la verdad a Claudina, cosa que ella nunca consiguió[9].

Con Celestina, creen en sus hechicerías Pármeno, Lucrecia, Sempronio y Elicia, quien continuará su oficio. Calisto traspone los éxitos demoníacos de Celestina a consecuencia de la intercesión de Dios y los santos, cosa que no deja de señalar Pármeno como un sinsentido: «Por fe tengo, hermano, que no es christiano. Lo que la vieja traydora ha rodeado y fecho, dize que los sanctos de Dios se lo han concedido e impetrado.»

El célebre conjuro del acto III recoge, junto a otros elementos literarios, características prácticas mágicas de la hechicería contemporánea descrita en los manuales. Russell ha explicado con toda minuciosidad la importancia del aceite serpentino con el que impregna las madejas, cómo el demonio quedó en casa de Melibea, la ayuda que Celestina tiene en su lento caminar cuando se dirige a casa de Melibea («... las piedras parece que se apartan y me fazen lugar que passe. Ni me estorvan las haldas ni siento cansancio en andar») y cómo de regreso en el acto V se lamenta: «O malditas haldas, prolixas y largas, cómo me estorváis de llegar adonde han de reposar mis nuevas.»

Rojas y el «antiguo auctor» subrayan muy desta-

[9] P. E. Russell, «La Magia, tema integral de La Celestina» en Temas de «La Celestina», Barcelona, Ariel, 1978; Laza Palacios, El laboratorio de la Celestina, Málaga, 1958; Juan Martínez Ruiz y Joaquina Albarracín Navarro, «Farmacopea en La Celestina y en un manuscrito árabe de Ocaña», en Criado de Val, «La Celestina y su contorno social», Barcelona, Hispam, 1977; J. Caro Baroja, Las brujas y su mundo, Madrid, Revista de Occidente, 1966; L. Granjel, «Aspectos de la literatura antisupersticiosa española de los siglos XVI y XVII» en Medicina, II (1953).

cadamente lo mágico y hay que aceptarlo como elemento explicativo de la capacidad suasoria de Celestina y como causa del cambio brusco de la actitud de Melibea cerca de Calisto. El lector actual, tan lejos de todo esto, se negará a aceptarlo desde su concepción racional de la existencia; sin embargo, ahí está como algo muy evidente.

Calisto, ¿amante simple o loco?

Sobre la falsilla de la concepción cortés del amor, Calisto nos es presentado a raíz de su desgraciada entrevista con Melibea, víctima de un «ataque de la enfermedad llamada hereros, *propia de los enamorados y a la que estaban particularmente expuestos los amantes dotados de un corazón aristocrático y grande»[10]. Manda cerrar ventanas para sumirse en la oscuridad y vivir en su tristeza. Una total ausencia de motivaciones, un desinterés absoluto por la vida sin Melibea le hunden en total inactividad y abandono. Sempronio nos da una explicación muy válida para el lector moderno: «¿Quál fue tan contrario acontecimiento que assí tan presto robó el alegría deste hombre, y, lo que peor es, junto con ella el seso»* (I). *Su depresión se injerta con la humildad cortés del amante que exalta a la dama y minimiza y disminuye al enamorado.*

Calisto parece desquiciado en muchos momentos. El sueño se le confunde con la realidad sin acertar con su límite justo. Parece como un anticipado don Quijote amoroso. Esta situación alcanza su punto más alto en el acto VI en que Celestina le ha traído el cordón de Melibea, símbolo tradicional de la entrega de la persona a quien pertenece, como sabía muy bien Melibea («En mi cordón le llevaste embuel-

---

[10] En O. H. Green, *ob. cit.,* p. 141.

ta la posesión de mi libertad» [X]). *Las intervenciones de Calisto alternan con las de los criados y Celestina que tratan de tranquilizarle. El supuesto bien, esperado con el cordón, se transforma en su anormal adoración de la prenda.*

En un determinado momento, advierte Pármeno a Semprario, que prevenga a Celestina, «que no hay tan loco hombre nacido que solo mucho no hable». Celestina, siempre alerta, observa con serenidad: «Déxale, que él caerá de su asno. Ya acaba.» Es momentánea la mejoría porque volverá de nuevo. La locura parece haberse adueñado de Calisto. Locura y no simplemente egoísmo nos puede explicar su desinterés por defender su honor cuando no sale en favor del buen nombre de sus criados que acaban de ajusticiar y finge estar fuera de la ciudad. Así lo interpretará Melibea (XVI) como supremo ofrecimiento amoroso: «Muertos por mí sus servidores, perdiéndose su hazienda, fingiendo absencia con todos los de la ciudad, todos los días encerrado en casa con esperança de verme a la noche.»

Su alegría se muestra desacompasadamente cuando en el acto XII consigue la cita de boca de Melibea: «... dieron luz en mis ojos, encendieron mi coraçón, despertaron mi lengua, estendieron mi merecer, acortaron mi covardía, destorcieron mi encogimiento, doblaron mis fuerças, desadormecieron mis pies y manos, finalmente me dieron tal osadía, que me han traydo con su mucho poder a este sublimado estado en que agora me veo...» Calisto es el hombre fuera de sí. Ni Romeo podrá comparársele ya que éste abandona su espera amorosa para cumplir sus obligaciones sociales matando a Tybalt.

Melibea, suicida por amor

El solitario Calisto se ensimisma y cierra sobre sí mismo y en su casa. Melibea —cuyos padres conocemos, así como su bienestar y su vida en la intimidad— vivirá pendiente de problemas, cuando el amor irrumpa, que no existen para Calisto. De Melibea tenemos uno de los poquísimos retratos literarios: «Los ojos, verdes, rasgados; las pestañas luengas...» (I). La conocimos en su furiosa respuesta al enamorado simple que no sabe encontrar su camino. En el acto IV aparece de nuevo manejando con gran tacto a Celestina y sabiéndole cortar el paso en un rapto de ira, y arrepintiéndose llena de congoja y humildad. Pero ya es distinta en el monólogo que abre el acto X. Nos enteramos que la vista de Calisto la cautivó («¿... lastimándome tan cruelmente el ponçoñoso bocado, que la vista de su presencia de aquel cavallero me dio?») Teme que sea tarde, que su aceptación llegue «quando ya desconfiando de mi buena respuesta, aya puesto sus ojos en amor de otra». Calisto, según Celestina, es «loco y franco». Melibea tiene que ser cauta, quizá hipócrita, pendiente en todo momento de los demás: «¡O mi fiel criada Lucrecia! ¿Qué dirás de mí?» (X).

Pero su amor tiene la misma fuerza que el de Calisto. Cuando a punto de su supremo sacrificio habla con su padre (acto XX) todavía «su coraçón está embargado de passión». Y se dirige a Dios: «Tú, Señor, que de mi habla eres testigo, ves mi poco poder, ves quán cativa tengo mi libertad, quán presos mis sentidos de tan poderoso amor.» Cuando en el acto XVI oye a sus padres que hablan de casarla dice: «No piensen en estas vanidades ni en estos casamientos: que más vale ser buena amiga que mala casada.»

Tratará de retardar su entrega amorosa, intentará inútilmente disuadir a Calisto y lamentará la con-

sumación. Como se ha hecho notar lo que Calisto llamará gloria, Melibea llamará yerro, yerro del que, sin embargo, no se arrepiente ni ante la muerte a que ella misma se condena: «¿Cómo no gozé más del gozo? ¿Cómo tuve en tan poco la gloria que entre mis manos tove?» (XIX).

Celestina, a quien «empicotaron por hechicera»

Muy pronto, la figura de Celestina ocultó la de los amantes para titular la obra. Como tipo literario, Celestina tiene muchos precedentes[11], pero a todos supera por su entidad humana, por su capacidad de seducción y sus poderes en asuntos de amor. Sempronio dirá de ella: «A las duras peñas promoverá y provocará a luxuria si quiere» (I).

A punto de su trágico final (acto XII) nos dice: «... soy una vieja qual Dios me hizo, no peor que todas. Vivo de mi oficio como cada qual oficial del suyo, muy limpiamente... Si bien o mal vivo, Dios es testigo de mi coraçón.» En ese extremo momento de su vida, Celestina fracasará, no sabrá dar la vuelta a la situación y cobrar ventaja; la codicia de los criados la mata, su confianza en sí misma la pierde.

En un momento de intimidad familiar, en su casa (acto IX), nos es presentada en sus vicios y abrumada por la nostalgia del pasado. El elogio del vino alcanza tristes tonalidades por encima de los tópicos. El vino no sólo es fuente de alegría sino del ca-

---

[11] Se han señalado claras divergencias con la *lena* de la comedia romana, que nunca desempeña el papel fundamental de Celestina ni tiene en ningún momento la capacidad suasoria e inventiva. En cambio, tiene evidentes coincidencias con la Vieja *«subtilis et ingeniosa»* del *Pamphilus* y la Baucis del *De uxore cerdonis*, entre las comedias elegíacas. De las comedias humanísticas se han destacado en relación con este personaje la *Poliscena* y el *Poliodorus* en las que la alcahueta toma el papel rector que conocemos en *La Celestina*.

lor que su vitalidad va perdiendo: «Después que me fui faziendo vieja, no sé mejor oficio a la mesa que escanciar... Que con dos jarrillos destos que beva quando me quiero acostar, no siento frío en toda la noche.»

De su pasado recuerda muy marginalmente su viudez: «antes no tenía yo cuydado de lo buscar [...] Jamás me acosté sin comer una tostada en vino y dos dozenas de sorvos» (IV). O cuando estaba rodeada de pupilas: «la mayor no passava de deziocho años y ninguna havía menor de catorze [...] Mío era el provecho, suyo el afán» (IX).

Responsable en su oficio, la vemos actuar en dos ocasiones con todo lujo de pormenores. La condición social de las mujeres que trata de convencer imponen una estrategia y unos razonamientos distintos. Es la primera, con Melibea en el acto IV, donde obra con mayores cautelas y ambigüedades. El acto, situado en el episodio de la magia, nos ofrece a una Celestina no demasiado segura de las artes demoníacas. Sus apartes van dirigidos al demonio para agradecerle y animarle o maldecirle cuando lo siente retroceder. En un momento de su diálogo, sólo aparentemente convencional, Melibea corta. Entonces Celestina parece que se va a lanzar a la acción. Realmente ella no ha venido sólo a vender las madejillas, se preocupa de los enfermos y deja uno de ellos. Va tanteando lentamente hasta que declara el nombre de Calisto. Melibea la interrumpe airada. Celestina la deja que se desfogue. Se trata de un malentendido. Melibea ha pensado mal de ella. El enfermo a la muerte padece desde hace ocho días un terrible dolor de muelas... Pero Celestina ha aprovechado hábilmente la situación para hacerle el elogio del enamorado.

En contraste, en el acto VII, con Areúsa, su protegida, a la que por interés de captar a Pármeno la ha ofrecido a éste, será procaz, insistirá con coaccio-

nes, sus argumentos más descarnados y crudos exaltan la capacidad amorosa del tímido adolescente que promete todo lo que tiene, hasta el dinero que Celestina le ha dicho que le guarda. Pero Celestina es tenaz, implacable hasta conseguir lo que se propone que no es tanto la satisfacción de Pármeno como que éste le prometa hacer amistad con Sempronio en el negocio que han comenzado. Entonces dirá Celestina: «¡Ha, don ruyn! ¡Palabra te tengo! ¡A buen tiempo te así!» (IX).

«¿Ya todos amamos? El mundo se va a perder»

Esto dice Sempronio cuando Pármeno le cuenta su experiencia con Areúsa. Estas dos parejas también viven en registro distinto una historia amorosa. Todo es menos extremoso, pero no menos pasional. Sempronio asiente ante la disertación de Celestina sobre la fuerza del amor en el acto IX. También él pasó su momento «fecho otro Calisto, perdido el sentido, cansado el cuerpo, la cabeça vana, los días mal dormiendo, las noches todas belando...». De Pármeno conocemos todo el proceso de su despertar amoroso ante la atractiva Areúsa.

Ambos personajes están prácticamente definidos en el acto I. Sempronio, el consejero, razonable, con gran sentido de la realidad, pero dispuesto a sacar partido de cuanto se le pone a tiro. Pármeno, todavía da fe a las buenas enseñanzas recibidas, trata en un principio de acomodar la realidad con decidido valor y honestidad a lo que debe ser. Se enfrenta con Celestina tímida pero abiertamente, con respeto pero con decisión. La vieja, que lo advierte a poco de conocerlo, lo hará cambiar. Trata de atraérselo recordándole su amistad con su madre, los cuidados con que lo atendió ella misma, cierta herencia que guarda para él. Pármeno se mantiene firme. Por último, la promesa de Areúsa, que dará lugar a todo un acto (VII), dará al traste con él.

El amor de Pármeno está muy matizado. Es el descubrimiento del cuerpo, sin duda, pero también una sentimental devoción muy enmarcada en el mundo en que están situados ambos. Subraya Areúsa su satisfacción recordando el chiste de la madre (VIII). Pármeno siente la necesidad de comunicar su alegría según le había enseñado Celestina cuando le dijo: «No te retrayas ni amargues, que la natura huye lo triste y apetece lo delectable» (I).

El amor de ambas parejas no tiene que sufrir las convenciones del de Calisto y Melibea, es más natural y directo, sin la grandilocuencia de Calisto ni las cautelas de Melibea. Quizá Melibea repare en esto cuando lamenta refiriéndose a Calisto: «Era tanta su pena de amor y tan poco el lugar para hablarme, que descubrió su passión a una astuta y sagaz muger que llamavan Celestina» (XX).

Las mujeres están igualmente definidas. Elicia aparece en el acto I en una situación graciosamente equívoca. En el IX se declara no vencida ante Sempronio. Gusta de encelarle y es la que, movida por el rencor y un odio secreto contra Melibea y todas las damas, inicia el ataque (IX) que es continuado con la misma agresividad por Areúsa, pero más concretada en Melibea, contra la esencial diferencia social. Areúsa vive independiente aunque muy vinculada a Celestina, actúa como personaje pasivo hasta el acto IX, muestra pudor en el primer encuentro con Pármeno, posiblemente real. Pero Celestina le dice: «¡No te hagas bova!» Se muestra reservada ante la propuesta y sólo al final accede, cuando no encuentra otra salida.

En el Tractado de Centurio, ambas mujeres van a planear la venganza contra Calisto y Melibea, causa de la muerte de sus amantes. Sin embargo, no sus tretas sino el azar causarán la muerte de Calisto,

*que por otra parte no desean. Se ha dicho que en
esta interpolación hay como un cambio de persona-
lidades. Quizá parece más verosímil que siguen siendo lo que eran, que la pasional Elicia queda anona-
dada ante la desgracia y Areúsa se crece, más cere-
bral, y se convierte en el genio de la venganza. Ella
planea todos los detalles, actúa con gran habilidad
con Sosias y luego con Centurio. La más pasiva de
las dos en los actos anteriores se muestra entonces
particularmente activa.*

*Estas prostitutas han aparecido ya en la comedia
romana y se vuelven a encontrar en la elegíaca y en
la humanística. La señora Lida, con gran minuciosidad, ha mostrado el carácter convencional de los tipos de prostituta en la literatura en latín, su falta de
individualización, el hecho de que rechacen moral-
mente su oficio y sus artes de engaño. Sólo en algunas comedias humanísticas se advierte «una simpa-
tía artística por las gentes de mal vivir que nada tiene que ver con la comedia ni con la elegía romana».
Advierte con ello la pura incidentalidad en el acto I,
hasta llegar al carácter instrumental pasivo de Areúsa (acto VII) o el carácter activo, como agentes indi-
rectos de la muerte de Calisto, en la interpolación.*

*Los criados que inspiran un amor como el de estas
mujeres, son cobardes —nótese principalmente su
guardia en las escenas amorosas de Calisto—, codi-
ciosos hasta el crimen, amorales. Pármeno tiene que
llegar aquí venciendo sus inclinaciones primeras, pero
entonces será capaz de mostrarse implacable en el
asesinato de Celestina.*

El rufián Centurio

*La acción de la interpolación es lineal y directa:
a) Monólogo de Calisto. Elicia enlutada (XIV). b)
Centurio expulsado. Plan de venganza. Necesitan*

*de Centurio y Sosias (XV). c) Intermedio: Sentido de
culpa de Melibea (XVI). d) Captación de Sosias
(XVII). e) Captación de Centurio (XVIII). f) Segunda escena amorosa (XIX). Por su autenticidad, Centurio ha sido un personaje salvado incluso por los
que desprecian las interpolaciones. Filiado como réplica del* miles gloriosus, *ha mostrado la crítica su
originalidad y su carácter de modelo para la literatura italiana.(Lida). Centurio no aparece más que al
comienzo del acto XV y en el XVIII. El título de*
Tractado de Centurio *es desorientador; de hecho se
aproxima, sobre todo si lo leemos separado del resto, a un grotesco paso de dos mujeres listas y dos
hombres tontos. Centurio es figura complementa-
ria de Sosias, sucio, maloliente, torpe.*

*La obra nos da un retrato grotesco y poco ama-
ble del personaje. Es cobarde, bravucón, parlanchín
infatigable, imaginativo, vago. Areúsa se pregunta:
«¿Por qué tengo fe en este covarde?» El motivo de
que al comienzo del acto XV, Areúsa, que lo ha vestido y armado, los expulse de su casa, es que Centurio se niega a hacerle un pequeño servicio. Centurio es un rufián o rufo con «treynta mujeres en la
putería», de «espaldas de molinero». Se nos explica
el favor, por boca de Centurio: «...mándame matar
con diez hombre por tu servicio, y no que ande una
legua de camino a pie.» Pero este rufo es cobarde
con su daifa, no se impone a ella, se preocupa por lo
que puedan decir de él, por el deterioro de su imagen sin duda: «Mas quiero yrme y çofrirte, que no
sé quién entra, no nos oyan.»*

*Centurio parece ofrecernos otro personaje del pros-
tíbulo, el proxeneta, con una fuerte ironía que se
aproxima a lo grotesco. Descartada la posible relación con el* miles gloriosus *que le atribuyó Menéndez Pelayo, queda, como en los demás personajes,
bien subrayada su individualización y la fuerza de su
personalidad dramática.*

¡O amigos y señores, ayudáme a sentir mi pena!

La actuación de los padres es muy corta en relación con la de los demás personajes. Sin embargo, tanto la Comedia *como la* Tragedia *sitúan en lugar destacado —los dos últimos actos— la presencia del padre —apenas aludida la madre— que se alza contra la muerte de Melibea y el mundo que le toca vivir. De tono distinto son las apariciones anteriores, incluida la del acto XVI debida al «interpolador» dentro del* Tractado de Centurio.

La madre, Alisa, aparece sin la compañía del padre y en relación con Celestina en los actos IV y X. En el primero, la visita de Celestina a la casa de Pleberio, es atendida por Alisa a la que Lucrecia le ha dado toda clase de informaciones sobre la vieja. Alisa, sin embargo, la recibe cortésmente y se disculpa de no continuar la visita porque tiene que ausentarse. La buena crianza, la seguridad de la mujer principal ante un bajo mundo que le es ajeno y desconocido preside su actuación. Delega en Melibea las obligaciones del ama de casa.

En el segundo (X), ya enamorada Melibea, llega a casa cuando sale Celestina. Rojas nos presenta cómicamente dos contestaciones a una misma pregunta. Celestina informa a Alisa que ha venido a traer unas madejillas para completar el peso de lo vendido en el acto IV. Alisa pregunta a Melibea y ésta le contesta que Celestina ha venido a venderle «un poquito de solimán». Alisa comenta: «Esso creo yo más que lo que la vieja ruýn dixo. Pensó que recibiría yo pena dello y mintióme.» Siguen las recomendaciones y prevenciones contra la vieja. Lucrecia comenta: «Tarde acuerda nuestra ama.» Es la misma mesura de la señora de clase principal ante estos peligros de que se habla, pero nunca se pueden sospechar en la propia familia. La crítica ha hablado de estupidez.

Para el público pudo ser una situación cómica. Quizá era simplemente la confianza bien asegurada.

En el acto XII, la primera cita de los amantes anterior a su primera noche de amor, el matrimonio esta vez se despierta por unos ruidos. Melibea los tranquiliza con un pretexto fútil. Calisto había afortunadamente salido ya. Melibea comenta: «No ay tan manso animal que con amor o temor de sus hijos no asperece. Pues, ¿qué harían si mi cierta salida supiessen?»

Hay un claro escalonamiento entre estas tres escenas. Todas ellas se apoyan en un modelo de educación basado en la confianza. A lo largo de la obra se nos habla de que Melibea sabía leer y de que el padre le ofrecía lecturas que exigían una especial finura de parte de Melibea; ella exhibe una especial cultura sobre temas amorosos y explícitamente nos declara que proceden sus alusiones de los libros que su padre le ha dado a leer. Sin embargo, en ese maravilloso acto XVI interpolado se nos viene abajo la figura de Alisa.

El acto está constituido por dos escenas simultáneas. Lucrecia y Melibea en una, escuchan lo que hablan Alisa y Pleberio. El buen sentido de Pleberio le indica la conveniencia de casarla porque «No ay cosa con que mejor se conserve la limpia fama en las vírgenes, que con temprano casamiento». Melibea anticipará el trágico final cuando dice a propósito de un matrimonio con otro que no sea Calisto: «... si no, presto podrán aparejar mi perdición y su sepultura.» Sin embargo, lo que llama la atención es la contestación de Alisa a Pleberio cuando éste la incita a que la prepare para el matrimonio: «¿Y piensas que sabe ella qué cosas sean hombres? ¿Si se casan o qué es casar? ¿O que del ayuntamiento de marido y muger se procrean los hijos?...» El lector queda sorprendido. ¿Quizá Alisa es una mujer torpe, ignorante? Sin duda el «interpolador», no Rojas, ha visto las posibilidades cómicas del personaje. Pero es evidente la contradicción con la educación que Pleberio ha sabido dar a su hija y con el tono y lucidez con que encara después la tragedia.

En el parlamento final de Pleberio, muerta ya su hija, la crítica ha notado la ausencia del sentido de honra que ha apuntado en las actuaciones anteriores, y el tono ascético pero nada devoto de su intervención (Lida). «Y yo no lloro triste a ella muerta, pero la causa desastrada de su morir.» Pleberio se pone por encima del acontecer y va más allá. Su oración toma una intención superior muy en relación con el Prólogo del interpolador. Vivimos en un mundo hostil, en el que todo es adverso. Pudo pensar en un tiempo que todo estaba ordenado, regido «por algún orden». Ahora le parece «un laberinto de errores, un desierto espantable, una morada de fieras, juego de hombres que andan en corro...». Aquí parece situar Rojas el secreto mensaje que encierra su historia, desesperada, pesimista, negada al consuelo cristiano, como han querido ver los más de sus críticos. El mundo es una trampa a la que el hombre no puede escapar. Sea lo que sea, podamos o no identificar lo que Pleberio dice con el pensamiento de Rojas, la realidad es que acabamos de leer, aunque sea muy superficialmente, la más bella ficción anterior al Quijote de Cervantes, elaborada con mimbres muy semejantes a la de las grandes novelas universales: una patética historia amorosa, sin lirismos, mezclada con el agridulce sabor que la vida que nos toca vivir a cada cual nos proporciona para bien o para mal.

Juan Alcina

Barcelona, verano de 1980.

BIBLIOGRAFÍA*

A) Textos que pueden servir de introducción a la crítica sobre *La Celestina.*

J. L. ALBORG, *Historia de la literatura española. Edad media y Renacimiento,* Madrid, Gredos, ²1970. Muy detallada y con bibliografía muy completa.

F. RICO y A. DEYERMOND, *Edad Media,* vol. 1 de *Historia y crítica de la Literatura española,* Barcelona, Ed. Crítica, 1980. Síntesis muy apretada y sugestiva seguida de excelente selección de textos críticos.

A. DEYERMOND, *Edad Media,* Barcelona, Ariel, 1976. Escueta y sólida exposición de los problemas en relación con la obra. Como la anterior, lleva una muy bien seleccionada bibliografía.

MARÍA ROSA LIDA DE MALKIEL, *Dos obras maestras españolas,* Buenos Aires, 1966. Se trata de una serie de conferencias sobre el *Libro de Buen Amor* y *La Celestina* aparecida primero en inglés en 1961.

C. BLANCO AGUINAGA, J. RODRÍGUEZ PUÉRTOLAS e IRIS M. ZAVALA, *Historia social de la Literatura española (en lengua castellana),* I, Madrid, Castalia, 1978. Para un enfoque sociológico.

B) Textos que estudian con aportaciones personales la obra e intentan una interpretación nueva.

M. MENÉNDEZ PELAYO, *Orígenes de la novela,* t. III, Madrid, Bailly-Baillière, 1910. Pese al tiempo transcurrido, sigue siendo una exposición enriquecedora salvo en los puntos en que la bibliografía posterior le ha podido rectificar.

* Sólo se incluye bibliografía en castellano.

María Rosa Lida de Malkiel, *La originalidad artística de «La Celestina»*, Buenos Aires, EUDEBA, 1962. Obra sin duda abrumadora por la extraordinaria erudición manejada. Desmenuza sistemáticamente *La Celestina*, fija sus antecedentes y da una interpretación siempre válida, incluso en los casos en que se pueda discrepar.

Stephen Gilman, *«La Celestina»: Arte y estructura*, Madrid, Taurus, 1974. Recoge tras la pulcra traducción debida a Margit Frenk de Alatorre, de *The art of «La Celestina»* aparecida en 1956, una serie de artículos aparecidos en revistas profesionales. Se trata de una obra con gran erudición de base y gran fuerza sugestiva. Su interpretación es muy personal y en muchos momentos acierta plenamente. El crítico ha recurrido a un escrupuloso estudio de las interpolaciones para llegar a sus conclusiones.

— *La España de Fernando de Rojas*, Madrid, Taurus, 1978. Como la anterior, traducción del original inglés de 1972. Muy devoto de la interpretación de Castro sobre el vivir español de los conversos, construye la biografía de Rojas de manera magistral, a veces apasionada.

Américo Castro, *«La Celestina» como contienda literaria*, Madrid, Revista de Occidente, 1965. Ensayo siempre brillante y renovador.

Erna Ruth Berndt, *Amor, muerte y fortuna en «La Celestina»*, Madrid, Gredos, 1963. Obra con aportaciones personales de fuentes, muy equilibrada y digna.

J. A. Maravall, *El mundo social de «La Celestina»*, Madrid, Gredos, 1964. Ed. revisada: Estudio sociológico extraordinariamente esclarecedor de la entidad de los personajes como miembros de una determinada comunidad.

Esperanza Gurza, *Lectura existencialista de «La Celestina»*, Madrid, Gredos, 1977. Se trata esencialmente de una lectura desde hoy. En este sentido la obra puede ser útil en muchas de las agudas observaciones e interpretaciones de la obra.

F. Castro Guisasola, *Observaciones sobre las fuentes literarias de «La Celestina»*, Madrid, Anejos de la RFE, 1923. Sigue siendo obra útil, pero hay que tomar en cuenta principalmente las aportaciones de A. Deyermond sobre las fuentes petrarquistas.

C) Artículos de revista que son accesibles en libros colectáneos.

María Rosa Lida de Malkiel, «El fanfarrón en el teatro del Renacimiento» en *Estudios de Literatura española y comparada*, Buenos Aires, EUDEBA, 1966.

P. E. Russell, *Temas de «La Celestina» y otros estudios*, Barcelona, Ariel, 1978. Recoge varios artículos, entre ellos «La magia como tema integral de la *Tragicomedia de Calisto y Melibea*», pieza fundamental en la comprensión de *La Celestina*.

J. Rodríguez Puértolas, «*La Celestina* o la negación de la negación» en *Literatura, historia, alienación*, Barcelona, Labor, 1976.

R. Lapesa, «En torno a un monólogo de Calisto» en *Poetas y prosistas de ayer y de hoy*, Madrid, Gredos, 1977. Se trata del monólogo del acto XIV.

LA CELESTINA

EL AUTOR A UN SU AMIGO

Suelen, los que de sus tierras absentes se hallan, considerar de qué cosa aquel lugar donde parten mayor inopia o falta padezca, para con la tal servir a los conterráneos, de quien en algún tiempo beneficio recebido tienen. Y, viendo que legítima obligación a investigarlo semejante me compelía, para pagar las muchas mercedes de vuestra libre liberalidad recebidas, assaz vezes retraýdo en mi cámara, acostado sobre mi propia mano, echando mis sentidos por ventores[1] y mi juyzio a bolar, me venía a la memoria, no sólo la necessidad que nuestra común patria tiene de la presente obra, por la muchedumbre de galanes y enamorados mancebos que posee, pero aun en particular vuestra misma persona, cuya juventud de amor ser presa se me representa aver visto, y dél cruelmente lastimada, a causa de le faltar defensivas armas para resistir sus fuegos, las quales hallé esculpidas en estos papeles; no fabricadas en las grandes herrerías de Milán[2], mas en los claros ingenios de doctos varones castellanos formadas. Y, como mirasse su *primor, sotil artificio, su fuerte y claro metal, su modo y manera de lavor, su estilo elegante, jamás en nuestra castellana lengua visto ni oýdo, leýlo tres o quatro vezes. Y tantas quantas más lo leýa, tantas más necessidad me ponía de releerlo, y tanto más me agradava y en su processo nuevas sentencias sentía. Vi, no sólo ser dulce en su principal hystoria o ficción toda junta, pero aun de algunas sus

---

[1] ventor, 'el perro de caza, que la sigue por el olfato, y el viento, de cuya voz se forma'; *Vid.* Aut (1737: s.v. *ventor*).

[2] ¿Se trataría de un recuerdo de Mena?: "Como en Çeçilia resuena Tifeo,/ o las ferrerías de los milaneses..." *Laberinto*, c. 150; *Vid* Foulché-Delbosc (1902). Sin embargo, aquí Mena menciona las famosas herrerías como ejemplo de grandes ruidos (Tifeo, las herrerías de los milaneses, los gritos de las sacerdotizas, las voces de la gente) y no hace mención de la calidad de sus productos. Cejador (1913/1968: I,4) que da por sentada la influencia del *Laberinto* en estas palabras, recuerda la belleza de las armas fabricadas en aquella ciudad.

* primo

particularidades salían deleytables fontezicas de filosofía, de otros agradables donayres, de otros avisos y consejos contra lisonjeros y malos sirvientes y falsas mugeres hechizeras. Vi que no tenía su firma del autor, el qual, según algunos dizen, fue Juan de Mena³, y según otros, Rodrigo Cota⁴; pero quienquier que fuesse, es digno de recordable memoria, por la sotil invención, por la gran copia de sentencias entretexidas, que so color de donayres tiene. Gran filósofo era, y pues él, con temor de detractores y nocibles lenguas, más aparejadas a reprehender que a saber inventar, quiso celar y encubrir su nombre, no me *culpéis, si en el fin baxo que lo pongo, no espressare el mío. Mayormente que, siendo jurista yo, aunque obra discreta, es agena de mi facultad; y quien lo supiesse diría que no por recreación de mi principal estudio, del qual yo más me *precio, como es la verdad, lo hiziesse; antes distraýdo de los derechos, en esta nueva labor me entremetiesse. Pero aunque no acierten, sería pago de mi osadía.

³ Varios y con diversas razones son los estudiosos que se han inclinado a otorgar a Juan de Mena la paternidad del primer acto. Cf. Lida de Malkiel (1950: 148-153) para una presentación amplia y detallada de la tal atribución; ella misma creía que la atribución a Mena no era tan difícil de aceptar, ahora que conocíamos mejor su prosa y que sabíamos que el cordobés podía variar su estilo según el género en el que estaba escribiendo. Con posterioridad a esa fecha, Riquer (1957) también parece mostrarse a favor de Mena, tras las semejanzas que encuentra entre el Acto I y el Proemio al *Libro de las virtuosas y claras mujeres*.

⁴ Las atribuciones a Cota vienen desde antiguo, pues ya Alonso de Villegas en su *Selvagia* (1554) lo había manifestado así en las coplas que encabezan su comedia: "Sabemos de Cota que pudo empeçar,/ obrando su ciencia, la gran Celestina". Nicolás Antonio, en su *Bibliotheca Hispana Nova*, otorgó a Cota la paternidad de toda la comedia, pero como señala Lida de Malkiel (1962: 19) lo hizo como exclusión de Mena: "Qui enim Joanni de Mena Cordubensi sub Joanne rege Castellae II poetae hanc tribuunt, parum animadvertunt Menae stilum, imno illius saeculi quo Mena floruit, ab hoc poematis nostri toto caelo diversum". Se ve, además, que Nicolás Antonio desconocía esta pieza editorial, donde la discutida autoría alcanza sólo al primer acto. Modernamente apoyaron la candidatura de Cota: Ticknor (1849), basado en el testimonio de la *Selvagia*, Amador de los Ríos (1865), Salvá (1872), Soravilla (1895), Valero Martín (1916), para quien Cota escribió los 21 actos, —¿recuerdo de Nicolás Antonio?— como *demuestra* la comparación entre la *Tragicomedia* y el *Diálogo entre el amor y un viejo* y las *Coplas de Mingo Revulgo*, que graciosamente endilga también a Cota, como hizo Sancha en el siglo XVIII. A la nómina hay que añadir, aunque parcialmente, a Menéndez Pelayo (1910). El lugar ha pasado de estos textos a varios manuales. También, aunque la *carta* no menciona esta posibilidad, el primer acto ha sido otorgado a Juan del Encina; *Vid.* Eggert (1897).

* culpays
* precia

Assimesmo pensarían que no quinze días de unas vacaciones[5], mientras mis socios en sus tierras, en acabarlo me detuviesse, como es lo cierto; pero aun más tiempo y menos acepto. Para desculpa de lo qual todo, offrezco los siguientes metros. Y, porque conozcáys dónde comienzan mis mal doladas razones, acordé que todo lo del antiguo autor fuesse sin división en un auto o cena incluso, hasta el segundo auto, donde dize: "Hermanos míos... etc." Vale.

[5] Gilman (1972: 270) recuerda los estatutos de 1538 de la Universidad de Salamanca, allí donde se describen los períodos de vacaciones: "los quarenta días de vacaciones y los ocho de la fiesta de Navidad y los quince de la Resureción", y concluye que los quince actos restantes de la *Comedia* debieron escribirse durante semana santa y la de pascua florida.

EL AUTOR ESCUSANDOSE DE SU YERRO EN ESTA OBRA QUE ESCRIVIO, CONTRA SI ARGUYE Y COMPARA

El silencio escuda y suele encubrir
la falta de ingenio y torpeza de lenguas;
blasón, que es contrario, publica sus menguas
a quien mucho habla sin mucho sentir.
Como hormiga que dexa yr,
holgando por tierra con la provisión,
jactóse con alas de su perdición;
lleváronla en alto, no sabe dónde yr.

PROSIGUE

El ayre gozando ageno y estraño,
rapina es ya hecha de aves que buelan,
fuertes más que ella, por *cevo la llievan:
en las nuevas alas estava su daño.
Razón es que aplique a mi pluma este engaño,
no despreciando a los que me arguyen;
assí, que a mí mismo mis alas destruyen,
ñublosas y flacas, nascidas de ogaño.

PROSIGUE

Donde ésta gozar pensava bolando
o yo de screvir cobrar más honor.
del uno y del otro nasció disfavor:
ella es comida y a mí están cortando
reproches, revistas y tachas. Callando
obstara, y *los daños de invidia y murmuros

* ceno
* les

insisto remando, y los puertos seguros[1]
atrás quedan todos ya, quando más ando.

PROSIGUE

Si bien queréys ver mi limpio motivo,
a quál se endereça de aquestos estremos,
con quál participa, quién rige sus remos,
Apollo, Diana o Cupido altivo,
buscad bien el fin de aquesto que escrivo,
o del principio leed su argumento:
leedlo, veréys que aunque dulce cuento,
amantes, que os muestra salir de cativo.

COMPARACIÓN

Como el doliente que píldora amarga
o la recela, o no puede tragar,
métela dentro de dulce manjar,
engáñase el gusto, la salud se alarga:
desta manera mi pluma se embarga,
imponiendo dichos lascivos, rientes,
atrae los oýdos de las penadas gentes;
de grado escarmientan y arrojan su carga.

BUELVE A SU PROPÓSITO

Estando cercado de dubdas y antojos,
compuse tal fin quel principio desata;
acordé dorar con oro de lata
lo más fino tibar que vi con mis ojos[2],

---

[1] Foulché Delbosc (1902) cree ver aquí la huella del *Laberinto*, c. 133, vv. 7 y 8: "a la primera señal de Fortuna/ deve los puertos seguros tomar". Castro Guisasola (1924: 159) piensa también en el *Laberinto*, pero en la c. 298, v. 3, donde se lee: "cansada ya toma los puertos seguros".

[2] Una expresión más de *captatio benevolentiae*: al fino oro de Tibar, que es lo escrito por el primer autor, él le pondrá un final de oro de lata; *oro de Tibar*, 'un oro mui acendrado, que se coge en un río llamado assí', *Vid.* Aut. (1737: s.v. *oro*).

y encima de rosas sembrar mill abrojos.
Suplico, pues, suplan discretos mi falta,
teman grosseros y, en obra tan alta,
o vean y callen, o no den enojos.

PROSIGUE, DANDO RAZONES PORQUÉ SE MOVIÓ A
ACABAR CON ESTA OBRA.

Yo vi en Salamanca la obra presente,
movíme acabarla por estas razones:
es la primera, que estó en vacaciones;
la otra, *imitar la persona prudente;
y es la final ver ya la más gente
buelta y mezclada en vicios de amor.
Estos amantes les pornán temor
a fiar de alcahueta ni falso sirviente.

E assí que esta obra en el proceder
fue tanto breve, quanto más sotil,
vi que portava sentencias dos mill;
en forro de gracias, labor de plazer.
No hizo Dédalo, cierto, a mi ver,
alguna más prima entretalladura[3],
si fin diera en esta su propria escriptura
Cota, o Mena, con su gran saber[4].

Jamás yo no vide en lengua romana[5],
después que me acuerdo, ni nadie la vido,
obra de estilo tan alto y sobido
en tusca, ni griega, ni en castellana.

* inventar
[3] Estos versos conllevan un probable recuerdo de Juan de Mena: *Laberinto*, c.
142, v.8 ["como si Dédalo bien la (una silla tan rica labrada) fiziera"], y c. 144, v. 6
["nin menos escultas entretalladuras"]. Cf. Foulché-Delbosc (1902).
[4] En la edición sevillana de 1501 de la *Comedia* este verso lee: "corta: un gran
hombre y de mucho valer".
[5] La edición de 1501 estampa:
         Jamás yo no vi terenciana,
         después que me acuerdo, ni nadie la vido,
         obra de estilo tan alto y subido
         en lengua común vulgar castellana

No trae sentencia de donde no mana,
loable a su autor y eterna memoria,
al qual Jesucristo resciba en su gloria,
por su passión santa, que a todos nos sana.

AMONESTA A LOS QUE AMAN QUE SIRVAN A DIOS Y
DEXEN LAS VANAS COGITACION[E]S Y VICIOS
DE AMOR.

Vos, los que amáys, tomad este enxemplo,
este fino arnés con que os defendáys:
bolved ya las riendas, porque no os perdáys;
load siempre a Dios visitando su templo;
andad sobre aviso; no seáys dexemplo
de muertos y bivos y propios culpados:
estando en el mundo yazéys sepultados.
Muy gran dolor siento quando esto contemplo.

FIN

O damas, matronas, mancebos, casados[6],
notad bien la vida que aquestos hizieron;
tened por espejo su fin qual huvieron;
a otro que amores dad vuestros cuydados[7].
Limpiad ya los ojos, los ciegos errados,
virtudes sembrando con casto bivir;

---

[6] Para esta estrofa, el texto de 1501 es el siguiente:

> Olvidemos los vicios que assí nos prendieron:
> no confiemos en vana esperança,
> temamos aquél que espinas y lança,
> açotes y clavos su sangre vertieron;
> la su santa faz herida escupieron:
> vinagre con iel fue su potación:
> a cada costado consistió un ladrón:
> nos lleve le ruego con los quél creyeron.

[7] Foulché-Delbosc (1902) fue el primero en señalar el influjo de Mena sobre este verso que calca el v. 4 de la c. 107 del *Laberinto*: "a otros que amores dad vuestro cuidado".

a todo correr devéys de huyr,
no os lance Cupido sus tiros dorados[8].

---

[8] El acróstico de las coplas lee: "El baCHjllEr feRnañDo de roiaS acAbó la Comedia dE calySto Y melybEa Y fve NasCjdo eN la pvebla de MOntalLvan." Sin embargo, esta confesión no siempre convenció a todos: Eggert (1897) y Desdevises du Dezert (1904) creían que Rojas era sólo el editor de la *Comedia*; Foulché-Delbosc (1900) llegó a pensar que se trataba de un autor inventado, y recientemente, Sánchez Albornoz (1956: II, 280) apuntaba que podía tratarse de un homónimo del converso Rojas. Estas opiniones son insostenibles hoy después de las investigaciones de Serrano Sanz (1902), que publica importantes documentos inquisitoriales que añaden información biográfica sobre el bachiller; de las publicaciones de Valle Lersundi, descendiente de Rojas (1925 y 1930, 1929), trabajo este último donde por primera vez aparece el inventario de la biblioteca de nuestro autor, y, más hacia nuestros días, de los de Gilman (1961, 1963, 1964, 1972) y Gilman y Gonzálvez (1966).

Todas las cosas ser criadas a manera de contienda o batalla, dize aquel gran sabio Eráclito[1] en este modo: "Omnia secundum litem fiunt". Sentencia a mi ver digna de perpetua y recordable memoria. Y como sea cierto que toda palabra del hombre sciente esté preñada[2], desta se puede dezir que de muy hinchada y llena quiere rebentar, echando de sí tan crecidos ramos y hojas, que del menor pimpollo se sacaría harto fruto entre personas discretas. Pero, como mi pobre saber no baste a más de roer sus secas cortezas, de los dichos de aquellos que por claror de sus ingenios merescieron ser aprovados, con lo poco que de allí alcançare satisfaré al propósito deste breve *prólogo. Hallé esta sentencia corroborada por aquel gran orador y poeta laureado, Francisco Petrarcha, diziendo: "Sine lite atque offensione nil genuit natura parens": Sin lid y offensión ninguna cosa engendró la natura, madre de todo. Dize más adelante: "Sic est enim, et sic propemodum universa testantur: rapido stelle obviant firmamento; contraria invicem elementa confligunt; terre tremunt; maria fluctuant; aer quatitur; crepant flamme; bellum immortale venti gerunt; tempora temporibus concertant; secum singula, nobiscum omnia". Que quiere dezir: En verdad assí es, y assí todas las cosas desto dan testimonio: las estrellas se encuentran en el arrebatado firmamento del cielo, los adversos elementos unos con otros rompen pelea, tremen las tierras, ondean las mares, el ayre se sacude, suenan las llamas, los vientos entre sí traen perpetua guerra, los tiempos con tiempos contienden y litigan entre sí, uno a uno, y todos contra nosotros. El verano vemos que nos aquexa con

---

[1] Esta cita de Heráclito y toda la primera mitad de este prólogo proceden del prefacio que Petrarca puso al libro segundo de su *De Remediis utriusque Fortunae*. Cf. Deyermond (1961: 52-57) con contundentes cotejos textuales que indican muy claramente la conexión de esta parte del prólogo de la *Tragicomedia* con su fuente; Cf. también Castro Guisasola (1924: 114-121).

[2] Una de las pocas excepciones del influjo directísimo del texto del *De Remediis* es este corto pasaje donde el prólogo sigue al *Index*: "Doctorum hominum verba praegnantia sunt"; *Vid.* Deyermond (1961: 57 y 146)

* logo

calor demasiado; el invierno con frío y aspereza: assí que esto nos paresce revolución temporal, esto con que nos sostenemos, esto con que nos criamos y bevimos, si comiença a ensobervecerse más de lo acostumbrado, no es sino guerra. Y quánto se ha de temer manifiéstase por los grandes terremotos y torvellinos, por los naufragios y encendios, assí celestiales como terrenales, por la fuerça de los aguaduchos, por aquel bramar de truenos, por aquel temeroso ímpetu de rayos, aquellos cursos y recursos de las nuves, de cuyos abiertos movimientos, para saber la secreta causa de que proceden, no es menor la dissección de los filósofos en las escuelas que de las ondas en la mar. Pues entre los animales ningún género carece de guerra: pesces, fieras, aves, serpientes, de lo qual todo una especie a otra persigue. El león al lobo, el lobo la cabra, el perro la liebre y, si no pareciesse *conseja de tras el fuego, yo llegaría más al cabo esta cuenta. El elefante, animal tan poderoso y fuerte, se espanta y huye de la vista de un suzuelo ratón, y aun de solo oýrle toma gran temor. Entre las serpientes el *vasilisco crió la natura tan ponçoñoso y conquistador de todas las otras, que con su silvo las asombra y con su venida las ahuyenta y disparze, con su vista las mata. La bívora, reptilia o serpiente enconada, al tiempo de concebir, por la boca de la hembra metida la cabeça del macho, y ella con el gran dulçor apriétale tanto que le mata, y, quedando preñada, el primer hijo rompe las yjares de la madre, por do todos salen y ella queda muerta; él, quasi como vengador de la paterna muerte. ¿Qué mayor lid, qué mayor conquista ni guerra que engendrar en su cuerpo quien coma sus entrañas? Pues no menos dissensiones naturales creemos haver en los pescados; pues es cosa cierta gozar la mar de tantas formas de pesces quantas la tierra y el ayre cría de aves y animalias, y muchas más. Aristóteles y Plinio cuentan maravillas de un pequeño pece llamado echeneis, quanto sea apta su propriedad para diversos géneros de lides. Especialmente tiene una: que si llega a una nao o carraca, la detiene, que no se puede menear aunque vaya muy recio por las aguas; de lo qual haze Lucano mención, diziendo: "Non pupim retinens, Euro tendente rudientes, in mediis Echeneis aquis": no falta allí el pece dicho echeneis, que detiene las fustas quando el viento

* consejo
* vajarisco

Euro estiende las cuerdas en medio de la mar. ¡O natural contienda, digna de admiración: poder más un pequeño pece que un gran navío con toda la fuerça de los vientos[3]! Pues si discurrimos por las aves y por sus menudas enemistades, bien affirmaremos ser todas las cosas criadas a manera de contienda. Las más biven de rapina, como halcones y águilas y gavilanes. Hasta los grosseros milanos insultan dentro en nuestras moradas los domésticos pollos, y debaxo las alas de sus madres los vienen a caçar. De una ave llamada rocho, que nace en el índico mar de oriente, se dize ser de grandeza jamás oýda y que lleva sobre su pico fasta las nuves, no sólo un hombre o diez, pero un navío cargado de todas sus xarcias y gente. Y como los míseros navegantes estén assí suspensos en el ayre, con el meneo de su buelo caen y reciben crueles muertes. ¿Pues qué diremos entre los hombres a quien todo lo sobredicho es subjeto? ¿Quién explanará sus guerras, sus enemistades, sus embidias, sus *aceleramientos y movimientos y descontentamientos? ¿Aquel mudar de trajes, aquel derribar y renovar edificios, y otros muchos affectos diversos y variedades que desta nuestra flaca humanidad nos provienen? Y pues es antigua querella y visitada de largos tiempos, no quiero maravillarme si esta presente obra ha seydo instrumento de lid o contienda a sus lectores para ponerlos en differencias, dando cada uno sentencia sobre ella a sabor de su voluntad[4]. Unos dezían que era prolixa, otros breve, otros agradable, otros escura; de manera que cortarla a medida de tantas y tan differentes condiciones a sólo Dios pertenesce. Mayormente, pues ella, con todas las otras cosas

---

[3] También se aparta aquí el autor del prólogo de la discreta mención que hace Petrarca del echeneis; su fuente es aquí la *Glosa sobre las Trezientas del famoso poeta Juan de Mena*, de Hernán Núñez: ("Allí es mezclada gran parte de echino.) Lucano (Non puppim retinens Euro tendente rudentes in mediis Echeneis aquis) que quiere dezir: No falta allí el pez dicho echeneis que detiene las fustas en metad del mar: quando el viento Euro estiende las cuerdas. Deste pez dize Plinio en el nono libro de la hystoria natural... Aristótiles escrive..." (copla 242). La imitación fue primero señalada por Foulché-Delbosc (1902) Cf. además, Castro Guisasola (1924: 23), y Deyermond (1961: 56-7).

* aceleramientos

[4] Deyermond (1961: 57) piensa que esta segunda parte del prólogo también pudo haber sido inspirada, aunque indirectamente, por el texto de Petrarca, pues la asociación del tema de la contienda universal con la composición literaria ya está insinuada en el prefacio al libro II del *De Remediis*: "Quae scriptorum praelia cum membranis: cum atramento: cum calamis: cum papyro".

que al mundo son, van debaxo de la vandera desta notable
sentencia: "Que aun la mesma vida de los hombres, si bien lo
miramos, desde la primera hedad hasta que blanquean las
canas, es batalla". Los niños con los juegos, los moços con las
letras, los mancebos con los deleytes, los viejos con mill
*especies de enfermedades pelean, y estos papeles con todas las
edades. La primera los borra y rompe, la segunda no los sabe
bien leer, la tercera, que es la alegre juventud y mancebía,
discorda. Unos les roen los huessos que no tienen virtud, que
es la hystoria toda junta, no aprovechándose de las particularidades, haziéndola *cuento de camino; otros pican los
donayres y refranes comunes, loándolos con toda atención,
dexando passar por alto lo que haze más al caso y utilidad suya.
Pero aquellos para cuyo verdadero plazer es todo, desechan el
cuento de la hystoria para contar, coligen la suma para su
provecho, ríen lo donoso, las sentencias y dichos de philo-
sophos guardan en su memoria, para trasponer en lugares
convenibles a sus autos y propósitos. Assí que quando diez
personas se juntaren a oýr esta comedia, en quien quepa esta
differencia de condiciones, como suele acaescer, ¿quién negará
que aya contienda en cosa que de tantas maneras se entienda?
Que aun los impressores han dado sus punturas, poniendo
rúbricas o sumarios al principio de cada auto, narrando en
breve lo que dentro contenía: una cosa bien escusada, según lo
que los antiguos scriptores usaron. Otros han litigado sobre el
nombre, diziendo que no se avía de llamar comedia, pues
acabava en tristeza, sino que se llamasse tragedia. El primer
autor quiso darle denominación del principo, que fue plazer, y
llamóla comedia. Yo, viendo estas discordias, entre estos
extremos partí agora por medio la porfía, y llaméla tragicomedia[5]. Assí, que viendo estas contiendas, estos dissonos

---

* especias
* cuenta
[5] Menéndez Pelayo (1910/1961: 289-301) señaló la posible influencia de Plauto
en el origen del término *Tragicomedia*, ya que el cómico latino, en el prólogo de su
Anfitrión (vv. 51-63) jugando con las palabras "comedia" y "tragedia", inventa el
compuesto "tragico-comedia". Sin embargo, es sumamente difícil admitir
influencia plautina en el autor del prólogo, no sólo por las razones que presenta el
mismo Menéndez Pelayo (Plauto: mezcla de personajes trágicos y cómicos;
Prólogo: mezcla de placer y tristeza) y que subraya puntualmente Cejador
(1913/1968: 26), sino por el desconocimiento que tuvo la Edad Media española de
los textos de Plauto, como ha demostrado Webber (1956) incuestionablemente.

*y varios juyzios, miré a donde la mayor parte acostava, y hallé
que querían que se alargasse en el proceso de su deleyte destos
amantes, sobre lo qual fuy muy importunado; de manera que
acordé, aunque contra mi voluntad, meter segunda vez la
pluma en tan estraña lavor y tan agena de mi facultad, hurtan-
do algunos ratos a mi principal estudio, con otras horas
destinadas para recreación, puesto que no han de faltar nuevos
detractores a la nueva adición.*

Pero el mismo don Marcelino apunta la posibilidad de que haya sido Carlos
Verardi quien influyera sobre el autor del prólogo; en la dedicatoria de su
Fernandus Servatus (1493) dice: "Potest enim haec nostra, ut Amphitruonem suum
Plautus apellat, Tragicocomoedia nuncupari, quia personarum dignitas et Regiae
majestatis impia illa violatio ad Tragoediam, jucundus vero exitus rerum ad
Comoediam pertinere videantur". Castro Guisasola (1924: 52) se inclina a Verardi,
apoyándose en el hecho subrayado por Menéndez Pelayo de que el *Fernandus
Servatus* debía de ser muy conocida en la España de la época. Cf. Lida de Malkiel
(1962: 38, n. y 51-2, n.)

LA COMEDIA O TRAGICOMEDIA
DE CALISTO Y MELIBEA,
COMPUESTA EN REPREHENSION DE LOS LOCOS ENAMORA-
DOS, QUE, VENCIDOS EN SU DESORDENADO APETITO, A
SUS AMIGAS LLAMAN Y DIZEN SER SU DIOS. ASSIMESMO
FECHA EN AVISO DE LOS ENGAÑOS DE LAS ALCAHUETAS Y
MALOS Y LISONJEROS SIRVIENTES.

ARGUMENTO

Calisto fue de noble linaje, de claro ingenio, de gentil dispo-
sición, de linda criança, dotado de muchas gracias, de estado
mediano. Fue preso en el amor de Melibea, muger moça, muy
generosa, de alta y seseníssima sangre, sublimada en próspero
estado, una sola heredera a su padre Pleberio, y de su madre
Alisa muy amada. Por solicitud del pungido Calisto, vencido el
casto propósito della —entreveniendo Celestina, mala y astuta
muger, con dos servientes del vencido Calisto, engañados y por
ésta tornados desleales, presa su fidelidad con anzuelo de
codicia y de deleyte— vinieron los amantes y los que les minis-
traron en amargo y desastrado fin. Para comienço de lo qual
dispuso el adversa fortuna lugar oportuno, donde a la presencia
de Calisto se presentó la desseada Melibea.

I

ARGUMENTO DEL PRIMER AUTO DESTA COMEDIA

Entrando Calisto [en] una huerta empós de un falcón suyo, falló y a Melibea, de cuyo amor preso, començóle de hablar; de la qual rigorosamente despedido, fue para su casa muy sangustiado. Habló con un criado suyo llamado Sempronio, el qual, después de muchas razones, le endereçó a una vieja llamada Celestina, en cuya casa tenía el mesmo criado una enamorada llamada Elicia. La qual, viniendo Sempronio a casa de Celestina con el negocio de su amo, tenía a otro consigo, llamado Crito, al qual escondieron. Entretanto que Sempronio está negociando con Celestina, Calisto está razonando con otro criado suyo, por nombre Pármeno; el qual razonamiento dura fasta que llega Sempronio y Celestina a casa de Calisto. Pármeno fue conoscido de Celestina, la qual mucho le dize de los fechos y conoscimiento de su madre, induziéndole a amor y concordia de Sempronio.

CAL.—En esto veo, Melibea[1], la grandeza de Dios.
MEL.—¿En qué, Calisto?
CAL.—En dar poder a natura que de tan perfeta hermosura te dotasse, y fazer a mí inmérito[2] tanta merced que verte alcançasse, y en tan conveniente lugar, que mi secreto dolor manifestarte pudiesse. Sin duda, encomparablemente es mayor tal galardón que el servicio, sacrificio, devoción y obras pías que por este lugar alcançar tengo yo a Dios ofrescido. Ni otro poder

---

[1] El nombre de la heroína, según Cejador (1910/1968: 31-32), ha sido formado sobre el Melibeo de las *Eglogas* de Virgilio; éste a su vez, procede del nombre de una población de Tesalia, μελι-βοια 'la de voz melosa, dulce'. El editor de *La Celestina* parece recordar aquí a Covarrubias (1674: 184): "Melibea vale tanto como dulçura de miel, *mel et vita...*"

[2] Es latinismo, de *immeritus*, aquí con el sentido 'que no merece (algo)'.

mi voluntad humana puede complir[3]. ¿Quién vido en esta vida cuerpo glorificado de ningún hombre como agora el mío? Por cierto, los gloriosos sanctos, que se deleytan en la visión divina, no gozan más que yo agora en el acatamiento tuyo. Mas ¡o triste! que en esto deferimos: que ellos puramente se glorifican sin temor de caer de tal bienaventurança, y yo, misto, me alegro con recelo del esquivo tormento que tu absencia me ha de causar[4].

MEL.—¿Por grand premio tienes esto, Calisto?

CAL.—Téngolo por tanto, en verdad, que, si Dios me diesse en el cielo la silla sobre sus sanctos, no lo ternía por tanta felicidad.

MEL.—Pues aun más ygual galardón te daré yo, si perseveras.

CAL.—¡O bienaventuradas orejas mías, que indignamente tan gran palabra havéys oýdo!

MEL.—Más desaventuradas de que me acabes de oýr, porque la paga será tan fiera qual merece tu loco atrevimiento, y el intento de tus palabras, Calisto, ha seydo. ¡Del ingenio de tal hombre como tú haver de salir para se perder en la virtud de tal muger como yo! ¡Vete! ¡Vete de aý, torpe! Que no puede mi paciencia tollerar que aya subido en coraçón humano comigo el ylícito amor comunicar su deleyte[5].

---

[3] Falta en P 1514: Ni otro poder mi voluntad humana puede complir.

[4] Deyermond (1961) ha señalado que este primer parlamento de Calisto está muy influido por los diálogos de Andrea Capellanus, de cuyo tratado —De amore, especialmente el libro III— hace uso consciente. Indica, además, Deyermond que esto hace suponer algún encuentro anterior entre Calisto y Melibea, y que el joven, previendo esta escena del huerto, había echado mano de los parlamentos de Capellanus como las palabras más adecuadas para tal ocasión. La respuesta de la joven, sin embargo, no sigue la misma pauta. Deyermond sospecha que la contestación de Melibea, rompiendo el convencionalismo libresco, sería un elemento de comicidad entre un público universitario, muy familiarizado con el De amore desde la mitad del siglo. En la sospecha de que existieron encuentros previos entre los jóvenes no está solo Deyermond; Cf. Riquer (1957: 389), y para una crítica detallada del punto, Lida de Malkiel (1962: 203-6). Para lo relativo a la dama como obra maestra de Dios, véase ahora, gracias a los esfuerzos indeclinables de Yakov Malkiel, la monografía póstuma de Lida de Malkiel (1975).

[5] Otis Green (1953: 1-3) piensa que la furia de Melibea es provocada por la inobediencia de Calisto a las reglas del amor cortés: su falta de humildad y la comunicación de sus sentimientos a la dama. Al desentenderse así de la tradición, el joven se convierte en un 'loco enamorado', digno de recibir el rechazo de que es víctima. McPheeters (1954) también cree que Calisto ha infringido las leyes básicas de la tradición cortés medieval, dejando de ser el silente admirador de la dama, pero

CAL.—Yré como aquél contra quien solamente la adversa fortuna pone su estudio con odio cruel. ¡Sempronio, Sempronio, Sempronio! ¿Dónde está este maldito?

SEM.—Aquí estoy, señor, curando destos cavallos.

CAL.—Pues, ¿cómo sales de la sala?

SEM.—Abatióse el girifalfe y vínele endereçar en el alcándara.

CAL.—¡Assí los diablos te ganen! ¡Assí por infortunio arrebatado perezcas, o perpetuo intollerable tormento consigas, el qual en grado incomparable a la penosa y desastrada muerte que espero, traspassa! ¡Anda, anda, malvado, abre la cámara y endereça la cama!

SEM.—Señor, luego hecho es.

CAL.—Cierra la ventana y dexa la tiniebla acompañar al triste, y al desdichado la ceguedad; mis pensamientos tristes no son dignos de luz. ¡O bienaventurada muerte aquella que desseada a los afligidos viene![6] ¡O, si vini[é]ssedes agora Erasístrato médico[7], sentiríades mi mal! ¡O piedad de Seleu-

---

Trotter (1954: 55-56) se opone a Green, y subraya que la reacción de Melibea es ajena al hecho de que el joven haya violado el código del amor cortés, sino que obedece a imperativos del argumento. Es cierto —dice— que Calisto no ha seguido el ritual impuesto por dicho código, pero también es cierto que Melibea está lejos de comportarse con el decoro exigido por el mismo. Aquí se trata de relaciones fundamentales entre hombre y mujer que, en el plano literario, responden a una necesidad artística. Más recientemente, Aguirre (1962), sin rechazar del todo los postulados de Trotter, vuelve a situar el pasaje dentro de la tradición del amor cortés, y reafirma la tesis de Green.

[6] Reminiscencia de Boecio (I, I, metr. I, v. 1314): "Mors hominum felix, quae se nec dulcibus annis inserit, et moestis saepe vocata venit!"; Cf. Castro Guisasola (1924: 102).

[7] B 1499 dice *Eras y Crato médicos*, pero es evidente error. Esta lectura comenzó a recibir enmiendas desde muy temprano, pues a partir de 1501 todas las ediciones antiguas estampan *Crato y Galieno; Vid* Herriott (1964: 94) para *collatio*. Modernamente, Cejador (1910/1968: 35-6) propuso la lectura *Hipócrates é Galeno* apoyado en varios razonamientos: la no existencia de tales médicos —Eras y Crato— en la antigüedad, y la creencia de que este pasaje estaba inspirado en los *Trionfi* de Petrarca donde se lee *Hipócrates* y *Galeno*. (A pesar de dar prioridad a esta fuente, Cejador señala que el asunto se encontraba también expuesto en Valerio Máximo y comentado en la glosa de Obregón y de Hozes (1554) al texto de Petrarca). Pero este último razonamiento es infundado, pues ni el antiguo autor ni Rojas tienen influencia alguna de este texto de Petrarca, que quizá no conocieron antes de la publicación de *La Celestina; Vid* Deyermond (1961: 36-8 y 108) y Gilman (1972: 333). En realidad, la fuente del pasaje es la obra de Valerio Máximo,

co[8], inspira en el plebérico coraçón, porque sin esperança de salud no embíe el espíritu perdido con el desastrado Píramo y de la desdichada Tisbe![9]

SEM.—¿Qué cosa es?

Dictorum factorumque memorabilium exempla (V, 7) —como ya había señalado Menéndez Pelayo (1910/1961: 405) junto a Luciano— donde sólo se habla de Erasístrato, médico de Seleuco Nicator. Cf. también, Castro Guisasola (1924: 22). En vista de esto y tras unas detenidas explicaciones paleográficas, Menéndez Pidal (1917: 69, n. 1) decidió sustituir la lectura estropeada del original por Erasístrato, singularizando a su vez el plural *médicos*, tal y como estampa la edición salmantina de Mathías Gast (1570). Herriott (1964: 94) también propone, aunque con dudas, la lectura arquetípica *Erasístrato* para la *princeps* perdida. Lida de Malkiel (1962: 18) piensa que la enmienda pidaliana necesita de ulterior modificación pues queda en pie un plural de cortesía —*viniéssedes*— para la segunda persona del singular extraño a la lengua de la *Tragicomedia*; se conoce que el *viniéssedes* surgió al desdoblar, por confusión, el Erasístrato original en los misteriosos Eras y Crato. Según Lida de Malkiel habría que llevar la forma verbal a *viniesses*, o quizá, como propuso Riquer (1957) a *viviessed*, lectura ésta que cuenta con bastante apoyo contextual. Sin embargo, no creo que sea de desechar la posibilidad del plural de cortesía empleado aquí deliberadamente al tratarse de una apelación directa a un personaje de abolengo clásico, situación que no tiene paralelo entre los materiales del primer autor. Con respecto a Eras y Crato, Lida de Malkiel afirma que, de no tratarse de una deturpación ajena posterior, introducida durante el proceso de impresión, sólo se explica el error suponiendo que Rojas lo haya encontrado así en el manuscrito del antiguo autor y que haya respetado la deforme lectura, pues no es de suponer que el bachiller desconociera el texto de Valerio Máximo, tan popular en Castilla en el sigloXV; la investigadora se inclina a la primera explicación. Gilman (1972: 333), a su vez, no descarta la posibilidad de que Rojas desconociera el episodio de Erasístrato, y que sólo tuviese noticia de él años más tarde, al leerlo en su ejemplar de *Los triunphos de Alpiano* (Valencia, 1522) o quizá en la traducción española de *I Trionfi* que salió de las prensas de Logroño en 1512.

[8] B 1499 lee: *piedad de silencio*, pero es evidente error por *piedad de Seleuco*, como ya corrigió Menéndez Pidal (1917: 68, n. 1.). Seleuco, famoso paciente de Erasístrato, fue tenido como modelo de piedad al ceder su propia esposa a su hijo por encontrarse éste perdidamente enamorado de su madrastra. El *exemplum* del rey de Siria, además de en el *Dictorum* de Valerio Máximo de donde procede, se encuentra en los *Trionfi* de Petrarca, que no influyeron sobre *La Celestina* (*Vid* nota anterior); Berndt (1963: 29) ha llamado la atención sobre un texto de 1438 de Leonardo Bruni donde también aparece el *exemplum*; las obras de Bruni fueron muy conocidas en España durante la época de Rojas, y antes.

[9] Berndt (1963: 34) recuerda, a propósito de la leyenda de Píramo y Tisbe, que también Fiammetta, fuente importante de *La Celestina*, recuerda a los desdichados amantes: "... mi venne in mente la pietà dello sfortunato Piramo e della sua Tisbe" (p. 153). Una de las fuentes clásicas más frecuentadas es sin duda la *Metamorfosis* (I, 4) de Ovidio, que cuenta puntualmente el episodio: los jóvenes babilonios se encontraban en secreto de noche, junto al sepulcro de Nino. Una vez, Tisbe

CAL.—¡Vete de aý! ¡No me fables! Si no, quiçá ante del tiempo de mi rabiosa muerte mis manos causarán tu arrebatado fin.

SEM.—Yré, pues solo quieres padecer tu mal.

CAL.—¡Ve con el diablo!

SEM.—No creo, según pienso, yr comigo el que contigo queda. ¡O desaventura! ¡O súbito mal! ¿Quál fue tan contrario acontescimiento que assí tan presto robó el alegría deste hombre, y, lo que peor es, junto con ella el seso? ¿Dexarle he solo, o entraré allá? Si le dexo, matarse ha; si entro allá, matarme ha[10]. Quédese; no me curo. Mas vale que muera aquél a quien es enojosa la vida, que no yo que huelgo con ella. Aunque por al[11] no deseasse vivir sino por ver a mi Elicia, me devría guardar de peligros. Pero si se mata sin otro testigo, yo quedo obligado a dar cuenta de su vida. Quiero entrar. Mas, puesto que entre, no quiere consolación ni consejo. Asaz es señal mortal no querer sanar. Con todo, quiérole dexar un poco desbrave, madure, que oýdo he dezir que es peligro abrir o apremiar las postemas duras porque más se enconan. Esté un poco. Dexemos llorar al que dolor tiene, que las lágrimas y sospiros mucho *desenconan el coraçón dolorido. Y aun si delante me tiene, más comigo se encenderá, que el sol más arde donde puede reverberar. La vista a quien objeto no se antepone cansa[12], y quando aquél es cerca, agúzase. Por esso quiérome sofrir un poco: si entretanto se matare, muera. Quiçá con algo

---

esperaba a su amado cuando una leona llena de sangre —porque acababa de devorar una vaca— se acercó a ella para beber agua de una fuente; Tisbe se asusta y huye, pero queda su manto que el animal desgarra y tiñe de sangre. Al llegar Píramo y descubir el manto, piensa que la fiera se le ha dado muerte y se atraviesa con la espada. Regresa la joven y descubre a su amado moribundo, y, desesperada, también se quita la vida con el mismo acero.

[10] Castro Guisasola (1924: 86) cree reconocer aquí la huella de la *Andria* (I, 3) terenciana, cuando Davo dice: "Nec quid agam certum est: Pamphilumne adjutem an auscultem, seni. Si illum relinquo, hujus vitae timeo; sin opitulor, hujus minas...", pero Lida de Malkiel (1962: 129) duda de esta fuente pues entre el texto de Terencio y el del primer autor no encuentra más semejanza que de ritmo de frase, pero no de situación, ni de contenido ni de palabra. En realidad, la situación es diferente, pero no se ve una gran distancia en lo que a la expresión misma se refiere.

[11] *por al* es un semilatinismo que debe entenderse como 'por otra cosa'.

* desanconan

[12] Según Castro Guisasola (1924: 25) el pasaje parece formado sobre el *De caelo et mundo*, de Aristóteles, en cuyo capítulo VIII se dice: "visus enim, longe sese extendens, laxatur ob imbecillitatem".

me quedaré que otro no lo sabe, con que mude el pelo malo[13]. Aunque malo es esperar salud en muerte agena, y quiçá me engaña el diablo. Y si muere, matarme han, e yrán allá la soga y el calderón. Por otra parte, dizen los sabios que es grande descanso a los afligidos tener con quien puedan sus cuytas llorar, y que la llaga interior más empece. Pues en estos estremos en que estoy perplexo, lo más sano es entrar y sofrirle y consolarle. Porque, si possible es sanar sin arte ni aparejo, más ligero es guarescer por arte y por cura.

CAL.—¡Sempronio!

SEM.—¿Señor?

CAL.—Dame acá el laúd.

SEM.—Señor, vesle aquí.

CAL.—   ¿Quál dolor puede ser tal
            que se yguale con mi mal?[14]

SEM.—Destemplado está esse laúd.

CAL.—¿Cómo templará el destemplado? ¿Cómo sentirá el armonía aquél que consigo está tan discorde, aquel a quien la voluntad a la razón no obedece, quien tiene dentro del pecho aguijones, paz, guerra, tregua, amor, enemistad, injurias, pecados, sospechas, todo a una causa?[15] Pero tañe, y canta la más triste canción que sepas.

SEM.—   Mira Nero de Tarpeya
            a Roma como se ardía;
            gritos dan niños y viejos
            y él de nada se dolía[16].

[13] Léase 'con que mejore'; se trata de una expresión antigua formada a costa de un símil zoológico que ve en el buen pelo un signo más del bienestar del animal. La ecuación es: animal gordo y rozagante = buen pelaje; animal flaco y magro = mal pelaje. En expresiones y formando parte de refranes, fue muy popular, *Vid.* testimonios en Cejador (1913/1968: 38-39).

[14] Lida de Malkiel (1962: 476) anota de pasada que quizá se trate de una reminiscencia bíblica: "...attendite et videte si est dolor sicut dolor meus!" (*Trenos,* I, 12).

[15] Castro Guisasola (1924: 84-5) ha señalado un pasaje del *Eunuco* (I,1) como fuente indiscutible de este parlamento de Calisto: "Quae res in se neque consilium neque modum/ Habet ullum, eam consilio regere non potes./ In amore haec insunt vitia: injuriae,/ Suspiciones, inimicitiae, induciae,/ Bellum, pax rursum". El mismo texto latino ha inspirado al primer autor, líneas más adelante, las palabras de Calisto: '¿Quál consejo puede regir lo que en sí no tiene orden ni consejo?"

[16] El cantarcillo debía de ser ya muy popular por entonces, pero sólo disponemos de testimonios posteriores a *La Celestina,* Romancero incluido.

CAL.—Mayor es mi fuego y menor la piedad de quien yo agora digo.

SEM.—No me engaño yo, que loco está este mi amo.

CAL.—¿Qué estás murmurando, Sempronio?

SEM.—No digo nada.

CAL.—Di lo que dizes, no temas.

SEM.—Digo que ¿cómo puede ser mayor el fuego que atormenta un vivo, que el que quemó la cibdad y tanta multitud de gente?

CAL.—¿Cómo? Yo te lo diré. Mayor es la llama que dura ochenta años que la que en un día passa, y mayor la que mata una ánima que la que quema cient mill cuerpos. Como de la aparencia a la existencia, como de lo vivo a lo pintado, como de la sombra a lo real, tanta diferencia ay del fuego que dizes al que me quema[17]. Por cierto, si el del purgatorio es tal, más querría que mi spíritu fuesse con los de los brutos animales, que por medio de aquél yr a la gloria de los sanctos.

SEM.—¡Algo es lo que digo! ¡A más ha de yr este hecho! No basta loco, sino ereje.

CAL.— ¿No te digo que fables alto quando fablares? ¿Qué dizes?

SEM.—Digo, que nunca Dios quiera tal; que es especie de heregía lo que agora dixiste.

CAL.—¿Por qué?

SEM.—Porque lo que dizes contradize la christiana religión.

CAL.—¿Qué a mí?

SEM.—¿Tú no eres christiano?

CAL.—¿Yo? Melibeo soy, y a Melibea adoro, y en Melibea creo, y a Melibea amo[18].

---

[17] Berndt (1963: 33-4) recuerda que también Fiammetta, al aludir a su amorosa pasión, acude a la imagen del fuego: "ardendo come io ardo", "con fuoco mai sentito", "non essere altra comparazione del mio narrare verissimo a quello che io sento, che sia dal fuoco dipinto a quello che veramente arde". Cf. *L'Elegia di Madonna Fiammetta* (1939: 89 y 165). Calisto nos habla del fuego del purgatorio; Fiammetta, del fuego de los suplicios infernales.

[18] El tópico de preferir la amada a las glorias del paraíso está ya en la tradición de la poesía provenzal; *Vid* Spitzer (1930) con abundantes textos medievales franceses tomados de la *Nature studie*, de Gelzer, y referencias a la *Minnepoesie*. Estamos ante un lugar común de la poesía amorosa de la época; Cf. Lida de Malkiel (1946) y O. Green (1947). Berndt (1963: 24) recuerda las palabras de Fray Iñigo de Mendoza al referirse a estos poetas: "En sus coplas y canciones/ llaman dioses a las damas", y más adelante: "... jurarías/ que por el dios de Macías/ venderán mil Jhesus Christos". El tratamiento de la amada como Dios aparece también en la comedia

SEM.—Tú te lo dirás. Como Melibea es grande, no cabe en el coraçón de mi amo, que por la boca le sale a borbollones. No es más menester; bien sé de qué pie coxqueas. Yo te sanaré.

CAL.—Increýble cosa prometes.

SEM.—Antes fácil; que el comienço de la salud es conoscer hombre la dolencia del enfermo.

CAL.—¿Quál consejo puede regir lo que en sí no tiene orden ni consejo?[19]

SEM.—¡Ha! ¡Ha! ¡Ha! ¿Esto es el fuego de Calisto? ¿Estas son sus congoxas? ¡Cómo si solamente el amor contra él asestara sus tiros! ¡O soberano Dios, quán altos son tus misterios! ¡Quánta premia pusiste en el amor, que es necessaria turbación en el amante! Su límite posiste por maravilla. Paresce al amante que atrás queda. Todos passan, todos rompen, pungidos y esgarrochados[20] como ligeros toros, sin freno saltan por las barreras. Mandaste al hombre por la muger dexar al padre y la madre; agora no sólo aquellos, mas a ti y a tu ley desamparan[21], como agora Calisto. Del qual no me maravillo, pues los sabios, los santos, los profetas, por él se olvidaron.

CAL.—¡Sempronio!

SEM.—¿Señor?

CAL.—No me dexes.

---

humanística italiana escrita en lengua vulgar; Lida de Mankiel (1962: 44, n.9) señala un momento de *La Venexiana* donde se lee: "mia Signora e Dio", que interpreta, siguiendo a Croce (1922: 162, 165 y ss.) como resabio de la penetración general en Italia "de las fórmulas de cortesía e hipérboles galantes españolas".

[19] Cf. nota 15 de este acto.

[20] *pungidos*, de *pungens, —entis,* 'heridos con punta de lanza'; *Vid* Acad (1970: s.v. *pungir*), aquí con sentido metafórico, claro está, al igual que *esgarrochados*; Cf. Acad (1970: s.v. *garrocha*)

[21] El mandato de dejar padre y madre por la mujer procede del *Génesis*, como ya señaló Cejador (1913/1968: 42) '[: "Quamobrem relinquet homo patrem suum, et matrem, et adhaerebit uxori suae: et erunt duo in carne una. Erat autem uterque nudus, Adam scilicet et uxor eius: et non erubescebant"]: pero la fuente inmediata del primer autor parece ser el *Tractado* del Tostado; "Por ésta (la muger) dejará el ome al padre suyo e a la madre suya. E... non solamente lo que él nos amonestó fazemos, mas allende por la muger a nos mesmos muchas veces menospreciamos". Castro Guisasola (1924: 176), que es quien indica esta procedencia, cree que en el mismo parlamento de Sempronio, líneas arriba, donde éste dice: "¡Quánta premia pusiste en el amor...!" hay un recuerdo formal muy cercano del mismo texto del Tostado: "¡Quánta premia puso amor en un mancebo de Babilonia llamado Píramo!".

SEM.—De otro temple está esta gayta[22].

CAL.—¿Qué te paresce de mi mal?

SEM.—Que amas a Melibea.

CAL.—¿Y no otra cosa?

SEM.—Harto mal es tener la voluntad en un solo lugar cativa.

CAL.—Poco sabes de firmeza.

SEM.—La perseverancia en el mal no es constancia, mas dureza o pertinacia la llaman en mi tierra. Vosotros los filósofos de Cupido llamalda como quisierdes.

CAL.—Torpe cosa es mentir al que enseña a otro; pues que tú te precias de loar a tu amiga Elicia.

SEM.—Haz tú lo que bien digo y no lo que mal hago.

CAL.—¿Qué me reprovas?

SEM.—Que sometes la dignidad del hombre a la imperfección de la flaca muger.

CAL.—¿Muger? ¡O grosero! ¡Dios, Dios!

SEM.—¿Y assí lo crees, o burlas?

CAL.—¿Que burlo? Por Dios la creo, por Dios la confiesso, y no creo que ay otro soberano en el cielo, aunque entre nosotros mora.

SEM.—¡Ha! ¡Ha! ¡Ha! ¿Oýste qué blasfemia? ¿Viste qué ceguedad?

CAL.—¿De qué te ríes?

SEM.—Ríome, que no pensava que havía peor invención de pecado que en Sodoma.

CAL.—¿Cómo?

SEM.—Porque aquéllos procuraron abominable uso con los ángeles no conoscidos[23], y tú con el que confiessas ser Dios.

CAL.—¡Maldito seas!, que fecho me has reýr, lo que no pensé ogaño.

SEM.—Pues ¿qué? ¿Toda tu vida avías de llorar?

CAL.—Sí.

SEM.—¿Por qué?

CAL.—Porque amo a aquella ante quien tan indigno me hallo que no la espero alcançar.

[22] Sempronio hace referencia a la expresión *templar la gaita* 'aplacar y desenojar al que está enfadado y rostrituerto'; *Vid* Aut (1737: s.v. *gaita*).

[23] Hace referencia al *Génesis* (XIX,4): antes de que se acostaran los enviados angélicos, los varones de Sodoma rodearon la casa de Lot y le preguntaron: "Ubi sunt viri, qui introierunt ad te nocte? Educ illos huc cognoscamus eos". Desde el texto bíblico, las relaciones homosexuales se conocen como 'pecado de Sodoma' o sodomía.

SEM.—¡O pusilánimo! ¡O fideputa! ¡Qué Nembrot![24] ¡Qué magno Alexandre! Los quales no sólo del señorío del mundo, mas del cielo se juzgaron ser dignos.

CAL.—No te oý bien esso que dixiste. Torna, dilo, no procedas.

SEM.—Dixe que tú, que tienes más coraçón que Nembrot ni Alexandre, desesperas de alcançar una muger; muchas de las quales en grandes estados constituydas, se sometieron a los pechos y resollos de viles azemilleros y otras a brutos animales. ¿No has leýdo de Pásife con el toro[25], de Minerva con Vulcán?[26]

CAL.—No lo creo, hablillas son.

SEM.—Lo de tu abuela con el ximio[27], ¿fablilla fue? Testigo es el cuchillo de tu abuelo.

---

[24] Recuerdo del *Génesis* (X,8): ["Porro Chus genuit Nemrod: ipse coepit esse potens in terra"]; Cf. Cejador (1913/1968: 45).

[25] Schevill (1913) propone fuente ovidiana para este pasaje de Sempronio; se refiere al *Ars* (I,269): "Prima tuae menti veniat fiducia cunctas, Posse capi". Se apoya, no sólo en el consejo mismo dado al enamorado, sino en el ejemplo de la reina Pásife que tan puntualmente trae a colación el mozo. La leyenda presentaba a la reina envuelta en relaciones sexuales con un toro, y por ello, madre del minotauro. Era asunto que ya había cantado Virgilio (*Eneida*. I,6): "Hic credulis amor tauri, suppostaque furto/ Pasiphae, mistumque genus, prolesque biformis/ Minotaurus inest, veneris monumenta nefandae", de cuyo texto fue ampliamente difundido.

[26] B 1499 trae *Minerva con el can*, que debe tratarse de una errata; corrijo con Green (1953), *Minerva con Vulcán*. El erudito trabajo de Green demuestra muy a las claras que no hay tradición alguna de Minerva con ningún can, pero sí rumores sobre su virginidad —*virginitas suspecta*— pues muchos la hacían amante de Vulcano y madre de Erictonio. La leyenda parece proceder de una antigua confusión entre Minerva 'inventora y patrocinadora de diversas artes manuales' y Hefesto-Vulcano, ya que de algún modo sus funciones coincidían; de aquí surgieron desde antiguo las interpretaciones que veían unión amorosa entre ambos, la diosa y el "herrero afeado con un defecto físico —*faber claudus*— mal partido para una diosa como Minerva 'en grande estado constituida'. Se ve enseguida que el texto del antiguo autor nos presenta un quiasmo hombre indigno: bruto animal: toro: Vulcán, uno más de los abundantes quiasmos del acto I. *Vid*. Lida de Malkiel (1962: 18, n.). Green piensa que la sospecha del *stuprum Minervae* pudo habérsele quedado a Rojas (léase primer autor) de la lectura de Servio (*In Virgilii Georgicon*, I,205; III-113) o quizá de Lactancio, ya que demuestra alguna familiaridad con los Padres de la Iglesia al utilizar textos de Orígenes y de San Pedro Crisólogo

[27] Menéndez Pelayo (1910/1961: 277), seguido de Cejador (1913/1968: 46), interpretaban este pasaje como una posible venganza del judío converso que se cebaba en la difamación de la limpia sangre de algún mancebo de claro linaje parecido a Calisto. Herrero García (1924) piensa que las palabras de Sempronio parecen ser una negativa de la noble sangre de Calisto. Gracias a la investigación de

CAL.—¡Maldito sea este necio! ¡Y qué porradas dize!

SEM.—¿Escozióte? Lee los ystoriales, estudia los filósofos, mira los poetas. Llenos están los libros de sus viles y malos exemplos, y de las caydas que levaron los que en algo, como tú, las reputaron. Oye a Salomón do dize que las mugeres y el vino hazen a los hombres renegar[28]. Conséjate con Séneca, y verás en qué las tiene. Escucha al Aristóteles, mira a Bernardo. Gentiles, judíos, christianos y moros, todos en esta concordia están. Pero lo dicho y lo que dellas dixere, no te contezca error de tomarlo en común. Que muchas hovo y ay sanctas y virtuosas y notables, cuya resplandesciente corona quita el general vituperio. Pero destas otras, ¿quién te contará sus mentiras, sus tráfagos, sus cambios, su liviandad, sus lagrimillas, sus alteraciones, sus osadías? Que todo lo que piensan, osan sin deliberar. ¿Sus dissimulaciones, su lengua, su engaño, su olvido, su desamor, su ingratitud, su inconstancia, su testimoniar, su negar, su rebolber, su presunción, su vanagloria, su abatimiento, su locura, su desdén, su sobervia, su subjeción, su parlería, su golosina, su luxuria y su suziedad, su miedo, su atrevimiento, sus hechizerias, sus embaymientos, sus escarnios, su deslenguamiento, su desvergüenza, su alcahuetería? Considera ¡qué sesito está debaxo de aquellas grandes y delgadas tocas! ¡Qué pensamiento so aquellas gorgueras, so aquel fausto, so aquellas largas y autorizantes ropas! ¡Qué imperfición, qué alvañales debaxo de templos pintados! Por ellas es dicho: arma del diablo, cabeça de pecado, destruyción de parayso. ¿No has rezado en la festividad de Sant Juan, do dize: "Las mugeres y el vino hazen los hombres renegar"; do dize: "Esta es la muger, antigua malicia que a Adán echó de los deleytes de parayso, ésta el linaje humano metió en el infierno, a ésta menospreció Helías propheta "... etc.?

CAL.—Di, pues: esse Adán, esse Salomón, esse David, esse

Green (1956) se han venido a desvanecer estas fantasías. En verdad se trata de un chiste que forma parte de la tradición medieval y renacentista; ya para finales del siglo XV había perdido todo grave valor insultante. Green señala que hacia finales de la Edad Media hubo una creciente tendencia a conectar al mono con el apetito sexual, y que en el Renacimiento la tradición del lujurioso primate se fortaleció con el descubrimiento del mono ithyphalicus de la antigüedad.

[28] *Eclesiasticus*, (XIX,2): "Vinum et mulieres apostatare faciun sapientes"; Cf. Cejador (1913/1968: 47).

Aristóteles[29], esse Vergilio[30], essos que dizes, ¿cómo se sometieron a ellas? ¿Soy más que ellos?

SEM.—A los que las vencieron querría que remedasses, que no a los que dellas fueron vencidos. ¡Huye de sus engaños! ¿Sabes que fazen cosa que es difícil entenderlas? No tienen modo, no razón, no intención. Por rigor comiençan el ofrescimiento que de sí quieren hazer. A los que meten por los agujeros denuestan en la calle. Combidan, despiden, llaman, niegan, señalan amor, pronuncian enemiga, ensáñanse presto, apazíguanse luego. Quieren que adevinen lo que quieren. ¡O qué plaga! ¡O que enojo! ¡O qué fastío es conferir con ellas más a aquel breve tiempo que son aparejadas de deleyte![31]

CAL.—Ve. Mientra más me dizes y más inconvenientes me pones, más la quiero. No sé qué s'es.

SEM.—No es este juyzio para moços, según veo, que no se saben a razón someter, que no se saben administrar. Miserable cosa es pensar ser maestro el que nunca fue discípulo[32].

---

[29] Como ha apuntado Castro Guisasola (1924: 23) esta cita de Aristóteles tiene sólo valor anecdótico "pues se refiere a la historia de la mujer que enfrenó y ensilló al filósofo, consintiéndolo él por complacerla".

[30] Se trata aquí del Virgilio, personaje de leyenda, que presentó y difundió la Edad media. Cf. más adelante, en el acto VII, las palabras de Celestina: "Verás quién fue Virgilio y qué tanto supo: mas ya havrás oýdo como estovo colgado de una torre, mirándole toda Roma"; el Arcipreste de Talavera también trae el *exemplum* para demostrar que por muy inteligente que el hombre sea siempre puede sufrir burla o engaño de la mujer.

[31] La actitud misogenista de Sempronio tiene tras sí una larga tradición que se reaviva con Boccaccio, pero que ya de antes existía vigorosamente (Ovidio: *Ars amatoria, De remedio amoris*, es una de las más grandes fuentes clásicas). Desde antiguo se ha señalado que la fuente inmediata de esta invectiva de Sempronio es el *Corbacho:* Puimagre (1873) y Farinelli (1905-1907) así lo estamparon. La influencia del *Corbacho* en este pasaje la han reafirmado Cejador (1913/1968: 49-50) y Castro Guisasola (1924: 174), pero Berndt (1963: 16-19) insiste en que además del Arcipreste de Talavera, en el siglo XV español cultivan el misogenismo Juan de Tapia, Hernán Mexía y Luis de Lucena, y que Sempronio sigue *in solidum* el razonamiento estereotipado que se encuentra en estos autores, incluso hasta en los *exempla* de la antigüedad grecolatina. Cf. también Vecchio (1965-1968).

[32] Según Castro Guisasola (1924: 101) estas palabras de Sempronio proceden de Boecio (*De scholarium disciplina*, III): "De eorum (scholarium) subjetione erga magistros breviter est ordiendum; quoniam, qui se non novit subjici, non novit se administrari; miserum est enim eum esse magistrum, qui nunquam se novit esse discipulum", aunque no descarta la posibilidad de que Rojas (léase primer autor) también se acordase del refrán castellano "Antes quieres ser maestro que

Cal.—Y tú ¿qué sabes? ¿Quién te mostró esto?

Sem.—¿Quién? Ellas. Que desque se descubren, assí pierden la vergüença, que todo esto y aun más a los hombres manifiestan[33]. Ponte, pues, en la medida de honrra, piensa ser más digno de lo que te reputas. Que cierto, peor estremo es dexarse hombre caer de su merescimiento que ponerse en más alto lugar que deve[34].

Cal.—Pues, ¿quién yo para esso?

Sem.—¿Quién? Lo primero, eres hombre y de claro ingenio. Y más, a quien la natura dotó de los mejores bienes que tuvo, conviene a saber: fermosura, gracia, grandeza de miembros, fuerça, ligereza[35]. Y allende desto, fortuna medianamente partió contigo lo suyo en tal quantidad, que los bienes que tienes de dentro con los de fuera resplandescen. Porque sin los bienes de fuera, de los quales la fortuna es señora, a ninguno acaece en esta vida ser bienaventurado. Y más, a constelación[36] de todos eres amado.

---

discípulo", de gran antigüedad, pues aparece en el Arcipreste de Hita: "Quisyste ser maestro ante que discípulo ser". 427a, que Cejador (1913/1968: 52) da como fuente indiscutible.

[33] El pasaje recuerda los versos de Juan Ruiz: "Desque una vez pierde vergüença la muger/ Más diabluras faze de quantas omne quier", 468cd; *Vid* Cejador (1913/1968: 52) y Castro Guisasola (1924: 152). Lectura idéntica en S y en G, aunque con diferencias gráficas.

[34] Castro Guisasola (1924: 26) desecha la posible influencia de Séneca y de Petrarca en las palabras de Sempronio y se inclina más al texto de las *Eticas* aristotélicas, lib.IV, cap.IX, donde dice el estagirita: "Qui demisso parvoque animo est..., ipse se iis fraudat quae meretur... Superbi autem... perinde quasi digni sint, res amplas et honoratas conantur ac suscipiunt... Magis auten animi magnitudini adversantur humilitas et demissio animi quam elatio et superbia". Añade que en términos muy semejantes vuelve a manifestarse Aristóteles en los *Grandes Morales*. lib.I, cap.XXVI.

[35] Este parlamento de Sempronio parece estar inspirado en la división tripartita de los bienes del hombre esbozada por Aristóteles en los *Grandes Morales*, lib. I, cap.III: "Sunt siquidem bonorum alia in animo, ut virtutes; alia in corpore, ut sanitas, pulchritudo; alia externa, opulentia, dominatus, honor", y en las *Eticas*, lib. I, cap. VIII: "Cum igitur bona treis in parteis sint distributa, aliaque externa, alia animi, alia corporis". Castro Guisasola (1924: 26), que es quien señala estas fuentes, corrobora su creencia, ofreciendo un paralelo entre el texto de Sempronio, líneas más adelante: ..."porque sin los bienes de fuera, de los quales la fortuna es señora, a ninguno acaece en esta vida ser bienaventurado", con el de Aristóteles: "Absque enim exteris bonis, quorum domina fortuna est, felicem esse non contingit" de los *Grandes Morales*, lib.II, cap.VIII. En la descripción física que hace de Calisto su criado, destaca la *fermosura*, lo que hace recordar que el nombre de Calisto proviene del griego κάλλιστος, que significa 'hermosísimo'.

[36] a constelación, 'por designio de las estrellas'.

Cal.—Pero no de Melibea. Y en todo lo que me as gloriado, Sempronio, sin proporción ni comparación se *aventaja Melibea. Mira la nobleza y la antigüedad de su linaje, el grandíssimo patrimonio, el excelentíssimo ingenio, las resplandescientes virtudes, la altitud y enefable gracia, la soberana hermosura, de la qual te ruego me dexes hablar un poco, porque aya algún refrigerio. Y lo que te dixere será de lo descubierto; que si de lo oculto yo hablarte supiera, no nos fuera necessario altercar tan miserablemente estas razones.

Sem.—¡Qué mentiras, y qué locuras dirá agora este cautivo de mi amo!

Cal.—¿Cómo es esso?

Sem.—Dixe que digas, que muy gran plazer havré de lo oyr. Así te medre Dios, como me será agradable esse sermón.

Cal.—¿Qué?

Sem.—¡Qué assí me medre Dios como me será gracioso de oýr?

Cal.—Pues, porque ayas plazer, yo lo figuraré por partes mucho por estenso.

Sem.—¡Duelos tenemos! Esto es tras lo que yo andava. De passarse havrá esta importunidad.

Cal.—Comienço por los cabellos. ¿Vees tú las madexas del oro delgado que hilan en Arabia? Más lindos son, y no resplandescen menos. Su longura hasta el postrero assiento de sus pies; después, crinados[37] y atados con la delgada cuerda, como ella se los pone, no ha más menester para convertir los hombres en piedras.

Sem.—¡Mas en asnos!

Cal.—¿Qué dizes?

Sem.—Dixe que essos tales no serían cerdas de asno.

Cal.—¡Veed qué torpe, y qué comparación!

Sem.—¿Tú cuerdo?

Cal.—Los ojos, verdes, rasgados; las pestañas, luengas; las cejas, delgadas y alçadas, la nariz, mediana; la boca, pequeña; los dientes, menudos y blancos; los labrios, colorados y grosezuelos; el torno del rostro, poco más luengo que redondo; el pecho, alto; la redondeza y forma de las pequeñas tetas, ¿quién te la podrá figurar? ¡Que se despereza el hombre quando las mira! La tez

---

* avantaja
[37] crinados; léase 'peinados'; *Vid* Acad (1970: s.v. *crinar*)

lisa, lustrosa; el cuero suyo escuresce la nieve; la color, mezclada, qual ella la escogió para sí.

SEM.—¡En sus treze está el necio!

CAL.—Las manos, pequeñas en mediana manera, de dulce carne acompañadas; los dedos, luengos; las uñas en ellos, largas y coloradas, que parescen rubíes entre perlas. Aquella proporción que veer yo no pude, no sin duda, por el bulto de fuera, juzgo incomparablemente ser mejor que la que Paris juzgó entre las tres deesas[38].

---

[38] El retrato físico de Melibea obedece puntualmente a una larga tradición retórica. Cf. Faral (1923: 80 y ss.; 129 y ss.; 214 y ss.). Green (1946) ha señalado que la descripción de Melibea cae claramente dentro del concepto medieval de *Natura naturans*, y eslabona la declaración inicial del enamorado: "en dar poder a Natura de que tan perfeta hermosura te dotasse" con esta *amplificatio* que presenta ahora Calisto. Bonilla (1912) en su edición del *Tristán*, y Castro Guisasola (1924: 146) traen ejemplos y alusiones a descripciones semejantes a éstas; a dichas nóminas, Lida de Malkiel (1962: 449) agrega las de santa María Egipciaca, vv. 213 y ss., la del *Libro de Alexandre*, cc. 1874 y ss., las que traen Santillana en "Dos serranas he trobado" y Carvajales, en "Veniendo de la campaña", y la que se lee en la *Crónica troyana*, III,12, entre varias otras, romances y latinas. Cf. también Berndt (1963: 35-6). El primero en señalar una fuente concreta para el retrato de Melibea fue Menéndez Pelayo (1910/1961: 332-3) quien afirmaba que el autor de *La Celestina* debió haber tenido presente el texto del *Tristán* para componer el retrato físico de su heroína, ya que ambas descripciones —la de la reina Iseo y la de Melibea— coincidían en varias frases: "los cabellos que cierto parecían madexas de oro fino... en gran longura, menudos dientes, manos... cuyos dedos eran luengos, uñas, tetillas, etc.". Pero también apunta Menéndez Pelayo que son casi las mismas expresiones de Eneas Silvio para describir a la Lucrecia de su *Historia*, que fue traducida al español y publicada en Salamanca en 1496. Castro Guisasola (1924: 146, 151) se muestra escéptico para con la fuente italiana, y también —en contra de lo dicho por Lida de Malkiel— para con el *Tristán*. Lida de Malkiel rechazaba, con sumo acierto, la influencia de la descripción de Iseo en Melibea, pues el retrato en cuestión falta en la vulgata del *Tristán*, original de la versión castellana, y es sin duda, uno de los varios postizos del final, probablemente añadidos por el editor de la impresión vallisoletana de 1501; el cotejo de fechas no deja lugar a dudas sobre la derivación de las influencias. (Cf. también la nota 40 de este mismo acto). Cejador (1913/1968: 55), tras recoger el parecer de Menéndez Pelayo y de Bonilla, se inclina más a la descripción de la bella de Juan Ruiz, y cita concretamente la copla 432. Las fuentes retóricas del Arcipreste pueden verse en Lecoy (1938: 301 y ss.), y problemas relativos a la filiación de ciertos rasgos del canon de belleza femenina en Juan Ruiz, en Dámaso Alonso (1952, 1954), Mettmann (1961) y Walker (1965). Recientemente, Gilman (1972: 332-3) ha señalado que la fuente directa de este retrato de Melibea es la *Crónica troyana* (1490); afirma que el primer autor ha seguido muy de cerca la descripción de Helena de Troya, de la cual sólo se aparta en dos ocasiones: Melibea tiene *labios grosezuelos* en vez de delgados, y *uñas coloradas* en lugar de uñas de marfil, que son rasgos originales de la *Comedia*.

SEM.—¿Has dicho?

CAL.—Quan brevemente pude.

SEM.—Puesto que sea todo esso verdad, por ser tú hombre eres más digno.

CAL.—¿En qué?

SEM.—En que ella es imperfeta, por el qual defeto desea y apetece a ti, y a otro menor que tú. ¿No as leýdo el filósofo do dize: "Assí como la materia apetece a la forma, así la mujer al varón?[39]

CAL.—¡O triste, y quándo veré yo esso entre mi y Melibea!

SEM.—Posible es. Y aun que la aborrezcas quanto agora la amas podrá ser alcançándola y viéndola con otros ojos, libre del engaño en que agora estás.

CAL.—¿Con qué ojos?

SEM.—Con ojos claros.

CAL.—Y agora, ¿con qué veo?

SEM.—Con ojos de alinde, con que lo poco parece mucho y lo pequeño grande. Y porque no te desesperes, yo quiero tomar esta empresa de complir tu desseo.

CAL.—¡O, Dios te dé lo que desseas! Qué glorioso me es oýrte, aunque no espero que lo has de hazer.

SEM.—Antes lo haré cierto.

CAL.—Dios te consuele. El jubón de brocado que ayer vestí, Sempronio, vístele tú.

SEM.—Prospérete Dios por éste y por mucho más que me darás. De la burla yo me llevo lo mejor. Con todo, si destos

---

Gilman aduce, en favor de su fuente, el hecho de que Calisto cierre su retrato con una mención al juicio de Paris y confesando que no puede juzgar sobre la "proporción" a no ser por el "bulto de fuera", lo que coincide con la *Crónica*, donde Paris "respondió que no podía dar verdadero juyzio de aquel fecho si ellas todas tres no se presentassen desnudas ante él para que las viese y con la vista esaminase por todas las faciones de sus cuerpos".

[39] Este pasaje es de procedencia aristotélica, como ya señaló de paso Cejador (1913/1968: 56-7) basándose en el *De generatione animalium*, 1,2 y 4; IV, 1 y 2 y en la *Methaphisicorum*, I,4. Castro Guisasola (1924: 24-5) subraya también el carácter aristotélico de la fuente, pero se inclina a la *Política*, I,4, y sobre todo a *De anima*, III, cap. de *hermaphroditis*, donde dice literalmente: "Omnis vir dignior est muliere, quod omne agens praestantius est suo passo". Apunta además que se trata de un principio de derecho, mantenido por San Pablo en su *Ad Corinthios*, I, 11 y 65, y junto a los textos de Aristóteles, sumamente difundido. La alusión directa que hace Sempronio al *filósofo* es al texto de la *Physica*, I,9: "Materia appetit formas rerum, ut femina virum, turpe honestum".

aguijones me da, traérgela he hasta la cama. ¡Bueno ando!
Házelo esto que me dio mi amo; que sin merced impossible es
obrasse bien ninguna cosa.

CAL.—No seas agora negligente.

SEM.—No lo seas tú, que impossible es fazer siervo diligente al
amo perezoso.

CAL.—¿Cómo has pensado de fazer esta piedad?

SEM.—Yo te lo diré. Días ha grandes que conozco en fin desta
vezindad una vieja barbuda que se dize Celestina[40]; hechizera,
astuta, sagaz en quantas maldades ay. Entiendo que passan de
cinco mill virgos los que se han hecho y deshecho por su
auctoridad en esta cibdad. A las duras peñas promoverá y
provocará a luxuria si quiere[41].

CAL.—¿Podríala yo fablar?

SEM.—Yo te la traeré hasta acá. Por *esso, aparéjate: seyle
gracioso, seyle franco. Estudia, mientra vo yo, de le dezir tu pena
tan bien como ella te dará el remedio.

CAL.—¿Y tardas?

SEM.—Ya voy. Quede Dios contigo.

CAL.—Y contigo vaya. ¡O todopoderoso, perdurable Dios!
Tú que guías los perdidos, y los reyes orientales por el estrella
precedente a Belén truxiste, y en su patria los reduxiste,
humildemente te ruego que guíes a mi Sempronio, en manera
que convierta mi pena y tristeza en gozo, y yo, indigno, merezca
venir en el deseado fin.

---

[40] Bonilla San Martín (1906: 378) fue el primero —aquí y en otros lugares— en
pensar que el origen del nombre del personaje Celestina había que buscarlo en un
pasaje del *Tristán de Leonís:* "Dize la historia que quando Lançarote fue partido de
la doncella, ella se aparejó con mucha gente, e fuesse con ella su tía Celestina", cap.
LII. Pero Lida de Malkiel (1962: 567) advirtió que en el *Tristán,* lo de la 'tía
Celestina' es uno de los añadidos que se deben al retoque del impresor, Juan de
Burgos, que estampó la obra en Valladolid en 1501, pues en *El cuento de Tristán de
Leonís,* manuscrito de finales del XIV o principios del XV, la doncella socorrida por
Lanzarote no tiene tía, situación esperable y más a tono con las novelas
caballerescas. (Cf. nota 38 de este acto I). Para Romero Saráchaga (1959), el
nombre de la alcahueta procede de la Peña Celestina o el Peñón de la Celestina
designación de una roca escarpada sobre el Tormes, pero su punto no está apoyado
con convincente documentación anterior a la *Comedia.*

[41] Lida de Malkiel (1962: 521) recuerda aquí un pasaje del *Poenulus* (V,290),
donde se dice, en elogio de una ramera: "nan illa mulier la pidem silicem subigere ut
se amet potest"; piensa que estamos ante una reminiscencia de la comedia romana.
aunque con diversa modalidad.

* esse

CEL.—¡Albricias! ¡Albricias! ¡Elicia! ¡Sempronio! ¡Sempronio!

ELI.—¡Ce, ce, ce!

CEL.—¡Por qué?

ELI.—Porque está aquí Crito[42].

CEL.—¡Mételo en la camarilla de las escobas! ¡Presto! ¡Dile que viene tu primo y un familiar!

ELI.—Crito, retráete ay. Mi primo viene, ¡Perdida soy!

CRI.—Plázeme. No te congoxes[43].

SEM.—¡Madre bendita! ¡Qué desseo traygo! ¡Gracias a Dios que te me dexó ver!

CEL.—¡Fijo mío! ¡Rey mío! Turbado me has. No te puedo fablar. Torna y dame otro abraço. ¿Y tres días podiste estar sin vernos? ¡Elicia! ¡Elicia! ¡Cátale aquí!

ELI.—¿A quién, madre?

CEL.—¡Sempronio!

ELI.—¡Ay triste, que saltos me da el coraçón! ¿Y qué es dél?

CEL.—Vesle aquí, vesle. Yo me le abraçaré, que no tú.

ELI.—¡Ay, maldito seas, traydor! Postema y landre te mate, y a manos de tus enemigos mueras, y por crímenes dignos de cruel muerte en poder de rigurosa justicia te veas. ¡Ay, ay!

SEM.—¡Hy!, ¡Hy!, ¡Hy! ¿Qué has, mi Elicia? ¿De qué te congoxas?

ELI.—Tres días ha no me ves. ¡Nunca Dios te vea! ¡Nunca Dios te consuele ni visite! ¡Guay de la triste que en ti tiene su esperanza y el fin de todo su bien!

SEM.—¡Calla, señora mía! ¿Tú piensas que la distancia del lugar es poderosa de apartar el *entrañable amor, el fuego que está en mi coraçón? Do yo vo, comigo vas, comigo estás. No te aflijas ni atormentes más de lo que yo he padecido. Mas di, ¿qué passos suenan arriba?

ELI.—¿Quién? Un mi enamorado.

SEM.—Pues créolo.

ELI.—¡Alahé[44], verdad es! Sube allá y verle has.

---

[42] El nombre del personaje deriva también del teatro de Terencio; aparece en la *Andria*, en el *Heauton timorumenos* y en el *Phornio*; Vid. Menéndez Pelayo (1910/1961: 288).

[43] Castro Guisasola (1924: 175) piensa que el episodio de Crito debe algo al diálogo del colérico con su mujer en la obra del Arcipreste de Talavera (III,8), pero examinado de cerca dicho texto, nada encuentro en él que haga válido el paralelo.

* entreñable

[44] alahé, 'a la fe': *Vid*. Lihani (1973: 465, s.v. *he*)

SEM.—Voy.

CEL.—¡Anda acá! Dexa essa loca, que ella es liviana, y turbada de tu absencia, sácasla agora de seso. Dirá mill locuras. Ven y fablemos. No dexemos passar el tiempo en balde.

SEM.—Pues, ¿quién está arriba?

CEL.—¿Quiéreslo saber?

SEM.—Quiero.

CEL.—Una moça que me encomendó un frayle.

SEM.—¿Qué frayle?

CEL.—No lo procures.

SEM.—Por mi vida, madre, ¿qué frayle?

CEL.—¿Porfías? El ministro..., el gordo.

SEM.—¡O desaventurada, y qué carga espera!

CEL.—Todo lo levamos. Pocas mataduras as tú visto en la barriga.

SEM.—Mataduras, no; mas petreras[45], sí.

CEL.—¡Ay, burlador!

SEM.—Dexa si soy burlador y muéstramela.

ELI.—¡Ha, don malvado! ¿Verla quieres? ¡Los ojos se te saiten!, que no basta a ti una ni otra. ¡Anda, veela, y dexa a mí para siempre!

SEM.—¡Calla, Dios mío! ¿Y enójaste? Que ni la quiero veer a ella ni a muger nascida. A mi madre quiero fablar, y quédate a Dios.

ELI.—¡Anda, anda! ¡Vete, desconoscido y está otros tres años que no me buelvas a ver!

SEM.—Madre mía, bien ternás confiança y creerás que no te burlo. Toma el manto y vamos, que por el camino sabrás lo que si aquí me tardasse en dezirte empediría tu provecho y el mío.

CEL.—Vamos. Elicia, quédate a Dios. Cierra la puerta. ¡Adiós paredes!

SEM.—¡O madre mía! Todas cosas dexadas aparte, solamente sé atenta e ymagina en lo que te dixere, y no derrames tu pensamiento en muchas partes, que quien junto con diversos

---

[45] Parece ser un derivado del lat. *pectus*, pero no lo recoge Malkiel (1952), ni Corominas (1954), que lo más cercano que menciona es un asturiano *petralada* que significa 'indigestión' y que claramente está muy lejos de nuestro sentido. No creo que sea aventurada la explicación de Cejador (1913/1968: 63), al suponerlo variante de *petral*, *pretal* y pensar en señales o escoriaciones dejadas por éstos en la barriga de las bestias por el mucho roce. Aquí el sentido sería metafórico y haría referencia a las marcas de un intenso y continuo juego sexual.

lugares le pone, en ninguno le tiene, sino por caso determina lo cierto. Y quiero que sepas de mí lo que no has oýdo, y es que jamás pude, después que mi fe contigo puse, desear bien de que no te cupiesse parte.

CEL.—Parta Dios, fijo, de lo suyo contigo, que no sin causa lo hará, siquiera porque has piedad desta pecadora de vieja. Pero di, no te detengas, que la amistad que entre ti y mí se afirma no ha menester preámbulos, ni correlarios[46], ni aparejos para ganar voluntad. Abrevia y ven al fecho, que vanamente se dize por muchas palabras lo que por pocas se puede entender.

SEM.—Assí es. Calisto arde en amores de Melibea. De ti y de mí tiene necessidad. Pues juntos nos ha menester, juntos nos aprovechemos, que conoscer el tiempo y usar el hombre de la oportunidad haze los hombres prósperos.

CEL.—Bien as dicho; al cabo estoy. Basta para mí mescer el ojo. Digo que me alegro destas nuevas, como los cirujanos de los descalabrados. Y como aquéllos dañan en los principios las llagas y encarecen el prometimiento de la salud, assí entiendo yo fazer a Calisto. Alargarle he la certenidad del remedio, porque, como dizen, el esperança luenga aflige el coraçón, y quando él la perdiere, tanto gela promete. ¡Bien me entiendes!

SEM.—Callemos, que a la puerta estamos, y, como dizen, las paredes han oýdos.

CEL.—Llama.

SEM.—Tha, tha, tha.

CAL.—¡Pármeno![47]

PÁR.—¿Señor?

CAL.—¡No oyes, maldito sordo?

PÁR.—¿Qué es, señor?

CAL.—A la puerta llaman; corre.

PÁR.—¿Quién es?

SEM.—Abre a mí y a esta dueña.

PÁR.—Señor, Sempronio y una puta vieja alcoholada[48] davan aquellas porradas.

---

[46] Aquí con el sentido de 'prólogos'; *Vid.* Gili Gaya (1960: s.v. *corrolario*).

[47] El nombre es de ascendencia terenciana; aparece en el *Eunuco*, en los *Adelfos* y en la *Hecyra.* Cf. Menéndez Pelayo (1910/1961: 288).

[48] alcoholada; de alcohol, 'polvo finísimo de antimonio empleado por las mujeres para ennegrecerse los ojos'; *Vid.* Corominas (1954: s.v. *alcohol*). Para definiciones antiguas, Cf. Gili Gaya (1960: s.v. *alcoholar*). Creo, sin embargo, que

CAL.—Calla, calla, malvado, que es mi tía. Corre, corre, abre. Siempre lo vi, que por huyr hombre de un peligro cae en otro mayor. Por encubrir yo este fecho de Pármeno, a quien amor o fidelidad o temor pusieran freno, caý en indignación desta, que no tiene menor poderío en mi vida que Dios.

PÁR.—¿Por qué, señor, te matas? ¿Por qué, señor te congoxas? ¿Y tú piensas que es vituperio en las orejas desta el nombre que la llamé? No lo creas; que assí se glorifica en le oýr, como tú, quando dizen: "diestro cavallero es Calisto". Y de más, desto es nombrada, y por tal título conocida. Si entre cient mugeres va y alguno dize: "¡Puta vieja!", sin ningún empacho luego buelve la cabeça y responde con alegre cara. En los combites, en las fiestas, en las bodas, en las cofradías, en los mortuorios, en todos los ayuntamientos de gentes, con ella passan tiempo. Si passa por los perros, aquello suena su ladrido; si está cerca las aves, otra cosa no cantan; si cerca los ganados, balando lo pregonan; si cerca las bestias, rebuznando dizen "¡Puta vieja!". Las ranas de los charcos otra cosa no suelen mentar. Si va entre los herreros, aquello dizen sus martillos. Carpinteros y armeros, herradores, caldereros, arcadores; todo oficio de instrumento forma en el ayre su nombre. Cántanla los carpinteros, péynanla los peynadores, texedores, labradores de las huertas, en las aradas, en las viñas, en las segadas, con ella passan el afán cotidiano. Al perder en los tableros, luego suenan sus loores[49]. Todas cosas que son fazen, a doquiera que ella está,

---

la expresión de Pármeno debe tener un alcance más general, y que aquí *alcoholada* debe entenderse como 'llena de afeites'.

[49] Gilman (1956: 169) había explicado este pasaje como eco de Petrarca (*De Remediis*, II), pero Deyermond (1961: 63-5) ha rechazado esta suposición. Según el hispanista inglés, entre el catálogo de ruidos desagradables que trae el texto de Petrarca y esta descripción hiperbólica de la fama de Celestina hay poquísimos puntos de firme contacto. Dos son las razones que pudieran haber impulsado la afirmación: por una parte, el número de elementos comunes entre las dos enumeraciones de ruidos: por otra, el hecho de que éstos estén divididos en ruidos de animales y de actividades humanas. Pero el propósito de ambos pasajes es enteramente diferente: en Petrarca los ruidos no tienen otros propósitos que ellos mismos, y el efecto que producen es el de irritación. Valerse de los ruidos de animales y de objetos inanimados como un instrumento de alabanza o fama es un lugar común en varias lenguas. La enumeración de ruidos está lejos de ser un mecanismo particular de Petrarca; puede verse también en las *Etymologiae* de San Isidoro, cuya lista de animales tiene una asombrosa coincidencia con la *De Remediis*. Deyermond destaca el hecho de que Gilman presenta la comparación utilizando

el tal nombre representa [n]. ¡O, qué comedor de huevos asados era su marido![50] ¿Qué quieres más, sino, si una piedra toca con otra, luego suena "¡Puta vieja!"?

CAL.—Y tú ¿cómo lo sabes y la conosces?

PÁR.—Saberlo has. Días grandes son passados que mi madre, muger pobre, morava en su vezindad; la qual, rogada por esta Celestina, me dio a ella por sirviente. Aunque ella no me conoce, por lo poco que la serví y por la mudança que la edad ha hecho.

CAL.—¿De qué la servías?

PÁR.—Señor, yva a la plaça y tráyale de comer, y acompañávala. Suplía en aquellos menesteres que mi tierna fuerça bastava. Pero de aquel poco tiempo que la serví recogía la nueva memoria lo que la vejez no ha podido quitar. Tiene esta buena dueña al cabo de la cibdad, allá cerca de las tenerías, en la cuesta del río[51], una casa apartada, medio cayda, poco com-

---

para Petrarca la versión española de Francisco Madrid, y no el original latino, lo que hace que las semejanzas queden más señaladas y las diferencias minimizadas, pero en realidad unas dos terceras partes de los ruidos que da Petrarca no aparecen en *La Celestina* y —lo que es más importante— la mitad de los que utiliza el primer autor no están en *De Remediis*; las coincidencias parecen ser enteramente fortuitas. Un estudio del parlamento en cuestión, desde el punto de vista retórico, en Samoná (1954: 137-8). Gilman (1972: 178) ha vuelto a subrayar —de pasada— la fuente petrarquesca del pasaje.

[50] Gillet (1956) notó diferencias de lectura entre varias ediciones y traducciones antiguas (Ordóñez: *comandator,* Venecia 1535: *commandator,* Rouen 1633 y Amarita 1822: *encomendador*) frente al *comedor* de las primeras impresiones, y analizó semánticamente ambas expresiones: *comedor de huevos,* debido a los efectos restauradores de los huevos —según antigua creencia— después de excesos eróticos, podría dar testimonio de la notable actividad sexual a que Celestina sometería a su marido. Por otra parte, *encomendador de güevos asados* es sinónimo de 'cornudo'; Correas dice: "Tiene el vulgo hablilla y opinión que, encomendando los huevos que se ponen a asar a un cornudo, no se quebrarán". Guillet se inclina a esta última interpretación, pensando en *comedor* como una deturpación textual. Goldman (1956) piensa que el texto hace referencia a una costumbre judía y que no es necesaria ninguna enmienda, aunque piensa que la interpretación de Gillet también conviene aquí. A la muerte de un familiar, los deudos tenían por costumbre comer huevos; *comer huevos* debió ser sinónimo de pesar, aquí en *La Celestina,* el pesar que sentiría el marido de la alcahueta, testigo de sus muchas infidelidades.

[51] La mención de unas tenerías en la cuesta de río ha servido a varios estudiosos para presentar identificaciones en cuanto a la ciudad en cuestión. Morales (1950) piensa que el escenario de *La Celestina* es Talavera, puesto que allí estaban las tenerías hasta hace poco tiempo, y la hoy Calle del Río no es otra cosa que la cuesta del río de que habla Pármeno. Romero Saráchaga (1959) se inclina a Salamanca,

puesta y menos abastada. Ella tenía seys oficios, conviene a saber: labrandera[52], perfumera, maestra de fazer afeytes y de fazer virgos, alcahueta y un poquito hechizera. Era el primero oficio cobertura de los otros, so color del qual muchas moças destas sirvientes entravan en su casa a labrarse, y a labrar camisas y gorgueras y otras muchas cosas. Ninguna venía sin torrezno, trigo, harina, o jarro de vino, y de las otras provisiones que podían a sus amas furtar. Y aun otros furtillos de más qualidad allí se encubrían. Asaz era amiga de estudiantes y despenseros y moços de abades. Y a estos vendía ella aquella sangre innocente de las cuytadillas, la qual ligeramente aventuravan en esfuerço de la restitución que ella les prometía. Subió su fecho a más: que por medio de aquéllas comunicava con las más encerradas, hasta traher a execución su propósito. Y aquestas, en tiempo onesto, como estaciones, processiones de noche, missas del gallo, missas del alva y otras secretas devociones, muchas encubiertas vi entrar en su casa. Tras ellas, hombres descalços, contritos y reboçados, desatacados[53], que entravan allí a llorar sus pecados. ¡Qué tráfagos, si piensas, traýa! Fazíase física de niños, tomava estambre de unas casas, dávalo a filar en otras, por achaque de entrar en todas. Las unas: "¡Madre acá!", las otras: "¡Madre acullá!, ¡Cata la vieja!, ¡Ya viene el ama!"; de todos muy conocida. Con todos estos afanes, nunca pasava sin missa ni bísperas, ni dexava monesterios de frayles ni de monjas[54]. Esto porque allí fazía sus aleluyas y conciertos. Y en su

---

donde no sólo las tenerías y el río, sino otros detalles topográficos de la ciudad pueden ser localizados con facilidad. Ruiz y Bravo-Villasante (1967), que también prefieren a Talavera, piensan que *las tenerías* podrían ser el nombre de un barrio al cabo de la ciudad, junto al río, en cuya ribera practica Calisto la caza de altanería, y donde los padres de Melibea tienen una finca de recreo para pasar el verano. Parece que éste y otros intentos de encontrar un escenario real para la *Tragicomedia* son ociosos, puesto que los mismos autores se empeñaron en no particularizar ciudad alguna. Con respecto a este detalle de las tenerías junto al río, ya había dicho Menéndez Pelayo (1910/1961: 279-81) que es rasgo común a muchas ciudades: Salamanca, Palencia, Sevilla, Valladolid, etc.

[52] *'costurera'; Vid* Aut (1737: s.v. *labrandera*).

[53] *desatacados*, de atacar: 'atar los calzones al jubón con las agujetas'. *Vid.* Aut (1737: s.v. *atacar*); también, Acad (1970: s.v. *atacar*): 'atar, abrochar, ajustar al cuerpo cualquier pieza del vestido que lo requiere'.

[54] Bonilla (1906) pensaba que la descripción que hace Pármeno de Celestina debía mucho al *Corbacho*, esp. al II, 13 de la obra de Alfonso Martínez. Gilman y Ruggero (1961), por el contrario, creen que la descripción está inspirada en las *Coplas de las comadres*, de Rodrigo de Reinosa, compuesta, según los autores, en

casa fazía perfumes, falsava estoraques, menjuy, animes, ámbar, algalia, polvillos, almizcles, mosquetes. Tenía una cámara llena de alambiques, de redomillas, de barrilejos de barro, de vidrio, de arambre, de estaño, hechos de mill faziones. Hazía solimán, afeyte cozido, argentadas, bujelladas, cerillas, llanillas, unturillas, lustres, luzentores, clarimientes, alvalinos, y otras aguas de rostro: de rasuras de gamones, de cortezas de spantalobos, de taraguntia, de hieles, de agraz, de mosto, destiladas y açucaradas. Adelgazava los cueros con çumos de limones, con turvino, con tuétano de corço y de garça, y otras confaciones. Sacava aguas para oler, de rosas, de azahar, de jasmín, de trébol, de madreselvia, y de clavellinas, mosquetas[55], y al mezcladas, polvorizadas con vino. Hazía lexías para enrubiar, de sarmientos, de carrasca, de centeno, de marrubios; con salitre, con alumbre y millifolia y otras diversas cosas. Y los

---

los primeros años de la década de 1480; para ellos Rojas (léase primer autor) combinó a Sancha, la alcahueta local, y a Mari García, la bruja, ambos personajes de Reinosa, para componer a Celestina. Trotter (1961) también establece relación entre ambos textos, y hasta piensa en plagio, pues los paralelos textuales son en verdad impresionantes. Sin embargo, Trotter no puede asegurar cuál de estos textos sea la fuente del otro, pues le resulta imposible datar los pliegos de las *Coplas;* su conclusión es que el problema tendrá que permanecer insoluble por ahora, puesto que toda filiación textual está en el aire. Es interesante subrayar que Menéndez Pelayo había hablado de la influencia de *La Celestina* sobre Reinosa y también Cossío (1945) pensaba que Reinosa era el deudor y no el autor del primer acto de la *Comedia.* Un punto que han esgrimido Gilman y Ruggero en su presentación, es el hecho de estar las *Coplas* entre los libros que Rojas deja a su mujer en herencia, pero el asunto es sumamente discutible: lo que figura en el inventario de 1546 es un *Libro de la mala lengua*, libro que los autores han identificado, siguiendo una sugestión de Valle Lersundi, con las *Coplas* de Reinosa; Cf. Gilman (1972: 435), pero ellos mismos reconocen que pudiera tratarse de otro texto. Además de que la identificación es dudosa, la posesión de esos pliegos por Rojas no parece indicar mucho, sobre todo si aceptamos que el primer auto de la *Comedia* no es suyo. Una nota curiosa de la descripción de la alcahueta es su "devoción"; es detalle que se encuentra ya en un famoso cuento de la *Disciplina clericalis*, de Pedro Alfonso —XIII, *De canicula lacrimante*— reelaborado en el exemplo CCXXXIV del *Libro de los enxemplos*, de Clemente Sánchez de Vercial.

[55] Algunas ediciones antiguas corrigen *mosquetadas;* quizá la presencia de la cópula llevó a pensar en un participio, pero no es así. La mosqueta es una 'rosa pequeña y blanca, de una especie de zarza. Llámase así por su olor de almizcle'; *Vid* Aut (1737: s.v. *mosqueta*). El parlamento debe leerse: '...sacaba agua de rosas, ... mosquetas, almizcladas unas, otras, polvorizadas con vino'; el almizcle es una sustancia animal —Cf. Acad (1970: s.v. *almizcle*)— ya de por sí olorosa, a la cual la vieja añadía agua de olor.

untos y mantecas que tenía, es hastío de dezir, de vaca, de osso, de cavallos y de camellos, de culebra y de conejo, de vallena, de garça y de alcaraván, y de gamo, y de gato montés, y de texón, de harda, de herizo, de nutria... Aparejos para baños —¡esto es una maravilla!— de las yervas y rayzes que tenía en el techo de su casa colgadas: mançanilla y romero, malvaviscos, culantrillo, coronillas, flor de sauco y de mostaza, espliego y laurel blanco, tortarosa y gramonilla, flor salvaje e higueruela, pico de oro y hoja tinta. Los azeytes que sacava para el rostro, no es cosa de creer: de estoraque y de jazmín, de limón, de pepitas, de violetas, de menjuy, de alfócigos, de piñones, de granillo, de açofayfas, de neguilla, de altramuzes, de arvejas y de carillas, y de yerva paxarera. Y un poquillo de bálsamo tenía ella en una redomilla, que guardava para aquel rasguño que tiene por las narizes. Esto de los virgos, unos fazía de bexiga y otros curava de punto. Tenía en un tabladillo, en una caxuela pintada, agujas delgadas de pelligeros, e hilos de seda encerados, y colgadas allí rayzes de hojaplasma y fuste sanguino, cebolla albarrana y cepacavallo[56]. Hazía con esto maravillas, que quando vino por aquí el ambaxador francés[57], tres vezes vendió por virgen a una criada que tenía.

[56] Se ha señalado la influencia ejercida por el *Diálogo entre el amor y un viejo*, de Cota, sobre esta descripción del laboratorio de Celestina. Cf. Castro Guisasola (1924: 179). Los productos de belleza enumerados por Pármeno que coinciden con los mencionados por Amor son: estoraques, (azeyte) de estoraque (Cota: la líquida estoraque), solimán, argentadas, cerillas, unturillas, luzentores (Cota: solimán, argentadas, cerillas, unturillas, lucentoras), (agua) de rasuras de gamones (Cota: licor de las rasuras), lexías para enrubiar (Cota: lexías para los cabellos). Sobre el laboratorio de Celestina, Cf. la monografía de Laza Palacios (1958) y la reseña de Lida de Malkiel (1963); Véase también, Fuentes de Aymat (1951), Martí Ibáñez (1956), Martín Aragón (1962) y Cerro González (1964).

[57] Ruiz y Bravo-Villasante (1967) han vuelto sobre las viejas preocupaciones de parte de la crítica de *La Celestina* de identificar al *ambaxador francés* que menciona Pármeno. Parten los autores de la referencia a la caída de Granada y a la derrota del turco (*Vid. infra*, notas 6 y 7 del acto III) para concluir que la *Comedia* se refiere a una época que va desde 1493 a 1499, inclinándose a un término medio, es decir a 1496 porque así "el error máximo no llegará a tres años". Como suponen los autores que el mozo hace referencia a un hecho sucedido 15 ó 20 años antes, habrá que situar el momento entre 1476 y 1481; revisadas las embajadas francesas de esos años, la única que alcanza convalidación cronológica es la presidida por el Obispo de Lumbierns, que visitó la Corte de los Reyes Católicos, a la sazón en Guadalupe, en 1479. El propósito principal de Ruiz y Bravo-Villasante es demostrar que la ciudad donde se desarrollan los sucesos de *La Celestina* no es otra que Talavera. Después de tal identificación, los autores insisten —con detalladas explicaciones

CAL.—¡Así pudiera ciento!

PÁR.—¡Sí, santo Dios! Y remediava por caridad muchas huérfanas y erradas que se encomendavan a ella. Y en otro apartado tenía para remediar amores y para se querer bien. Tenía huessos de coraçón de ciervo, lengua de bívora, cabeças de codornizes, sesos de asno, tela de cavallo, mantillo de niño[58], hava morisca, guija marina, soga de ahorcado, flor de yedra, espina de erizo, pie de texó, grano de *helecho, la piedra del nido del águila y otras mill cosas. Venían a ella muchos hombres y mugeres, y a unos demandava el pan do mordían, a otros, de su ropa, a otros, de sus cabellos. A otros pintava en la palma letras con açafrán, a otros, con bermellón; a otros dava unos coraçones de cera, llenos de agujas quebradas, y otras cosas en barro y en plomo hechas, muy espantables al ver. Pintava figuras, dezía palabras en tierra: ¿Quién te podrá dezir lo que esta vieja fazía? Y todo era burla y mentira.

CAL.—Bien está, Pármeno; déxalo para más oportunidad. Asaz soy de ti avisado, téngotelo en gracia. No nos detengamos, que la necessidad desecha la tardança. Oye, aquella viene rogada; espera más que deve. Vamos, no se indigne. Yo temo, y el temor reduze la memoria y a la providencia despierta. ¡Sus! Vamos, proveamos. Pero ruégote, Pármeno, la embidia de Sempronio, que en esto me sirve y complaze, no ponga impedimento en el remedio de mi vida; que si para él hovo jubón, para ti no faltará sayo. Ni pienses que tengo en menos tu consejo y aviso que su trabajo y obra. Como lo espiritual sepa yo que precede a lo corporal y que, puesto que las bestias corporalmente trabajen más que los hombres, por esso son pensadas[59] y curadas, pero no amigas dellos; en la tal diferencia serás comigo en respeto de Sempronio. Y so secreto sello, pospuesto el dominio, por tal amigo a ti me concedo.

PÁR.—Quéxome, Calisto, de la dubda de mi fidelidad y ser-

---

topográficas— que sólo Talavera pudo haber sido el lugar donde la comitiva del obispo se asentó varios días, los suficientes como para que la gente de la embajada fuese reiterada víctima del engaño de la vieja.

[58] Devoto (1962) ha explicado que este ingrediente del laboratorio de Celestina no es otro que una fina membrana, quizá residuos de placenta, que cubre la cabeza del recién nacido; se creía que tenía poderes extraordinarios.

* helehecho

[59] 'alimentadas'; Cf. Aut (1737: s.v. *pensar*): 'echar de comer a los animales o ministrarles el alimento. Comunmente se dize de las caballerías'.

vicio, por los prometimientos y amonestaciones tuyas. ¿Quándo me viste, señor, embidiar, o por ningún interesse ni resabio tu provecho estorcer?[60]

CAL.—No te escandalizes, que sin dubda tus costumbres y gentil criança en mis ojos ante todos los que me sirven están. Mas como en caso tan arduo, do todo mi bien y vida pende, es necessario proveer, proveo a los contescimientos; como quiera que creo que tus buenas costumbres sobre buen natural florescen, como el buen natural sea principio del artificio... Y no más, sino vamos a ver la salud.

CEL.—Pasos oygo, Acá descienden. Haz, Sempronio, que no lo oyes. Escucha, y déxame hablar lo que a ti y a mí conviene.

SEM.—Habla.

CEL.—No me congoxes ni me importunes, que sobrecargar el cuydado es aguijar al animal congoxoso. Assí sientes la pena de tu amo Calisto, que parece que tú eres él y él tú, y que los tormentos son en un mismo subjeto. Pues cree que yo no vine acá por dexar este pleyto indeciso, o morir en la demanda.

CAL.—Pármeno, detente. ¡Ce! Escucha qué hablan éstos. Veamos en qué vivimos. ¡O notable muger! ¡O bienes mundanos, indignos de ser poseýdos de tan alto coraçón! ¡O fiel y verdadero Sempronio! ¿Has visto, mi Pármeno? ¿Oýste? ¿Tengo razón? ¿Qué me dizes, rincón de mi secreto y consejo y alma mía?[61]

PÁR.—Protestando mi innocencia en la primera sospecha y cumpliendo con la fidelidad, porque tú me concediste, hablaré. Oyeme, y el afecto no te ensorde, ni la esperança del deleyte te ciegue. Tiémplate y no te apresures, que muchos con codicia de dar en el fiel, yerran el blanco. Aunque soy moço, cosas he visto asaz, y el seso y la vista de las muchas cosas demuestran la experiencia. De verte o de oýrte descender por la escalera, parlan lo que éstos fingidamente han dicho, en cuyas falsas palabras pones el fin de tu deseo.

SEM.—Celestina, ruynmente suena lo que Pármeno dize.

CEL.—Calla, que para la mi santiguada, do vino el asno vendrá la albarda. Déxame tú a Pármeno, que yo te le haré uno

---

[60] No parece que quepa aquí el antiguo sentido de estorcer: 'salvarse, librarse de un peligro', que señala Corominas (1954: s.v. *torcer*). A pesar de sus reparos a la transitividad del verbo, aquí deve leerse con Cejador y Lida de Malkiel, 'desviar, evitar'.

[61] Castro Guisasola (1924: 85) señala que casi en los mismos términos habla Querea en el *Eunuco* (V,9): "O Pármeno mi! o mearum voluptatum omnium/ inventor, inceptor, scin, me in quibus sim gaudiis?".

de nos; y de lo que hoviéremos, démosle parte, que los bienes, si
no son comunicados, no son bienes. Ganemos todos, partamos
todos, holguemos todos. Yo te le traeré manso y benigno a picar
el pan en el puño, y seremos dos a dos y, como dizen, tres al
mohino[62].

CAL.—¡Sempronio!

SEM.—¿Señor?

CAL.—¿Qué hazes, llave de mi vida? Abre. ¡O, Pármeno! ¡Ya
la veo! ¡Sano soy, vivo so! ¿Miras qué reverenda persona, qué
acatamiento? Por la mayor parte por la philosomía es conocida
la virtud interior. ¡O vejez virtuosa! ¡O virtud envejecida! ¡O
gloriosa esperança de mi desseado fin! ¡O fin de mi deleytosa
esperança! ¡O salud de mi passión, reparo de mi tormento,
*regeneración mía, vivificación de mi vida, resurreción de mi
muerte! Deseo llegar a ti, cobdicio besar essas manos llenas de
remedio. La indignidad de mi persona lo embarga. Dende aquí
adoro la tierra que huellas y en reverencia tuya beso.

CEL.—Sempronio, ¡de aquéllas vivo yo! ¡Los huessos que yo
roý piensa este necio de tu amo de darme a comer! Pues al le
sueño, al freýr lo verá[63]. Dile que cierre la boca y comience abrir
la bolsa; que de las obras dudo, quanto más de las palabras. ¡Xo,
que te estriego, asna coxa! Más havías de madrugar.

PÁR.—¡Guay de orejas que tal oyen! Perdido es quien tras
perdido anda. ¡O Calisto desaventurado, abatido, ciego! Y en
tierra está adorando a la más antigua y puta tierra, que *fregaron
sus espaldas en todos los burdeles! Deshecho es, vencido es,

---

[62] La expresión *dos a dos* en boca de Celestina es aquí confusa, pues de ordinario
significó, en juegos o en riñas, dos contra dos —*Vid* Aut (1737: s.v. *dos*)- que es
justamente la situación en este momento en que todavía Pármeno es fiel a Calisto.
Quizá la vieja vea en la fidelidad del criado una desventaja grande para sus planes, y
la expresión quiera decir 'estaremos iguales, en igualdad de condiciones'.
Transparente en cambio resulta la expresión *tres al mohino*; entiéndese por mohino: 'en el juego, aquél contra quien van los demás que juegan'. *Vid* Acad (1970: s.v.
mohino, ac. 5). *Tres al mohino* como expresión figurada, significa 'la conjuración o
unión de algunos contra otros'; Cf. la ac. 7 de la misma entrada.

* regenreacion

[63] *al le sueño*: 'otra cosa deseo'; Cf. Correas (1924: 38). Según J. Cejador
(1913/1968: 92), el refrán *al freýr lo verá* hace referencia a "Al freír de los huevos lo
verá", refrán que significa que así como al freír se descubre si los huevos son buenos
o no, es decir, cuando se ve lo que realmente son, así las cosas se conocen de verdad
en la ocasión adecuada.

* fragaron

caydo es. No es capaz de ninguna redención ni consejo ni esfuerço.

CAL.—¿Qué dezía la madre? Parésceme que pensava que le
ofrescía palabras por escusar galardón.

SEM.—Assí lo sentí.

CAL.—Pues ven comigo; trae las llaves, que yo sanaré su duda.

SEM.—Bien farás, y luego vamos. Que no se deve dexar crescer
la yerva entre los panes, ni la sospecha en los coraçones de los
amigos, sino alimpiarla luego con el escardilla de las buenas
obras.

CAL.—Astuto hablas. Vamos, y no tardemos.

CEL.—Plázeme, Pármeno, que havemos avido oportunidad
para que conozcas el amor mío contigo y la parte que en mi
inmérito tienes. Y digo inmérito por lo que te he oýdo dezir, de
que no hago caso; porque virtud nos amonesta sufrir las tenta-
ciones, y no dar mal por mal. Y especial quando somos tenta-
dos por moços y no bien instrutos[64] en lo mundano, en que con
necia lealtad pierdan a sí y sus amos, como agora tú a Calisto.
Bien te oý; y no pienses que el oýr con los otros exteriores sesos
mi vejez aya perdido. Que no sólo lo que veo, oyo y conozco,
mas aun lo intrínseco con los intellectuales ojos penetro. Has
de saber, Pármeno, que Calisto anda de amor quexoso. No lo
juzgues por eso por flaco, que el amor impervio[65] todas las cosas
vence. Y sabe, si no sabes, que dos conclusiones son verdaderas: la primera, que es forçoso el hombre amar a la muger y la
muger al hombre; la segunda, que el que verdaderamente ama es
necessario que se turbe con la dulçura del soberano deleyte, que
por el hazedor de las cosas fue puesto, porque el linaje de los
hombres perpetuase, sin lo qual peresceria[66]. Y no sólo en la
humana especie, mas en los pesces, en las bestias, en las aves, en
las reptilias; y, en lo vegetativo, algunas plantas han este respeto,
si sin interposición de otra cosa en poca distancia de tierra están
puestas: en que ay determinación de hervolarios y agricultores

---

[64] Latinismo por 'instruido'; todavía tenía uso, aunque poco, en el tiempo de
Autoridades.

[65] *impervio,* del lat. *impervius,* aquí, según Aut (1737: s.v. *impervio*): 'continuo y
constante', aunque su verdadero sentido es el de inaccesible.

[66] Menéndez Pelayo (1910/1961: 350-1) señaló para este pasaje la influencia de
Alfonso Tostado de Madrigal en el *Tractado que fizo ... estando en el Estudio, por
el qual se prueba por la Santa Escriptura cómo al hombre es necessario amar, y el
que verdaderamente ama es necessario que se turbe.*

ser machos y hembras. ¿Qué dirás a esto, Pármeno? ¡Neciuelo, loquito, angelico, perlica, simplezico! ¿Lobitos en tal gestico? Llégate acá, putico, que no sabes nada del mundo ni de sus deleytes. ¡Mas ravia mala me mate si te llego a mí, aunque vieja! Que la voz tienes ronca, las barbas te apuntan. ¡Mal sosegadilla deves tener la punta de la barriga!

PÁR.—¡Como cola de alacrán!

CEL.—Y aun peor; que la otra muerde sin hinchar, y la tuya hincha por nueve meses.

PÁR.—¡Hy! ¡Hy! ¡Hy!

CEL.—¿Ríeste, landrezilla, fijo?

PÁR.—Calle, madre, no me culpes, ni me tengas, aunque moço, por insipiente. Amo a Calisto porque le devo fidelidad, por criança, por beneficios, por ser dél honrrado y bien tratado, que es la mayor cadena que el amor del servidor al servicio del señor prende, quanto lo contrario aparta. Véole perdido, y no ay cosa peor que yr tras desseo sin esperança de buen fin; y especial, con vanos consejos y necias razones de aquel bruto de Sempronio, que es pensar sacar aradores a pala y açadón[67]. No lo puedo sufrir. Dígolo, y lloro.

CEL.—Pármeno, ¿tú no vees que es necedad o simpleza llorar por lo que con llorar no se puede remediar?

PÁR.—Por esso lloro. Que si con llorar fuesse possible traer a mi amo el remedio, tan grande sería el plazer de la tal esperança, que de gozo no podría llorar. Pero assí, perdida ya la esperança, pierdo el alegría y lloro[68].

CEL.—Llorarás sin provecho por lo que llorando estorvar no podrás, si sanarlo presumas. ¿A otros no ha contecido esto, Pármeno?

PÁR.—Sí, pero a mi amo no le querría doliente.

CEL.—No lo es; mas aunque fuesse doliente, podría sanar.

PÁR.—No curo de lo que dizes, porque en los bienes mejor es el acto que la potencia, y en los males mejor la potencia que el acto. Assí que mejor es ser sano que poderlo ser, y mejor es poder ser

---

[67] Correas (1924: 247) trae el refrán; *arador*, también conocido como *arador de la sarna*, es un 'ácaro diminuto, parásito del hombre, en el cual produce la enfermedad llamada sarna; vive debajo de la capa cornea de la epidermis en galerías que excava la hembra y en la que deposita sus huevos'; Cf. Acad (1970: s.v. *arador*, ac. 2).

[68] Lida de Malkiel (1956: 429) ve en estas palabras un recuerdo de lo que dice Calímaca en el *Poliodorus*: "Si lacrime quidem hanc ad rem conducerent, insisterem una tecum lacrimis".

doliente que ser enfermo por acto y, por tanto, es mejor tener la potencia en el mal que el acto[69].

CEL.—¡O malvado! ¡Como que no se te entiende! ¿Tú no sientes su enfermedad? ¿Qué has dicho hasta agora? ¿De qué te quexas? Pues burla, o di por verdad lo falso, y cree lo que quisieres; que él es enfermo por acto, y el poder ser sano es en mano desta flaca vieja.

PÁR.—¡Mas desta flaca puta vieja!

CEL.—¡Putos días vivas, vellaquillo! ¿Y cómo te atreves...?

PÁR.—Como te conozco.

CEL.—¿Quién eres tú?

PÁR.—¿Quién? Pármeno, hijo de Alberto tu compadre, que estuve contigo un mes; que te me dio mi madre quando moravas a la cuesta del río, cerca de las tenerías.

CEL.—¡Jesú, Jesú, Jesú! ¿Y tú eres Pármeno, hijo de la *Claudina?

PÁR.—Alahé, yo.

CEL.—¡Pues fuego malo te queme, que tan puta vieja era tu madre como yo! ¿Por qué me persigues, Parmenico? ¡El es, él es, por los sanctos de Dios! Allégate a mí, ven acá, que mil açotes y puñadas te di en este mundo, y otros tantos besos. ¿Acuérdaste quando dormías a mis pies, loquito?

PÁR.—Sí, en buena fe. Y algunas vezes, aunque era niño, me subías a la cabecera y me apretavas contigo, y porque olías a vieja me fuýa de ti.

CEL.—¡Mala landre te mate! ¡Y cómo lo dize el desvergonçado! Dexadas burlas y pasatiempos, oye agora, mi fijo, y escucha, que *aunque a un fin soy llamada, a otro so venida, y maguera que contigo me aya fecho de nuevas, tú eres la causa. Hijo, bien sabes cómo tu madre, que Dios aya, te me dio viviendo tu padre. El qual, como de mí te fueses, con otra ansia

[69] Castro Guisasola (1924: 27) piensa que, aunque lo relativo al acto, la potencia y el hábito, está muy comentado en diferentes textos de Santo Tomás, es Aristóteles la fuente última: aduce un pasaje de la *Methaphysica* (IX,9) que dice: "Quod autem (in bonis) melior ac praestantior quam ipsa boni potentia, actus sit, ex his patebit: queacumque enim secundum posse dicuntur, idem est potens contraria: ut quod dicitur posse sanum esse, idem est etiam aegrotans, et simul eadem potentia est sanum et aegrotum esse... Actus igitur melior (in bonis). Necesse autem est etiam in malis finem et actum deteriorem potentia esse". En realidad el paralelo es muy cercano.

* Clandiana
* avunque

no murió sino con la incertidumbre de tu vida y persona; por la qual absencia algunos años de su vejez sufrió angustiosa y cuydadosa vida. Y al tiempo que della passó, embió por mí, y en su secreto te me encargó, y me dixo, sin otro testigo sino aquel que es testigo de todas las obras y pensamientos, y los *corazones y entrañas escudriña[70], al qual puso entre él y mí, que te buscasse y allegasse y abrigasse, y quando de complida edad fuesses, tal que en tu vivir supieses tener manera y forma, te descubriesse adónde dexó encerrada tal copia de oro y plata que basta más que la renta de tu amo Calisto. Y porque gelo prometí y con mi promesa llevó descanso, y la fe es de guardar más que a los vivos a los muertos, que no pueden hazer por sí, en pesquisa y seguimiento tuyo yo he gastado asaz tiempo y quantias, hasta agora, que ha plazido aquel, que todos los cuydados tiene, y remedia las justas peticiones, y las piadosas obras endereça que te hallase aquí, donde solos ha tres días que sé que moras. Sin duda, dolor he sentido, porque has por tantas partes vagado y peregrinado, que ni has havido provecho ni ganado debdo ni amistad. Que, como Séneca nos dize, los peregrinos tienen muchas posadas y pocas amistades, porque en breve tiempo con ninguno no pueden firmar amistad. Y el que está en muchos cabos, no está en ninguno. Ni puede aprovechar el manjar a los cuerpos que en comiendo se lança, ni ay cosa que más la sanidad impida que la diversidad y mudança y variacion de los manjares. Y nunca la llaga viene a cicatrizar en la qual muchas melezinas se tientan, ni convalesce la planta que muchas vezes es traspuesta. Ni ay cosa tan provechosa, que en llegando aproveche[71]. Por tanto, mi hijo, dexa los ímpetos de la juventud y tórnate con la doctrina de tus mayores a la razón. Reposa en alguna parte. ¿Y dónde mejor que en mi voluntad, en mi ánimo, en mi consejo, a quien tus padres te remetieron? Y yo, assí como verdadera madre tuya, te digo, so las maldiciones que tus padres te *pusieron si me

* corozanos
[70] Al parecer, Celestina se acordaba del "Renum illius testis est Deus, et cordis illius scrutator est verus", de la *Sabiduría de Salomón* (I,6); Cf. Castro Guisasola (1924: 106).
[71] Castro Guisasola (1924: 94-5), tras la pista del Comentador anónimo, ha dado con la fuente de Séneca a la que Celestina hace referencia; se trata de la segunda de las *Epístolas* de Séneca a Lucilio: "De mutatione locorum et multiplicium librorum lectione vitanda"; se cierra así lo que hasta ahora fuera infructuosa búsqueda por parte de Barth, Menéndez Pelayo y Cejador.
* pisieron

fuesses inobediente, que por el presente sufras y sirvas a este tu amo que procuraste, hasta en ello haver otro consejo mío. Pero no con necia lealtad, proponiendo firmeza sobre lo movible, como son estos señores deste tiempo. Y tú, gana amigos, que es cosa durable. Ten con ellos constancia. No vivas en flores. Dexa los vanos prometimientos de los señores, los quales desechan la substancia de sus sirvientes con huecos y vanos prometimientos. Como la sanguijuela sacan la sangre, desagradescen, injurian, olvidan servicios, niegan galardón. ¡Guay de quien en palacio envejece! Como se escrive de la probática piscina, que de ciento que entravan, sanava uno. Estos señores deste tiempo más aman a sí que a los suyos, y no yerran. Los suyos ygualmente lo deven hazer. Perdidas son las mercedes, las magnificencias, los actos nobles. Cada uno destos cativan y mezquinamente procuran su interesse con los suyos. Pues aquéllos no deven menos hazer, como sean en facultades menores, sino vivir a su ley. Dígolo, fijo Pármeno, porque este tu amo, como dizen, me parece rompenecios: de todos se quiere servir sin merced. Mira bien, créeme. En su casa cobra amigos, que es el mayor precio mundano. Que con él no pienses tener amistad, como por la diferencia de los estados o condiciones pocas vezes contezca. Caso es ofrecido, como sabes, en que todos medremos, y tú por el presente te remedies. Que lo al que te he dicho, guardado te está a su tiempo. Y mucho te aprovecharás siendo amigo de Sempronio.

PÁR.—Celestina, todo tremo de oýrte. No sé qué haga[72], perplexo estó, por una parte, téngote por madre, por otra, a Calisto amo. Riqueza desseo; pero quien torpemente sube a lo alto, más aýna caye que subió. No querría bienes mal ganados.

CEL.—Yo sí. A tuerto o a derecho, nuestra casa hasta el techo.

PÁR.—Pues yo con ellos no viviría contento, y tengo por onesta cosa la pobreza alegre. Y aun más te digo, que no los que poco tienen son pobres, mas los que mucho desseen[73]. Y por esto, aunque más digas, no te creo en esta parte. Querría pasar la vi-

---

[72] Para Castro Guisasola (1924: 85) estas palabras de Pármeno proceden del *Eunuco* terenciano (I,2): "Nec quid agam scio... Totus, Parmeno, tremo horroque".

[73] Esta primera parte del parlamento del mozo procede de la segunda epístola de Séneca: "Honesta, inquit, res est laeta paupertas... Non qui parum habet, sed qui plura cupit, pauper est", Cf. Castro Guisasola (1924: 96). Deyermond (1961: 38) piensa también que ésta es la fuente, y no Petrarca, quien recibió igualmente el influjo senequista. Al texto de *La Celestina* bien pudo llegar Séneca directamente, a través de *Ad Lucilium* (II,6) o a través de alguna de las múltiples colecciones de sus *sententiae*.

da sin embidia, los yermos y aspereza sin temor, el sueño sin sobresalto, las injurias con respuestas, las fuerças sin denuesto, las
premias con resistencia.

CEL.—¡O hijo! Bien dizen que la prudencia no puede ser sino
en los viejos[74], y tú mucho eres moço.

PÁR.—Mucho segura es la mansa pobreza[75].

CEL.—Mas di, como Marón, que la fortuna ayuda a los osados[76]. Y demás desto, ¿quién [es] que tenga bienes en la repúbli-
ca que escoja vivir sin amigos? Pues, loado Dios, bienes tienes.
¿Y no sabes que has menester amigos para los conservar? Y
no pienses que tu privança con este señor te haze seguro[77]; que
quanto mayor es la fortuna, tanto es menos segura. Y por tanto,
en los infortunios el remedio es a los amigos. ¿Y a dónde puedes
ganar mejor este debdo que donde las tres maneras de amistad
concurren, conviene a saber: por bien y provecho y deleyte? Por
bien, mira la voluntad de Sempronio conforme a la tuya, y la
gran similitud que tú y él en la virtud tenéys. Por provecho, en la
mano está, si soys concordes. Por deleyte, semejable es, como
seáys en edad dispuestos para todo linaje de plazer, en que más

---

[74] Lida de Malkiel (1962: 512) cree que aquí hay un recuerdo de *Job*, XIII, 12:
"Memoria vestra comparabitur cineri, et redigentur in lutum cervices vestrae"; pero
se trata de un error de imprenta por *Job*, XII,12: "In antiquis est sapientia, et in
multo tempore, prudentia".

[75] Menéndez Pelayo (1910/1961: 350) advirtió en esta sentencia la huella
indiscutible de Juan de Mena: "O vida segura, la mansa pobreza/ dádiva santa
desagradescida:/ rica se llama, no pobre la vida,/ del que se contenta bivir sin
riqueza", *Laberinto de Fortuna*, c. 220; en Mena se advierte a su vez la huella de
Lucano.

[76] B 1499 trae *como mayor*. Castro Guisasola (1924: 64) cree que existe cierta
posibilidad de que la fuente de esta sentencia sea el verso 284 del libro X de la
Eneida: "Audentes fortuna juvat"; apunta que en caso que fuese segura esta fuente,
el texto debería corregirse a *mas di, como Marón*, en lugar de *mayor* que estampan
B 1499 y P 1514. Lo detiene en su sugestión la circunstancia de tratarse también de
un refrán popular. La gran mayoría de las ediciones antiguas traen *mayor; Vid.*
Herriott (1964: 249) para *collatio*; sólo las ediciones salmantinas de 1570, 1575 y
1590, tres ediciones del XVII y los editores modernos Amarita (1822) y Gorchs
(1841) traen la corrección, lo que indica que se trata de una errata antigua, pues no
caben serias dudas sobre la fuente virgiliana del pasaje. Cf. Lida de Malkiel (1962:
18). Rojas conocía bien el texto de Virgilio, y sobre todo este mismo verso que cita
en el acto V; luego el error debió de producirse durante la impresión de la obra; de
haber estado en el manuscrito del primer autor, Rojas lo habría eliminado.

[77] La frase de Celestina recuerda, según Castro Guisasola (1924: 152), el primer
verso de la copla 654 del *Rimado de Palacio*: "Firmesa de privança non te
asegurará".

los moços que los viejos se juntan[78]: assí como para jugar, para vestir, para burlar, para comer y bever, para negociar amores, juntos de compañía. ¡O, si quisiesses, Pármeno, qué vida *gozaríamos! Sempronio ama a Elicia, prima de Areúsa.

PÁR.—¿De Areúsa?
CEL.—De Areúsa.
PÁR.—¿De Areúsa. hija de Eliso?
CEL.—De Areúsa, hija de Eliso.
PÁR.—¿Cierto?
CEL.—Cierto[79].
PÁR.—Maravillosa cosa es.
CEL.—¿Pero bien te parece?
PÁR.—No cosa mejor.
CEL.—Pues tu buena dicha quiere, aquí está quien te la dará.
CEL.—Mi fe, madre, no creo a nadie.
CEL.—Extremo es creer a todos, y yerro no creer a *ninguno[80].
PÁR.—Digo que te creo, pero no me atrevo. ¡Déxame!
CEL.—¡O mezquino! De enfermo coraçón es no poder sufrir el bien[81]. Da Dios havas a quien no tiene quixadas. ¡O simple! Dirás que adonde ay menor entendimiento ay mayor fortuna, y donde más discreción, allí es menor la fortuna[82]. Dichos son.

---

[78] Castro Guisasola (1924: 27-28) señala que todos los consejos de Celestina provienen de fuentes aristotélicas, fundamentalmente de los *Morales*, texto muy leido en el siglo XV. En especial hace referencia al libro VII, donde Aristóteles habla de la amistad, que en apariencia fue muy frecuentado por el antiguo autor.
* gozoríamos
[79] Este diálogo de cortos parlamentos entre el mozo y la vieja, recuerda un pasaje del *Heauton timorumenos* (III,1):
MIC.—Abi domun ac deos comprecare ut uxorem accersas: abi.
ESCH.—Quid? jamne uxorem... -Jam. —Jam? Jam quantum potest...
MENED.—Ubinam est quaeso? -CHREM.—Apud me domi.
—Meus gnatus? —Sic est. —Venit? —Certe. —Clinia meux venit? —Dixi.
Cf. Castro Guisasola (1924. 87-88).
* nieguno
[80] La sentencia parece proceder de la lectura de la tercera epístola de Séneca, *de modo eligendi et colendi animum:* "Utrumque enim vitium est et omnibus credere et nulli"; Cf. Castro Guisasola (1924: 96). Es también un refrán popular, pero no está documentado como tal antes de Correas.
[81] También de las *Epístolas* de Séneca parece llegar a *La Celestina* este pasaje; en la quinta epístola se lee: "Infirmi animi est pati non posse divitias... timoris enim tormentum memoria reducit, providentia anticipat"; *Vid.* Castro Guisasola (1924: 96-97).
[82] B 1499 dice: *mayor entendimiento ay mayor fortuna...* Estas palabras proceden de Aristóteles: "Ubi mens plurima ac ratio ibi fortunae minimum; ubi

PÁR.—¡O Celestina! Oýdo he a mis mayores que un exemplo de luxuria o avaricia mucho mal haze; y que con aquéllos deve hombre conversar, que le fagan mejor; y aquéllos dexar, a quien él mejores piensa hazer[83]. Y Sempronio, en su exemplo no me hará mejor, ni yo a él sanaré su vicio. Y puesto que yo a lo que dizes me incline, solo yo querría saberlo, porque a lo menos por el exemplo fuese oculto el pecado. Y si hombre vencido del deleyte va contra la virtud, no se atreva a la honestad.

CEL.—Sin prudencia hablas, que de ninguna cosa es alegre possessión sin compañía[84]. No te retrayas ni amargues, que la natura huye lo triste y apetece lo *delectable[85]. El deleyte es con los amigos en las cosas sensuales, y especial en recontar las cosas de amores y comunicarlas: esto hize, esto otro me dixo, tal donayre passamos, de tal manera la tomé, assí la besé, assí me mordió, assí la abracé, assí se allegó. ¡O qué fabla! ¡O qué gracia! ¡O qué juegos! ¡O qué besos! Vamos allá, bolvamos acá, ande la música, pintemos los motes, cantemos[86] canciones, invenciones, justemos. ¿Qué cimera sacaremos o qué letra? Ya va a la missa, mañana saldrá, rondemos su calle, mira su carta, vamos de noche, tenme el escala, aguarda a la puerta. ¿Cómo te fue? Cata el cornudo, sola la dexa. Dale otra buelta. tornemos allá. Y para esto, Pármeno, ¿ay deleyte sin compañía?[87] ¡Alahé, alahé, la que

---

plurima fortuna ibi mens perexigua", *Morales* (I,8); *Vid.* Castro Guisasola (1924: 30). Aquí el filósofo plantea las dicotomías *mens plurima/ fortuna minima* y *plurima fortuna/ mens parexigua*, que incuestionablemente obliga a corregir la lectura de B 1499 (y de P 1514) que rompe el contraste expresado en los *Morales* y haçe del pasaje algo repetitivo de la misma cosa: mayor entendimiento/ menor fortuna. Por lo demás, el primer autor habría invertido el orden del razonamiento, pero la esencia de la fuente permanecería inalterada.

[83] La séptima epístola de Séneca ha suministrado materiales para estas palabras de Pármeno: "Unum exemplum aut luxuriae multum mali facit... cum his versare qui te meliorem facturi sunt: illos amitte quos tu potes facere meliores"; Cf. Castro jucunda possessio", *Vid.* Castro Guisasola (1924: (97).

[84] Recuerdo de la sexta epístola de Séneca: "Nullius boni (var. rei) sine socio jucunda possessio", *Vid.* Castro Guisasola (1924: (97).

* delctable

[85] Tomado de Aristóteles: "Dolorem natura fugit, et voluptatem sequitur maxime", *Ethic.* (VIII,6); *Vid.* Castro Guisasola (1924: 30).

[86] B 1499 lee *canten*; los verbos *vamos, bolvaos, juntemos* de la tirada van todos en primera persona del plural; *cantar* parece llevar el mismo sujeto. P 1514: *cantemos.*

[87] Para Cejador (1913/1968: 107) el pasaje sigue en sustancia al Arcipreste de Talavera (I,18): "...los amadores, si son hombres de estado y calidad... se van

las sabe las tañe! Este es el deleyte, que lo al, mejor fazen los asnos en el prado.

PÁR.—No querría, madre, me combidasses a consejo con amonestación de deleyte, como hizieron los que, caresciendo de razonable fundamento, opinando, hizieron sectas embueltas en dulce veneno, para captar y tomar las voluntades de los flacos, y con polvos de sabroso afeto cegaron los ojos *de la razón.

CEL.—¿Qué es razón, loco? ¿Qué es afeto, asnillo? La discreción, que no tienes, lo determina; y de la discreción mayor es la prudencia; y la prudencia no puede ser sin esperimento; y la esperiencia no puede ser más que en los *viejos[88]; y los ancianos somos llamados padres; y los buenos padres bien aconsejan a sus hijos, y especial yo a ti, cuya vida y honrra más que la mía deseo. ¿Y quándo me pagarás tú esto? Nunca, pues a los padres y a los maestros no puede ser fecho servicio ygualmente[89].

PÁR.—Todo me recelo, madre, de recebir dudoso consejo.

CEL.—¿No quieres? Pues dezirte he lo que dize el sabio: "Al varón que con dura cerviz al que le castiga menosprecia, arrebatado quebrantamiento le verná y sanidad ninguna le conseguirá[90]". Y assí, Pármeno, me despido de ti y deste negocio.

PÁR.—Enseñada está mi madre. Duda tengo en su consejo. Yerro es no creer, y culpa creerlo todo. Mas humano es confiar, mayormente en ésta que interesse promete, a do provecho no puede allende de amor conseguir. Oýdo he, que deve hombre a sus mayores creer. Esta ¿qué me aconseja? Paz con Sempronio.

---

alabando por plazas y cantones: tú feziste esto, yo fize esto; tú amas tres, yo amo quatro...; primo, pues, acompáñame a la mía, acompañarte he a la tuya; que para bien amar se requieren dos amigos de compañía".

* da

* vijos

[88] Según Castro Guisasola (1924: 30) esta sentencia parece provenir de las *Eticas* (VI,9) de Aristóteles: "In rebus singularibus prudentia vertitur, quarum cognitio experientia comparatur: adolescens autem experientiam rerum non habet, quippe quam temporis longinquitas sit allatura".

[89] Quizá la fuente inmediata sea otra, pero la sentencia procede de las *Eticas* (VIII,16) aristotélicas: "In honoribus iis, quos diis inmortalibus et parentibus habere solemus, nemo est qui honorem iis dignum tribuere possit"; *Vid.* Castro Guisasola (1924: 31). Obsérvese que el antiguo autor sustituye a los dioses por los maestros.

[90] La sentencia proviene del *Libro de los Proverbios* (XXIX,1): "Viro, qui corripientem dura cervice contemnit, repentinus ei superveniet interitus, et eum sanitas non sequetur"; *Vid.* Cejador (1913/1968: 109).

La paz no se deve negar, que bienaventurados son los pacíficos, que fijos de Dios serán llamados[91]. Amor no se deve rehuyr; caridad a los hermanos. Interesse pocos le apartan. Pues quiérola complazer y oýr. ¡Madre! No se deve ensañar el maestro de la ignorancia del discípulo. Si no, raras vezes por la sciencia, que es de su natural comunicable y en pocos lugares, se podría infundir. Por eso, perdóname, háblame. Que no sólo quiero oýrte y creerte, mas en singular merced rescibir tu consejo. Y no me lo agradezcas, pues el loor y las gracias de la ación, más al dante que no al recibiente se deven dar[92]. Por esso manda, que a tu mandado mi consentimiento se humilla.

CEL.—De los hombres es errar, y bestial es la porfía. Por ende, gózome, Pármeno, que ayas limpiado las turbias telas de tus ojos y respondido al recognoscimiento, discreción y engenio sotil de tu padre, cuya persona, agora representada en mi memoria, enternece los ojos piadosos, por do tan abundantes lágrimas vees derramar. Algunas vezes, duros propósitos como tú defendía, pero luego tornava a lo cierto. En Dios y en mi ánima, que en ver agora lo que has porfiado, y cómo a la verdad eres reduzido, no parece sino que vivo le tengo delante. ¡O qué persona! ¡O qué hartura! ¡O qué cara tan venerable! Pero callemos, que se acerca Calisto y tu nuevo amigo Sempronio, con quien tu conformidad para mas oportunidad dexo. Que dos en un coraçón viviendo son más poderosos de hazer y de entender[93].

CAL.—Dubda traygo, madre, según mis infortunios, de hallarte viva. Pero más es maravilla, según el deseo, de cómo llego vivo. Recibe la dádiva pobre de aquél que con ella la vida te ofrece.

CEL.—Como el oro muy fino, labrado por la mano del sotil artífice, la obra sobrepuja a la materia, así se aventaja a tu magnífico dar la gracia y forma de tu dulce liberalidad. Y sin duda la presta dádiva su efeto ha doblado, porque la que tarda, el prometimiento muestra negar y arrepentirse el don prometido.

[91] Cejador (1913/1968: 109) apunta aquí un recuerdo de San Mateo (V, 9): "Beati pacifici, quoniam filii Dei vocabuntur".

[92] Este parlamento proviene, según Castro Guisasola (1924: 31) de Aristóteles, *Ethic.* (IV,I): "Gratia ac laus multo etiam magis dantem, ac non eum qui accipit, sequitur".

[93] Tomado de Aristóteles, *Morales* (I), según Castro Guisasola (1924: 29), que señala, además, la mayor fidelidad de Rojas (léase primer autor) al texto del filósofo que la traducción latina de Lambino.

Pár.—¿Que le dio, Sempronio?

Sem.—Cient monedas de oro.

Pár.—¡Hy! ¡Hy! ¡Hy!

Sem.—¿Habló contigo la madre?

Pár.—Calla, que sí.

Sem.—Pues ¿cómo estamos?

Pár.—Como quisieres, aunque estoy espantado.

Sem.—Pues calla, que yo te haré espantar dos tanto.

Pár.—¡O Dios! No ay pestilencia más eficaz, quel enemigo de casa para empecer[94].

Cal.—Ve agora, madre, y consuela tu casa, y después ven, consuela la mía y luego.

Cel.—Quede Dios contigo.

Cal.—Y El te me guarde.

---

[94] El influjo aquí es de Boecio: "Quae vero pestis efficacior ad nocendum quam familiaris inimicus?", *Vid.* Castro Guisasola (1924: 102).

II

ARGUMENTO DEL SEGUNDO AUTO

Partida Celestina de Calisto para su casa, queda Calisto hablando con Sempronio, criado suyo; al qual, como quien en alguna esperança puesto está, todo aguijar le parece tardança. Embía de sí a Sempronio a solicitar a Celestina para el concebido negocio. Quedan entretanto Calisto y Pármeno juntos razonando.

CAL.—Hermanos míos, cient monedas di a la madre ¿hize bien?

SEM.—¡Hay sí, fiziste bien! Allende de remediar tu vida, ganaste muy gran honrra. ¿Y para qué es la fortuna favorable y próspera sino para servir a la honrra, que es el mayor de los mundanos bienes?[1] Que *esta es premio y galardón de la virtud[2]; y por esso la damos a Dios, porque no tenemos mayor cosa que le dar. La mayor parte de la qual consiste en la liberalidad y franqueza. A ésta los duros tesoros comunicables la escúrescen y pierden, y la magnificencia y liberalidad la ganan y subliman. ¿Qué aprovecha tener lo que se niega aprovechar? Sin dubda te digo que es mejor el uso de las riquezas que la possesión dellas[3].

[1] Según Castro Guisasola (1924: 97) esta frase de Sempronio es una traducción de lo que dice Séneca en sus *Epístolas a Lucilio*: "Honos es bonorum mundanorum maximun".

* esto

[2] Las palabras de Sempronio son las de Aristóteles en su *Ethic.* (IV,3): "Praemium enim virtutis est honor et tribuitur viris bonis... (externorum autem bonorum) maximun ponimus id quod et diis tribuimus, qualis... honos est"; *Vid.* Castro Guisasola (1924: 31).

[3] Para Castro Guisasola (1924: 32) estas palabras están directamente inspiradas en los *Morales* de Aristóteles (I,3): "Usus magis est petendus quam possessio... hoc

¡O qué glorioso es el dar! ¡O qué miserable es el recebir! Quanto
es mejor el acto que la possesión, tanto es más noble el dante quel
recibiente. Entre los elementos, el fuego, por ser más activo, es
más noble, y en las esperas puesto en más noble lugar[4]. Y dizen
algunos que la nobleza es una alabança que proviene de los
merecimientos y antigüedad de los padres; yo digo, que la agena
luz nunca te hará claro si la propia no tienes[5]. Y por tanto, no te
estimes en la claridad de tu padre, que tan magnífico fue, sino en
la tuya[6]. Y assí se gana la honrra, que es el mayor bien de los que
son fuera de hombre[7]. De lo qual, no el malo, mas el bueno,
como tú, es digno que tenga perfeta virtud. Y aún más te digo
que la virtud perfeta no pone que sea fecho con *digno honor.
Por ende, goza de haver seydo assí magnífico y liberal. Y de mi
consejo, tórnate a la cámara y reposa, pues que tu negocio en
tales manos está depositado. De donde ten por cierto, pues el
comienço llevó bueno, el fin será muy mejor. Y vamos luego,
porque sobre este negocio quiero hablar contigo más largo.

CAL.—Sempronio, no me parece buen consejo quedar yo

---

modo quorum et possesio est et usus, permelior sit usus et magis expetendus
possessione est",

[4] La procedencia aristotélica es muy marcada; Castro Guisasola (1924: 32)
confirma que se encuentra en varios textos del filósofo: "id quod caeteris
corporibus eminet esse ignem censemus", aparece, entre otros lugares, en *De anima*
(2) y en *Meteorolog*. (I,2). Quizá haya pasado al texto de *La Celestina* desde alguna
fuente intermedia, pues se trata de un lugar muy frecuentado. Léase 'esferas' por
esperas.

[5] La reminiscencia es de Boecio: "Videtur namque nobilitas quaedam de meritis
veniens laus parentum... Quare splendidum te, si tuam non habes, aliena claritudo
non efficit"; Cf. Castro Guisasola (1924: 102). Este lugar de Boecio fue muy
transitado; el mismo Castro Guisasola recuerda que aparece dos veces en la *Cadira
de Honor*, de Rodríguez de la Cámara.

[6] Herrero García (1924) encuentra una notable contradicción entre este pasaje
y lo dicho sobre el *ximio* en el primer acto (Cf. Auto I, nota 27) y lo atribuye a la
diferente autoría. Spitzer (1929), por su parte, arguye que lo único que este pasaje
significa es que Rojas está escribiendo con una lectura fresca de la *Etica* aristotélica,
y que el autor está más interesado en el despliegue erudito que en la lógica de las
situaciones y el diálogo. Pero ya se ha visto que el chiste del mono es sólo eso, un
chiste, que para nada contradice el que Calisto provenga de una honrosa familia.
Spitzer (1930) indicó más tarde que el pasaje en cuestión también se encuentra en
Santo Tomás de Aquino.

[7] Palabras procedentes de la *Etica* de Aristóteles (IV,3): "Honos est enim
bonorum maximun, sed externorum... Virtute enim undique perfecta et absoluta
nullus honos satis dignus potest esse"; *Vid*. Castro Guisasola (1924: 33).

* digo

acompañado, y que vaya sola aquella que busca el remedio de mi mal. Mejor será que vayas con ella y la aquexes, pues sabes que de su diligencia pende mi salud, de su tardança mi pena, de su olvido mi deseperança. Sabido eres, fiel te siento, por buen criado te tengo. Faz de manera que en sólo verte ella a ti, juzgue la pena que a mí queda, y fuego que me atormenta. Cuyo ardor me causó no poder mostrarle la tercia parte de mi secreta enfermedad, según tiene mi lengua y mi sentido ocupados y consumidos. Tú, como hombre libre de tal passión, hablarla has a rienda suelta.

SEM.—Señor, querría yr por complir tu mandado, querría quedar por aliviar tu cuydado. Tu temor me aquexa, tu soledad me detiene. Quiero tomar consejo con la obediencia, que es yr y dar priessa a la vieja. Mas ¿cómo yré? Que en viéndote solo dizes desvaríos de hombre sin seso, sopirando, gimiendo, maltrobando, holgando con lo escuro, deseando soledad, buscando nuevos modos de pensativo tormento. Donde, si perseveras, o de muerto o loco no podrás escapar, si siempre no te acompaña quien te allegue plazeres, diga donayres, tanga canciones alegres, cante romances, cuente hystorias, pinte motes, finja cuentos, juegue a naypes, arme mates[8]; finalmente, que sepa buscar todo género de dulce passatiempo, para no dexar trasponer tu pensamiento en aquellos crueles desvíos, que rescebiste de aquella señora en el primer trance de tus amores.

CAL.—¿Cómo, simple? ¿No sabes que alivia la pena llorar la causa? ¿Quánto es dulce a los tristes quexar su passión? ¿Quántos descansos traen consigo los quebrantados sospiros? ¿Quánto relievan y disminuyen los lagrimosos gemidos de dolor? Quantos escrivieron consuelos no dizen otra cosa[9].

SEM.—Lee más adelante, buelve la hoja. Fallarás que dizen que fiar en lo temporal, y buscar materia de riquezas, que es

---

[8] Sempronio hace referencia al juego de ajedrez: *mate*, 'el último lance del axedrez, en que cargado el rey no tiene donde reservarse'; Cf. Aut (1737: s.v. *mate*, ac. 1).

[9] Castro Guisasola (1924: 72) cree difícil, aunque no imposible que esta afirmación de Calisto sea un recuerdo de *Las Tristes* ovidianas (4,3, 37,8): "Fleque meos casus: est quaedam flere voluptas;/ expletur lacrymis egeriturque dolor". Berndt (1963: 37) por su parte, subraya la semejanza entre este estado de ánimo de Calisto y el de Fiammetta, que también llora constantemente su amor, amando el dolor que le proporciona: "Ma cert' io amo meglio li miei dolori che cotal vendetta..." El *relievan* del parlamento de Calisto ha de leerse como 'remediar, socorrer'; *Vid.* Aut (1737: s.v. *relevar*, ac. 3).

ygual género de locura[10]. Y aquel Macías, ýdolo de los amantes, del olvido por que le olvidava, se quexava. En el contemplar está la pena de amor, en el olvidar, el descanso. Huye de tirar cozes al aguijón; finje alegría y consuelo, y serlo ha. Que muchas vezes la opinión trae las cosas donde quiere, no para que mude la verdad; pero para moderar nuestro sentido y regir nuestro juyzio[11].

CAL.—Sempronio amigo, pues tanto sientes mi soledad, llama a Pármeno; quedará conmigo. Y de aquí adelante sey, como sueles, leal, que en el servicio del criado está el galardón del señor.

PÁR.—Aquí estoy, señor.

CAL.—Yo no, pues no te veýa. No te *partas della, Sempronio, ni me olvides a mí, y ve con Dios. Tú, Pármeno, ¿qué te parece de lo que oy ha pasado? Mi pena es grande, Melibea alta, Celestina sabia y buena maestra destos negocios. No podemos errar. Tú me la has aprovado con toda tu nemistad[12]. Yo te creo, que tanta es la fuerça de la verdad que las lenguas de los enemigos trae a sí[13]. Assí que, pues ella es tal, mas quiero dar a ésta cient monedas, que a otra cinco.

PÁR.—¿Ya las lloras? ¡Duelos tenemos! ¡En casa se havrán de ayunar estas franquezas!

CAL.—Pues pido tu parecer, seyme agradable, Pármeno; no abaxes la cabeça al responder. Mas como la embidia es triste, la tristeza sin lengua, puede más contigo su voluntad que mi temor. ¿Qué dixiste, enojoso?

PÁR.—Digo, señor, que yrían mejor empleadas tus franquezas en presentes y servicios a Melibea, que no dar dineros aquella que yo me conozco y, lo que es peor, fazerte su cativo.

CAL.—¿Cómo, loco, su cativo?

---

[10] Tomado del libro segundo de *De Remediis utriusque Fortunae* de Petrarca: "Nam et incassun niti est tristiciae materiam aucupari: par dementia est" (II, 24 B 10); Cf. Deyermond (1961: 61).

[11] Deyermond (1961: 62) ha reconocido la fuente petrarquesca de estas palabras de Sempronio: "Finge solacium parere: solacium erit. Opinio rem quocumque vult trahit: non ut verum mutet: sed ut iudicium regat et sensibus moderetur", *De Remediis*, II, 90 D, 9-10.

* partes

[12] Pudiera tratarse de un simple error de impresión por *enemistad*, que aparece en otras partes del texto, pero no creo que deba descartarse la posibilidad de que estemos ante un caso de aféresis arcaica o popular.

[13] La sentencia proviene del *Index* de las obras de Petrarca: "Tanta est veri vis ut linguas saepe hostium ad se trahat" (*De Remediis*, I, 13C); Cf. Deyermond (1961: 145).

PÁR.—Porque a quien dizes el secreto, das tu libertad.

CAL.—¡Algo dize el necio! Pero quiero que sepas que quando ay mucha distancia del que ruega al rogado, o por gravedad de obediencia o por señorío de estado o esquividad de género, como entre esta mi señora y mí, es necessario intercessor o medianero, que suba de mano en mano mi mensaje hasta los oýdos de aquélla, a quien yo segunda vez hablar tengo por impossible. Y pues que así es, dime si lo hecho apruevas.

PÁR.—¡Apruévelo el diablo!

CAL.—¿Qué dizes?

PÁR.—Digo, señor, que nunca yerro vino desacompañado, y que un inconveniente es causa y puerta de muchos.

CAL.—El dicho yo le apruevo, el propósito no entiendo.

PÁR.—Señor, porque perderse el otro día el neblí[14] fue causa de tu entrada en la huerta de Melibea a le buscar; la entrada causa de la ver y hablar; la habla engendró amor; el amor parió tu pena; la pena causará perder tu cuerpo y alma y hazienda. Y lo que más dello siento es venir a manos de aquella trotaconventos[15], después de tres vezes emplumada[16].

CAL.—Assí, Pármeno, di más deso, que me agrada. Pues mejor me parece quanto más la desalabas. Cumpla comigo, y *emplúmenla la quarta. Desentido eres, sin pena hablas; no te duele donde a mí, Pármeno.

PÁR.—Señor, mas quiero que ayrado me reprehendas, porque te do enojo, que arrepentido me condenes porque no te di consejo[17], pues perdiste el nombre de libre quando cautivaste la voluntad.

14 McPheeters (1954) había señalado que la pérdida de un halcón era una referencia tradicional ya que apuntaba a la desventura y a la desgracia, y que aquí lo comprueban las palabras de Pármeno, que monta toda la concatenación de sucesos que llevarán a la tragedia sobre el neblí perdido. Pero Lida de Malkiel (1962: 260, n.5) rechaza la pérdida del halcón como señal de mal agüero; examina los casos aducidos por McPheeters y concluye que se trata de una suposición sin suficiente fundamento. En realidad el animal perdido que lleva al galán —en su búsqueda— al encuentro de la dama sí es un topos muy frecuentado en la literatura amorosa.

15 Aparece antes en Juan Ruiz, c. 441, y en el Arcipreste de Talavera (1,2); cualquiera de estos textos, ambos transitados abundantemente por los autores de *La Celestina*, pudo haberlo inspirado.

16 'castigar a uno y afrentarle, por haver sido alcahuete: lo que se executa por mano del verdugo desnudándole de medio cuerpo arriba, untándole con miel, y después cubriéndole con pluma menuda'; *Vid* Aut (1737: s.v. *emplumar*, ac.2).

* emplmenla

17 La reminiscencia textual de estas palabras de Pármeno con estas otras de *Cárcel de amor* son estrechísimas: "Mas queremos que ayrado nos reprehendas,

CAL.—¡Palos querrá este vellaco! Di, mal criado, ¿por qué dizes mal de lo que yo adoro? Y tu ¿qué sabes de honrra? Dime ¿qué es amor? ¿En qué consiste buena criança, que te me vendes por discreto? ¿No sabes que el primer escalón de locura es creerse ser sciente?[18] Si tú sintiesses mi dolor, con otra agua rociarías aquella ardiente llaga[19], que la cruel frecha de Cupido me ha causado. Quanto remedio Sempronio acarrea con sus pies, tanto apartas tú con tu lengua, con tus vanas palabras. Fingiéndote fiel, eres un terrón de lisonja, bote de malicia, el mismo mesón y aposentamiento de la embidia. Que por disfamar la vieja a tuerto o a derecho, pones en mis amores desconfiança. Pues sabe que esta mi pena y flutuoso dolor no se rige por razón, no quiere avisos, carece de consejo[20]. Y si alguno se le diere, tal que no parte ni desgozne lo que sin las entrañas no podrá despegarse. Sempronio temió su yda y tu quedada. Yo quíselo todo, y assí me padezco su absencia y tu presencia. Valiera más solo que mal acompañado.

PÁR.—Señor, flaca es la fidelidad que temor de pena la convierte en lisonja, mayormente con señor a quien dolor o adición priva y tiene ageno de su natural juyzio. Quitarse ha el velo de la ceguedad; passarán estos momentáneos fuegos; conoscerás mis agras palabras ser mejores para matar este fuerte cáncre[21], que las blandas de Sempronio, que le cevan[22], atizan tu

porque te dimos enojo, que no que arrepentido nos condenes, porque no te dimos consejo"; Cf. Castro Guisasola (1924: 183).

[18] Se trata de un préstamo del *Index* de las obras de Petrarca: "Sapientem se credere primus ad stulticiam gradus est: proximus, profiteri" (*De Remediis*, I, 12 A); Cf. Deyermond (1961: 144)

[19] El Comentador anónimo señaló un verso de la *Andria* terenciana como fuente de estas palabras de Calisto: "Tu si hic sis, aliter sentias". Berndt (1963: 33) cree que hay cierto paralelismo entre este pasaje y un parlamento de Fiammetta: "Oime! che se esse [las amorosas saetas] t'avessero mai punta, come elle pungono ora me, forse tu con piu deliberato consiglio offenderesti agli amanti".

[20] Berndt (1963: 26) recuerda, a propósito de estas palabras del joven enamorado, unos versos del *Laberinto*: "mas el verdadero [amor] no tiene peligro/ nin quiere castigos de buena razón/ nin los juyzios de quantos ya son". El término *flutuoso* de este parlamento es latinismo (< *fluctuosus*) que debe leerse 'tormentoso'.

[21] 'cáncer'; frente a la forma latina culta, coexistían las populares *cancre* y *cancro* Vid. Aut (1737: s.v. *cáncer*) y Gili Gaya (1960: s.v. *cáncer*).

[22] Para Castro Guisasola (1924: 83-4) la expresión de Pármeno recuerda muchísimo un parlamento del siervo Birria, en la *Andria* terenciana: "¡Ah! quanto satius est te id dare operam. Qui istum amorem ex animo amoveas, quam id loqui. Quo magis libido frustra incendatur tua".

fuego, abivan tu amor, enciencen tu llama, añaden astillas que tenga que gastar fasta ponerte sepultura.

CAL.—¡Calla, calla, perdido! Estó yo penando y tú filosofando. No te espero más. Saquen un *cavallo, límpienle mucho, aprieten bien la cincha, por si pasare por casa de mi señora y mi Dios.

PÁR.—¡Moços! ¿No hay moço en casa? Yo me lo havré de hazer, que a peor vernemos desta vez que ser moços despuelas. ¡Andar! ¡Pase! Mal me quieren mis comadres...[23] etc. ¿Rehincháys[24], don cavallo? ¿No basta un celoso en casa, o barruntás a Melibea?

CAL.—¿Viene esse cavallo? ¿Qué hazes, Pármeno?

PÁR.—Señor, veesle aquí, que no está Sosia[25] en casa.

CAL.—Pues ten esse estribo, abre más essa puerta. Y si viniere Sempronio con aquella señora, di que esperen, que presto será mi buelta.

PÁR.—¡Mas nunca sea! ¡Allá yrás con el diablo! A estos locos *sesos que de la cabeça! ¡Pues anda, que a mi cargo que Celestina y Sempronio te espulguen!* ¡O desdichado de mí! Por ser leal *sesos que de la cabeça! ¡Pues anda, que a mi cargo que Celestina y Sempronio te espulguen!* ¡O desdichado de mí! Por ser leal padezco mal. Otros se ganan por malos, yo me pierdo por bueno. ¡El mundo es tal! Quiero yrme al hilo de la gente, pues a los traydores llaman discretos, a los fieles, nescios. Si yo creyera a Celestina con sus seys dozenas de años a cuestas no me maltratara Calisto. Mas esto me pornâ escarmiento daquí adelante con él. Que si dixere: "Comamos", yo también; si quisiere derrocar la casa, aprovarlo; si quemar su hazienda, yr por fuego[26]. ¡Destruya, rompa, quiebre, dañe[27], dé a alcahuetas lo

* cavollo
[23] Correas (1924: 444): "Mal me quieren mis comadres porque las digo las verdades; bien me quieren mis vecinas porque las digo las mentiras".
[24] Es posible que sea errata, —por *rehinchas*— como apunta Lida de Malkiel (1963: 168,n.); así aparece en las ediciones de 1499, 1500 y 1501. Estas mismas ediciones usan la segunda persona singular en frases semejantes de los actos VII, X y XII.
[25] Sosia es también nombre de personaje en el teatro de Terencio; actúa en la *Hecyra* y en la *Andria*; Cf. Menéndez Pelayo (1910/1961: 288).
[26] Castro Guisasola (1924: 84) señala fuente terenciana para estas palabras del mozo: "Quidquid dicunt, laudo; id rursum si negant, laudo id quoque; negat quis, nego; ait, aio;", *Eunuco* (II,2).
[27] Todo este pasaje recuerda a Castro Guisasola (1924: 88) un parlamento del viejo Demea en *Adelfos* (V,9); pero Lida de Malkiel (1962: 129) rechaza el paralelo.

suyo, que mi parte me cabrá, pues dizen: a río buelto ganancia de pescadores. ¡Nunca más perro al molino!

---

inclinándose en lo de "destruya, rompa, quiebre" al v. 134 de la misma comedia: "profundat, perdat, pereat", o quizá al v. 465 del *Heauton timorumenos*: "sumat, consumat, perdat".

III

ARGUMENTO DEL TERCER AUTO

Sempronio vase a casa de Celestina, a la qual reprende por la tardança.
Pónense a buscar que manera tomen en el negocio de Calisto con
Melibea. En fin sobreviene Elicia. Vase Celestina a casa de Pleberio.
Queda Sempronio y Elicia en casa.

SEM.—¡Qué espacio lleva la barvuda! ¡Menos sosiego tráyan
sus pies a la venida! A dineros pagados, braços quebrados. ¡Ce,
señora Celestina, poco as aguijado!

CEL.—¿A qué vienes, hijo?

SEM.—Este nuestro enfermo no sabe qué pedir. De sus manos
no se contenta. No se le cueze el pan. Teme tu negligencia.
Maldize su avaricia y cortedad porque te dio tan poco dinero.

CEL.—No es cosa más propia del que ama que la impaciencia.
Toda tardança les es tormento[1], ninguna dilación les agrada. En
un momento querrían poner en efeto sus cogitaciones[2]. Antes las
querrían ver concluydas que empeçadas. Mayormente estos
novicios *amantes*, que contra cualquiera señuelo buelan sin
deliberación, sin pensar el daño, que el cevo de su desseo trae
mezclado en su exercicio y negociación, para sus *personas y
sirvientes.

SEM.—¿Qué dizes de sirvientes? Paresce por tu razón que nos
puede venir a nosotros daño deste negocio, y quemarnos con las
centellas que resultan deste fuego de Calisto. ¡Aun al diablo
daría yo sus amores! Al primer desconcierto que vea en este

---

[1] Se trata de un posible préstamo de la égloga V de *Bucolicum Carmen* de
Petrarca: "omnis mora torquet amantem"; Cf. Deyermond (1961: 75).

[2] 'pensamientos' es latinismo de *cogitationes*.

* persones

negocio no como más su pan. Mas vale perder lo servido que la
vida por cobrallo. El tiempo me dirá qué faga; que primero que
cayga del todo dará señal, como casa que se acuesta[3]. Si te
parece, madre, guardemos nuestras personas de peligro. Fágase
lo que se hiziere. Si la oviere, ogaño; si no, otro año; si no, nunca.
Que no ay cosa tan difícile de çofrir en sus principios que el tiempo no la ablande y faga comportable. Ninguna llaga tanto se
sintió que por luengo tiempo no afloxase su tormento, ni plazer
tan alegre fue que no le amengüe su antigüedad. El mal y el bien,
la prosperidad y la adversidad, la gloria y la pena, todo pierde
con el tiempo la fuerça de su acelerado principio. Pues los casos
de admiración y venidos con gran desseo, tan presto como passados, olvidados. Cada día vemos novedades y las oýmos y las
passamos y dexamos atrás. Diminúyelas el tiempo, fázelas
cotingible[4] ¿Qué tanto te maravillarías si dixesen: la tierra tem-
bló, o otra semejante cosa, que no olvidases luego? Assí como:
elado está el río[5], el ciego vee ya, muerto es tu padre, un rayo, ganada es Granada[6], el rey entra oy, el turco es vencido[7], eclipse ay

[3] Las palabras de Sempronio parecen estar inspiradas en unos versos de Juan de
Mena: "Como casa envejecida,/ cuyo cimiento se acuesta,/ que amenaza y
amonesta/ con señales de caýda", *Pecados mortales,* c. 4; *Vid.* Castro Guisasola
(1924: 162).

[4] 'lo que puede suceder o no suceder, acaecer, o no, y sobrevenir según el estado
de las cosas y calidad de ellas'; *Vid.* Aut (1737: ss. vv. *contingible y contingente).*

[5] Ruiz y Bravo-Villasante (1967) señalan que si helarse el río es un suceso que
produce admiración, es porque se está viviendo en una ciudad meridional:
Talavera.

[6] Esta expresión de Sempronio ha servido a parte de la crítica para tratar de
fechar la *Comedia,* o al menos el inicio de su composición. Pero aquí los críticos
están divididos en dos posiciones encontradas; unos piensan que lo que el mozo
menciona es una serie de sucesos futuros improbables, y por lo tanto aún Granada
no había sido ganada; la fecha debería ser anterior a 1492. En esta postura se
encuentra Blanco-White (1824), Eggert (1897) y Foulché-Delbosc (1900), que fecha
a partir de 1483 ó 1484, cuando aún estaban lejanas las esperanzas de rendición. Cf.
el escepticismo de Menéndez Pelayo (1910/1961: 275-6), otros, en cambio, piensan
en un evento del pasado y fechan con posterioridad a 1492: Lavigne (1841), Bonilla
(1906), Espinosa Maeso (1926), Giusti (1943) y Ruiz-Bravo Villasante (1967);
Michaelis de Vasconcellos (1897) se inclinaba también a considerar el suceso
como algo pretérito, pero de un pasado inmediato, y a que la *Comedia* había sido
escrita en el fervor del momento. Las fechas de la biografía de Rojas, deducidas
hasta hoy, hacen prácticamente imposible pensar que la *Comedia* hubiese podido
terminarse antes de 1492. Aquí parece muy sensata la segunda interpretación
textual de Cejador (1913/1968: 130): "Así como te maravillaste, pero no duró
mucho tu maravilla cuando se heló el río, se ganó Granada, etc".

[7] Ruiz y Bravo-Villasante (1967) creen que la expresión quizá haga referencia al

mañana, la puente es llevada[8], aquél es ya obispo[9], a Pedro
robaron, Ynés se ahorcó. ¿Qué me dirás, sino que a tres días
passados, o a la segunda vista, no ay quien dello se maraville?
Todo es assí, todo passa desta manera, todo se olvida, todo queda atrás. Pues assí será este amor de mi amo: quanto más fuere
andando, tanto más disminuyendo. *Que la costumbre luenga
amansa los dolores, afloxa y deshaze los deleytes, desmengua las
maravillas*[10]. Procuremos provecho mientra pendiere la
contienda; y si a pie enxuto[11] le pudiéremos remediar, lo mejor
mejor es; y si no, poco a poco le soldaremos el reproche o
menosprecio de Melibea contra él. Donde no, más vale que pene
el amo que no que peligre el moço.

CEL.—Bien as dicho. Contigo estoy, agradado me has. No
podemos errar. Pero todavía, hijo, es necessario que el buen
procurador ponga de su casa algún trabajo, algunas fingidas
razones, algunos sofísticos actos, yr y venir a juyzio, aunque
reciba malas palabras del juez. Siquiera por los presentes que lo
vieren; no digan que se gana holgando el salario. Y assí verná
cada uno a él con su pleyto y a Celestina con sus amores.

---

cerco de Rodas, como suponía Foulché-Delbosc (1900), o a la lucha para ex-
pulsar al turco de Otranto (1480), que debió ser episodio más sonado ya que los
Reyes Católicos acudieron con setenta naves, salidas de Laredo, Galicia y
Andalucía.

[8] Foulché-Delbosc (1900) pensaba en el hundimiento de uno de los arcos del
puente de Alcántara, en Toledo (1484). Espinosa Maeso (1926) creía que estábamos
ante un detalle fundamental para datar la *Comedia*; estaba seguro, contra la
opinión del hispanista francés, de que la referencia era a las grandes lluvias de 1498,
que causaron mucho daño en Salamanca. Cf. además, Gilman (1972: 276).
También Juan de Encina compone una égloga —la IX— donde menciona las
grandes lluvias salmantinas de 1498: "¡con los andiluvios grandes/ ni quedan vados
ni puentes..." (vv. 67-8).

[9] Según Foulché-Delbosc (1900) la referencia es a don Pedro González de
Mendoza, obispo de Toledo desde 1482. Espinosa Maeso (1926) piensa que se
trata del nuevo obispo Fray Diego de Dega, cuya entrada en Salamanca, en 1497,
fue considerada como un evento extraordinario. Gilman (1972: 274) anota que
quizá estemos ante una referencia a Fray Alonso de Espina, ex rector y profesor de
Teología de la Universidad salmantina, y director del Colegio Viejo de San
Bartolomé en Salamanca, que fue hecho obispo de Zamora en 1496.

[10] Tomado del *Index* de las obras de Petrarca: "Consuetudo longior rerum
miracula extenuat: dolores lenit: et minuit voluptates" (*Rebus fam.* 69A); Cf.
Deyermond (1961: 146).

[11] 'sin mojarse'; Aut (1737: s.v. *pie*): aquí con el sentido más general de 'sin
peligro, seguro'.

SEM.—Haz a tu voluntad, que no será éste el primer negocio que has tomado a cargo.

CEL.—¿El primero, hijo? Pocas vírgenes, a Dios gracias, has tú visto en esta cibdad que hayan abierto tienda a vender, de quien yo no aya sido corredora de su primer hilado. En nasciendo la mochacha, la hago escrivir en mi registro, y *esto* para saber quántas se me salen de la red. ¿Qué pensavas, *Sempronio*? ¿Avíame de mantener del viento? ¿Heredé otra herencia? ¿Tengo otra casa o viña? ¿Conósceme otra hazienda mas deste *oficio de que como y bevo, de que visto v calço? En esta cibdad nascida, en ella criada, manteniendo honrra, como todo el mundo sabe ¿conoscida, pues, no soy? Quien no supiere mi nombre y casa tenle por estrangero.

SEM.—Dime, madre: ¿qué passaste con mi compañero Pármeno quando subí con Calisto por el dinero?

CEL.—Díxele el sueño y la soltura[12], y cómo ganaría más con nuestra compañía que con las lisonjas que dize a su amo; como viviría siempre pobre y baldonado si no mudava el consejo; que no se hiziese sancto a tal perra vieja como yo; acordéle quién era su madre porque no menospreciase mi oficio, porque queriendo de mí dezir mal, tropeçasse primero en ella.

SEM.—¿Tantos días ha que le conoces, madre?

CEL.—Aquí esta Celestina que le vido nascer y le ayudó a criar. Su madre y yo, uña y carne. Della aprendí todo lo mejor que sé de mi oficio. Juntas comíamos, juntas dormíamos, juntas havíamos nuestros solazes, nuestros plazeres, nuestros consejos y conciertos. En casa y fuera, como dos hermanas. Nunca blanca gané que no toviesse su meytad. Pero no vivía yo engañada si mi fortuna quisiera que ella me durara. ¡O muerte, muerte! ¡A quántos privas de agradable compañía! ¡A quántos desconsuela tu enojosa visitación! Por uno que comes con tiempo, cortas mil en agraz. Que siendo ella viva, no fueran estos mis passos desacompañados. ¡Buen siglo aya, que leal amiga y buena compañera me fue! *Que jamás me dexó hazer cosa en mi cabo*[13], *estando ella presente. Si yo traía el pan, ella la carne. Si yo ponía la mesa, ella los manteles. No loca, no fantástica ni presumptuosa, como las de agora. En mi ánima, descubierta se*

---

* oficicio
[12] 'decirlo todo, aun lo que molesta'; Cejador (1913/1968: 133).
[13] 'sola'; Cejador (1913/1968: 133).

yva hasta el cabo de la ciudad con su jarro en la mano, que en todo el camino no oýa peor de "Señora Claudina". Y a osadas, que otra conoscía peor el vino y qualquier mercadería. Quando pensava que no era llegada, era de buelta. Que jamás bolvía sin ocho o diez gostaduras, un açumbre en el jarro y otro en el cuerpo. Ansí le fiavan dos o tres arrobas en vezes, como sobre una taça de plata. Su palabra era prenda de oro en quantos bodegones avía. Si ývamos por la calle, dondequiera que oviéssemos sed madava echar medio açumbre para mojar la boca. Mas a mí cargo que no le quitaron la toca por ello, sino quanto la rayavan en su taja, y andar adelante. Si tal fuesse *agora* su hijo, a mí cargo que tu amo quedasse sin pluma y nosotros sin quexa. Pero yo le haré de mi fierro, si vivo; yo le contaré en el número de los míos.

SEM.—¿Cómo has pensado hazerlo, que es un traydor?

CEL.—A esse tal, dos alevosos[14]. Haréle aver a *Areúsa. Será de los nuestros. Darnos ha lugar a tender las redes sin embaraço que aquellas dobles de Calisto.

SEM.—¿Pues crees que podrás alcançar algo de Melibea? ¿Ay algún buen ramo?[15]

CEL.—No ay çurujano que a la primera cura juzgue la herida. Lo que yo al presente veo te diré. Melibea es hermosa; Calisto, loco y franco; ni a él penará gastar ni a mí andar. ¡Bulla moneda y dure el pleyto lo que durare! Todo lo puede el dinero; las peñas quebranta, los ríos passa en seco. No ay lugar tan alto que un asno cargado de oro no le suba[16]. Su desatino y ardor basta para perder a sí y ganar a nosotros. Esto he sentido, esto he calado, esto se dél y della, esto es lo que nos ha de aprovechar. A casa voy de Pleberio. Quédate a Dios. Que aunque esté brava Melibea, no

---

[14] Celestina emplea aquí un refrán popular; la versión más antigua que conocemos es la que recoge Correas (1924: 2) en el siglo XVII: "A un traidor, dos alevosos".

* Arausa

[15] Correas (1924: 347) trae el siguiente refrán: "Quien ramo pone, su vino quiere vender", lo que lleva a interpretar la pregunta de Sempronio como: "¿hay alguna buena señal?".

[16] Para Cejador se trataba de un refrán común: "Un asno cargado de oro, sube ligero por una montaña", pero Deyermond (1961: 59) ve en estas palabras un préstamo de Petrarca, que en su *De Remediis* había escrito: "Nullum inexpugnabilem locum esse: in quem asellus onustus auro possit ascendere" Deyermond anota que también se trata de un refrán, pero que es antiquísimo y no sólo en español; ya Petrarca lo describía como un *vetus proverbium*.

es ésta, si a Dios ha plazido, la primera a quien yo he hecho perder el cacarear. Cozquillocicas son todas; más después que una vez consienten la silla en el envés del lomo, nunca querrían folgar[17]. Por ellas queda el campo: muertas sí, cansadas no. Si de noche caminan, nunca querrían que amaneciesse: maldizen los gallos porque annuncian el día, y el relox porque da tan apriessa. *Requieren las cabrillas y el norte, haziéndose estrelleras. Ya quando veen salir el luzero del alva, quiéreseles salir el alma: su claridad les escuresce el coraçón.* Camino es, hijo, que nunca me harté de andar. Nunca me vi cansada. Y aun assí, vieja como soy, sabe Dios mi buen deseo. ¡Quanto más estas que hierven sin fuego! Catívanse del primer abraço, ruegan a quien rogó, penan por el penado, házense siervas de quien eran señoras, dexan el mando y son mandadas, rompen paredes, abren ventanas, fingen enfermedades, a los chirriadores quicios de las puertas hazen con azeytes usar su oficio sin ruydo. No te sabré dezir lo mucho que obra en ellas aquel dulçor que les queda de los primeros besos de quien aman. Son enemigas todas del medio; contino están posadas en los estremos.

SEM.—No te entiendo essos términos, madre.

CEL.—Digo, que la muger o ama mucho aquel de quien es requerida o le tiene grande odio. Assí que, si al querer despiden, no pueden tener las riendas al desamor. Y con esto, que sé cierto, voy más consolada a casa de Melibea que si en la mano la toviese; porque sé que, aunque al presente le ruegue, al fin me ha de rogar; aunque al principio me amenaze, al cabo me ha de halagar. Aquí llevo un poco de hilado en esta mi faltriquera, con otros aparejos que conmigo siempre traygo, para tener causa de entrar, donde mucho no soy conocida, la primera vez. Assí como gorgueras, garvines, franjas, rodeos, tenazuelas, alcohol, alvayalde y solimán, hasta agujas y alfileres; que tal ay, que tal quiere. Porque donde me tomare la boz me halle apercebida para les echar cevo, o requerir de la primera vista.

SEM.—Madre, mira bien lo que hazes. Porque quando el principio se yerra, no *puede seguirse buen fin. Piensa en su

---

[17] Hay un paralelo entre este pasaje y el verso de Juan Ruiz: "Que non ha mula de albardada que la siella non consienta", *Vid.* Castro Guisasola (1924: 153). Añado que para mayor coincidencia debe acudirse a la lectura que ofrece el manuscrito G, v. 710 d, pues S no habla de la *siella* sino de la carga, la *troxa*, aunque el sentido es el mismo; es decir, si el animal ya ha sido ensillado o ha llevado carga, no se negará a hacerlo por segunda vez; aquí por supuesto, con sentido erótico.

* pude

padre, que es noble y esforçado; su madre, celosa y brava; tú, la misma sospecha. Melibea es única a ellos: faltándoles ella, fáltales todo bien. En pensallo tiemblo. No vayas por lana y vengas sin pluma.

CEL.—¿Sin pluma, fijo?

SEM.—O emplumada, madre, que es peor.

CEL.—¡Alahé! ¡En mal hora a ti he yo menester para compañero! ¡Aun si quisieses avisar a Celestina en su oficio! Pues quando tú nasciste ya comía yo pan con corteza. ¡Para adalid eres *tú* bueno, cargado de agüeros y recelo!

SEM.—No te maravilles, madre, de mi temor, pues es común condición humana que lo que mucho se dessea jamás se piensa ver concluydo. Mayormente que en este caso temo tu pena y mía. Desseo provecho, querría que este negocio hoviesse buen fin; no porque saliesse mi amo de pena, mas por salir yo de lazería. Y assí miro más inconvenientes con mi poca esperiencia, que no tú como maestra vieja.

ELI.—¡Santiguarme quiero, Sempronio! ¡Quiero hazer una raya en el agua! ¿Qué novedad es esta, venir oy acá dos vezes?

CEL.—Calla, bova, déxale, que otro pensamiento traemos en que más nos va. Díme, ¿está desocupada la casa? ¿Fuesse la moça que esperava al ministro?

ELI.—Y aun después vino otra y se fue.

CEL.—¿Sí? ¿Que no en balde?

ELI.—No, en buena fe, ni Dios lo quiera. Que aunque vino tarde, más vale a quien Dios ayuda... etc[18].

CEL.—Pues sube presto al sobrado alto de la solana y baxa acá el bote del azeyte serpentino, que hallarás colgado del pedaço de soga que traxe del campo la otra noche, quando llovía y hazía escuro. Y abre el arca de los lizos y hazia la mano derecha hallarás un papel escrito con sangre de morciélago, debaxo de aquel, ala de drago, al que sacamos ayer las uñas. Mira no derrames el agua de mayo que me traxeron a confecionar.

ELI.—Madre, no está donde dizes. Jamás te acuerdas a cosa que guardas.

CEL.—No me castigues, por Dios, a mi vejez; no me maltrates, Elicia. No infinjas[19] porque está aquí Sempronio, ni te sobervezcas, que más me quiere a mí por consejera que a ti por

---

[18] "Más vale a quien Dios ayuda, que al que mucho madruga"; Correas (1924: 450).

[19] 'presumas'; Cf. Aut (1737: s.v. *enfingir*, ac. 2).

amiga, aunque tú le ames mucho. Entra en la cámara de los ungüentos, y en la pelleja del gato negro, donde te mandé meter los ojos de la loba, le fallarás. Y baxa la sangre del cabrón y unas poquitas de las barvas que tú le cortaste.

ELI.—Toma, madre, veslo aquí. Yo me subo y Sempronio arriba.

CEL.—Conjúrote, triste Plutón, señor de la profundidad infernal, emperador de la corte dañada, capitán sobervio de los condenados ángeles, señor de los sulfúreos fuegos que los hervientes étnicos montes manan, governador y veedor de los tormentos y atormentadores de las pecadoras ánimas, *regidor de las tres furias, Tesífone, Megera y Aleto, administrador de todas las cosas negras del reyno de Stigie y Dite, con todas sus lágrimas y sombras infernales y litigioso caos, mantenedor de las bolantes y pavorosas ydras.* Yo, Celestina, tu más conocida cliéntula, te conjuro por la virtud y fuerça destas vermejas letras; por la sangre de aquella noturna ave con que están escriptas; por la gravedad de aquestos nombres y signos que en este papel se contienen; por la áspera ponçoña de las bívoras de que este azeyte fue fecho, con el qual unto este hilado: venga sin tardança a obedescer mi voluntad, y en ello te embuelvas, y con ello estés sin un momento te partir, hasta que Melibea con aparejada oportunidad que aya lo compre; y con ello de tal manera quede enredada que, quanto más lo mirare, tanto más su coraçón se ablande a conceder mi petición, y se le abras y lastimes de crudo y fuerte amor de Calisto, tanto que, despedida toda honestidad, se descubra a mí y me galardone mis pasos y mensaje. Y esto hecho, pide y demanda de mí a tu voluntad. Si no lo hazes con presto movimiento, ternásme por capital enemiga; heriré con luz tus cárceres tristes y escuras; acusaré cruelmente tus continuas mentiras; apremiaré con mis ásperas palabras tu horrible nombre. Y otra y otra vez te conjuro[20]. Y assí, confiando en mi mucho

---

[20] Foulché-Delbosc (1906) y Menéndez Pelayo (1910/1961: 264) señalaron que el conjuro de Celestina estaba impregnado de reminiscencis clásicas pasadas a través del *Laberinto*, cc. 247 y ss. El hispanista francés pone mayor énfasis en el texto de Mena: un "triste Plutón" se encuentra también en el primer verso de la estrofa 241, y el "heriré con luz tus cárceres tristes y escuras" no es otro lugar que el "y con mis palabras tus fondas cavernas/ de luz subitánea te las feriré", c. 251 vv. 3-4. Cejador (1913/1968: 148), sin embargo, no cree que el conjuro deba nada a Mena y piensa en Lucano, modelo incuestionable del mismo poeta cordobés (*Vid.* la glosa a la copla 241 de Hernán Núñez). Se basa Cejador en ciertas discrepancias textuales: *hondas cavernas* en Mena VS *cárceres tristes y escuras* en la *Comedia; de*

poder, me parto para allá con mi hilado, donde creo te llevo ya embuelto[21].

---

luz subitánea en Mena VS *con luz* en Rojas; subraya el hecho de que el conjuro de Mena no es sólo a Plutón sino a Proserpina, cosa que ignora el de Rojas, y que éste no mienta al can Cerbero ni a Hécate, como hace el autor del *Laberinto*. A pesar del alegato de Cejador, hay que reconocer que si el texto de Rojas, en lo que a detalle se refiere, no sigue *in solidum* al de Mena, tampoco sigue al de la *Pharsalia* en los detalles menudos. Aquí Rojas da la espalda a Petrarca, pues éste, como señala Lida de Malkiel (1962: 426-7), insiste en su *De Rerum memorandarum* en la vanidad de la magia y sus procedimientos para conciliar el amor. Petrarca echa mano de una sentencia de Hecatón, conservada por Séneca (*Epistolas a Lucilio*, IX, 6); "Ego tibi monstrabo amatorium sine medicamento, sine herba, sine ullius veneficae carmine: si vis amari, ama". Castro Guisasola (1924: 143) señala que con respecto a los añadidos del conjuro, no hay que ir en busca de más fuente que la *Fiammetta* boccacciana. "¡O Thesifone, infernal furia! ¡O Megera! ¡O Alecto! tormentadoras de las tristes ánimas... y las pavorosas ydras... o qualquier otro pueblo de las negras cosas de Dite. ¡O dioses de los inmortales reynos de Estygie!... Y vos Arpías... ¡O sombras infernales! ¡O eterno Cahos! ¡O tinieblas de toda la luz enemigas! Ocupad las adúlteras casas" (Cap. IV) Como se ve, no falta nada: las tres Furias, las Hidras, Dite, dios de las minas y, por ende, de la tierra, la laguna Estigia, las Arpías y Caos.

[21] Esta escena, donde se ponen en práctica los saberes brujeros de Celestina, ha provocado docenas de páginas críticas que discuten el verdadero papel de la brujería en la *Comedia* y en el carácter de la alcahueta. Para unos es rasgo esencial de la caracterización —aliada del demonio, sumum de maldad— e imprescindible para la seducción de Melibea, que queda verdaderamente 'hechizada' al comprar el hilado; otros ven en todo esto un mero adorno, tanto en la trama como en el personaje. Véase un recuento crítico pormenorizado en Lida de Malkiel (1962: 220 y ss.). Añádase a su nómina la polémica sostenida en el *Times Literary Supplement* entre Russell (1959) y un reseñador anónimo (June 19 1959: 368); además, Moreno Baez (1961), de nuevo Russell (1963), y Toro Garland (1964). (Cf. la nota 8 del acto IV).

IV

ARGUMENTO DEL QUARTO AUTO

Celestina, andando por el camino, habla consigo misma fasta llegar a la puerta de Pleberio, onde halló a Lucrecia, criada de Pleberio. Pónese con ella en razones. Sentidas por Alisa, madre de Melibea, y sabido que es Celestina, fázela entrar en casa. Viene un mensajero a llamar a Alisa. Vase. Queda Celestina en casa con Melibea y le descubre la causa de su venida.

CEL.—Ahora, que voy sola, quiero mirar bien lo que Sempronio a temido deste mi camino. Porque aquellas cosas que bien no son pensadas, aunque algunas vezes ayan buen fin, comúnmente crían desvariados efetos. Assí, que la mucha especulación nunca carece de buen fruto. Que aunque yo he disimulado con él, poría ser que si me sintiesse en estos passos de parte de Melibea, que no pagasse con pena que menor fuesse que la vida, o muy amenguada quedase, quando matar no me quisiessen, manteándome o açotándome cruelmente. ¡Pues amargas cient monedas serían éstas! ¡Ay, cuytada de mí! ¡En qué lazo me he metido! Que por me mostrar solícita y esforçada pongo mi persona al tablero. ¿Qué haré, cuytada, mezquina de mí, que ni el salir afuera es provechoso ni la perseverancia carece de peligro? ¿Pues yré, o tornarme he? ¡O dubdosa y dura perplexidad! No se quál escoja por más sano. En el osar, manifiesto peligro; en la covardía, denostada pérdida. ¿Adonde yrá el buey que no are? Cada camino descubre sus dañosos y hondos barrancos. Si con el furto[1] soy tomada, nunca de muer-

---

[1] B 1499 trae *fuerto* (< furtum); puede que se trate de una simple errata, pero no es del todo improbable que aquí se haya escapado un curioso caso de diptongación popular.

ta o encoroçada[2] falto, a bien librar. Si no voy, ¿qué dirá Sempronio? Que todas estas eran mis fuerças, saber y esfuerço, astucia y solicitud. Y su amo Calisto ¿qué dirá? ¿qué hará? ¿qué pensará, sino que ay nuevo engaño en mis pisadas, y que yo he descubierto la celada, por haver más provecho desta otra parte, como sofística prevaricadora? O si no se le ofrece pensamiento tan odioso, dará bozes como loco, diráme en mi cara denuestos rabiosos. Proporná mill inconvenientes, que mi deliberación presta le *puso, diziendo: "Tú, puta vieja, ¿por qué acrescentaste mis pasiones con tus promessas? *Alcahueta falsa, para todo el mundo tienes pies, para mí lengua; para todos obra, para mí palabras; para todos remedio, para mí pena; para todos esfuerço, para mí te faltó; para todos luz, para mí tiniebla. Pues vieja traydora ¿por qué te me ofreciste? Que tu ofrecimiento me puso esperança; la esperança dilató mi muerte, sostuvo mi vivir, púsome título de hombre alegre. Pues no haviendo efeto, ni tú carecerás de pena ni yo de triste desesperación". ¡Pues triste yo! ¡Mal acá, mal acullá; pena en ambas partes! Quando a los estremos falta el medio, arrimarse el hombre al más sano es discreción. Mas quiero ofender a Pleberio que enojar a Calisto. Yr quiero; que mayor es la vergüença de quedar por covarde, que la pena cumpliendo como osada lo que prometí. Pus jamás al esfuerco desayudó la fortuna. Ya veo su puerta. En mayores afrentas me he visto. ¡Esfuerça, esfuerça, Celestina! ¡No desmayes! Que nunca faltan rogadores para mitigar las penas. Todos los agüeros se adereçan favorables, o yo no sé nada desta arte. Quatro hombres que he topado, a los tres llaman Juanes y los dos son cornudos. La primera palabra que oý por la calle fue de achaque de amores. Nunca he tropeçado como otras vezes; *las piedras parece que se apartan y me fazen lugar que passe. Ni me estorvan las haldas ni siento cansancio en andar. Todos me saludan.* Ni perro me ha ladrado ni ave negra he visto, tordo ni

---

[2] Encoroçar es "poner la coroza a uno por afrenta: como se hace con los malhechores hechiceros, alcahuetas y otros reos, quando los castigan y sacan públicamente por las calles, en pena de sus delitos". Entiéndase por *coroça* 'cierto género de capirote o cucurucho, que se hace de papel engrudado, y se pone en la cabeza por castigo, y sube en disminución, poco más o menos de una vara, pintadas en ellas diferentes figuras conforme al delito del delinquente; que ordinariamente son judíos, hereges, hechiceros, embusteros y casados dos veces, consentidores y alcahuetes. Es señal afrentosa e infame'; Cf. Aut (1737: ss.vv. *encorozar* y *coroza*).
* psuo
* alcahuea

cuervo ni otras noturnas[3]. Y lo mejor de todo es que veo a
Lucrecia[4] a la puerta de Melibea. Prima es de Elicia; no me será
contraria.

Luc.—¿Quién es esta vieja que viene haldeando?[5]

Cel.—¡Paz sea en esta casa!

Luc.—Celestina, madre, seas bienvenida. ¿Quál Dios te traxo
por estos barrios no acostumbrados?

Cel.—Hija, mi amor. Desseo de todos vosotros. Traerte
encomiendas de Elicia, y aun ver a tus señoras, vieja y moça. Que
después que me mudé al otro barrio no han sido de mí visitadas.

Luc.—¿A esso sólo saliste de tu casa? Maravíllome de ti, que
no es essa tu costumbre, ni sueles dar passo sin provecho.

Cel.—¿Más provecho quieres bova, que complir hombre sus

---

[3] Gilman (1972: 351) anota que Rojas parece haber conocido la *Reprovacion de
superticiones*, de Pedro Ciruelo, pues advierte cuatro coincidencias entre este
parlamento de Celestina y los agüeros anotados por Ciruelo: el encuentro con
algunas aves nocturnas ("el cuervo o la graja o el milano"), el tropezar ("cuando el
cuerpo del hombre hace algún movimiento puro natural" y se hace a deshora sin
pensar el hombre en ello; ansí como toser, estornudar, tropeçar..."), el perro es una
transformación urbana de los animales salvajes de Ciruelo ("lobo o raposa o
conejo") y, por último: "dichos o hechos que otros lo hacen a otro propósito y los
adevinos los aplican a otro". Gilman reconoce que todo puede ser simple
coincidencia, como los famosos círculos mágicos, la invocación al diablo y el papel
escrito con sangre de murciélago. Con respecto a las fechas no parece haber
problemas mayores, ya que aunque la primera edición conocida de la *Reprovación*
es de 1530, la *prínceps* —hoy perdida— es salmantina de 1497. Gilman no comparte
el escepticismo de García Morales (1952), el moderno editor de la *Reprovación*, con
respecto a la existencia de la edición salmantina. Por otra parte, algunas de estas
supersticiones —las aves negras, al tropezar— tienen una larga historia y parecen
corresponder al folklore universal. En cuanto a la mención de los Juanes, Cejador
(1913/1968: 156-7) ha llamado la atención sobre el sentido de 'buenazo, bobo' que
el nombre de Juan ha tenido en castellano, y señala numerosas expresiones hechas
que así lo confirman, amén de ejemplos del refranero: "Es un buen Juan" (Correas,
1924: 526), "Juan de la Torre, a quien la baba le corre", "Juan Díaz que ni iba ni
venía", "Juan de Espíritus, que andaba a la carnicería por verdolagas", etc.

[4] Para Menéndez Pelayo (1910/1961: 288) el nombre de Lucrecia en la *Comedia*
obedece a la reciente lectura de la *Historia de duobus amantibus*. En general,
Menéndez Pelayo se sintió sumamente inclinado a ver influencias de la novela de
Eneas Silvio en el texto de Rojas; en el otro extremo, Castro Guisasola (1924) casi
no las admite. Lida de Malkiel (1962: 390) piensa que el escepticismo de éste, aun
ante paralelos textuales, es una reacción a las exageraciones de los *Orígenes de la
novela*, y señala que los cotejos con la *Historia* deben ser hechos sobre el original
latino y no sobre la versión castellana, aunque ni el uno ni la otra figuraban en la
biblioteca del bachiller.

[5] 'andar de prisa las personas que tienen faldas'; Cf. *Aut* (1737: s.v. *haldear*).

desseos?[6] Y también, como a las viejas nunca nos fallecen
necessidades, mayormente a mí que tengo de mantener hijas
agenas, ando a vender un poco de hilado.

Luc.—¡Algo es lo que yo digo! En mi seso estoy, que nunca
metes aguja sin sacar reja. Pero mi señora la vieja urdió una tela;
tiene necessidad dello y tú de venderlo. Entra y espera aquí, que
no os desavenirés.

Ali[7].—¿Con quien hablas, Lucrecia?

Luc.—Señora, con aquella vieja de la cuchillada[8], que solía
vivir aquí en las tenerías, a la cuesta del río.

Ali.—Agora la conozco menos. Si tú me das entender lo
incógnito por lo menos conocido, es coger agua en cesto.

Luc.—¡Jesú, señora! Más conoscida es esta vieja que la ruda[9].
No sé como no tienes memoria de la que empicotaron por
hechizera, que vendía las moças a los abades y descasava mill
casados.

Ali.—¿Qué oficio tiene? Quiçá por aquí la conoceré mejor.

Luc.—Señora, perfuma tocas, haze solimán, ¡y otros treynta
officios! Conoce mucho en yiervas, cura niños, y aun algunos la
llaman la *vieja lapidaria[10].

---

[6] El Comentador anónimo señaló unos versos de la *Andria* (IV,5) como fuente
de estas palabras de Celestina: "Paululum interesse censes, ex animo omnia/ Ut fert
natura facias, an de industria?".

[7] Según Menéndez Pelayo (1910/1961: 288) el nombre de la madre de Melibea
recuerda el de un personaje —Aliso— del *Triunfo de las donas*, de Juan Rodríguez
del Padrón.

[8] Cejador (1913/1968: 160) supone que esta cicatriz de la vieja es una especie de
marca o sello demoníaco que Rojas añadió ex profeso al físico de la vieja; se basa en
una antigua afirmación de los demoniógrafos que "dicen que el diablo imprime una
señal de reconocimiento en los que van al aquelarre: una media luna o un cuerno".
Esto equivaldría a aceptar la naturaleza demoníaca de la alcahueta, tan
abundantemente discutida por la crítica. Y precisamente en este acto donde se
ponen de manifiesto las terribles dudas y temores de la alcahueta con respecto a su
misión en casa de Pleberio. Obsérvese que Melibea ni siquiera se interesa en el hilado, blanco como el copo de la nieve como lo describe Celestina más adelante,
mostrándolo a Alisa, pero que tendríamos que suponer manchado de *azeyte de
áspera ponzoña de víboras*, según ella misma nos dice en el conjuro; nótense,
además, los intentos del interpolador en reforzar el pacto plutónico de la vieja,
como si el texto de la *Comedia* no fuera muy convincente.

[9] Ruiz y Bravo-Villasante (1967) glosan estas palabras de Lucrecia en favor de
Talavera como escenario de *La Celestina*: la planta sugiere un ambiente meridional
que es donde se da espontáneamente.

* viejs

[10] La afirmación parece referirse a un oficio ambiguo: bien al comercio de
piedras preciosas o de alhajas (recuérdese la alcahueta del Arcipreste: "era vieja

ALI.—Todo esso dicho no me la da a conocer; dime su nombre si le sabes.

LUC.—¿Si le sé, señora? No ay niño ni viejo en toda la cibdad que no le sepa: ¿havíale yo de ignorar?

ALI.—Pues, ¿por qué no le dizes?

LUC.—¡He vergüença!

ALI.—Anda, bova, dile. No me indignes con tu tardança.

LUC.—Celestina, hablando con reverencia, es su nombre.

ALI.—¡Hy! ¡Hy! ¡Hy! ¡Mala landre te mate si de risa puedo estar, viendo el desamor que deves de tener a essa vieja, que su nombre has vegüença nombrar! Ya me voy recordando della. ¡Una buena pieça! No me digas más. Algo me verná a pedir. Di que suba.

LUC.—Sube, tía.

CEL.—Señora buena, la gracia de Dios sea contigo y con la noble hija. Mis passiones y enfermedades han impedido mi visitar tu casa como era razón; mas Dios conoce mis limpias entrañas, mi verdadero amor; que la distancia de las moradas no despega el querer de los coraçones. Assí que lo que mucho desseé, la necessidad me lo ha hecho complir con mis fortunas adversas; otras, me sobrevino mengua de dinero. No supe mejor remedio que vender un poco de hilado, que para unas toquillas tenía allegado. Supe de tu criada que tenías dello necessidad. Aunque pobre, y no de la merced de Dios, veslo aquí, si dello y de mí te quieres servir.

ALI.—Vezina honrrada[11], tu razón y ofrecimiento me mueven a compassión, y tanto, que quisiera cierto mas hallarme en tiempo de poder complir tu falta que menguar tu tela. Lo dicho te agradezco. Si el hilado es tal, serte ha bien pagado.

CEL.—¿Tal, señora? Tal sea mi vida y mi vejez, y la de quien parte quisiere de mi jura. Delgado como el pelo de la cabeça, ygual, recio *como cuerdas de vihuela, blanco como el copo de la

buhona destas que venden joyas"; S: 699a) o bien la que sabe de las virtudes de las piedras para curar enfermedades y otros atributos semimágicos, que es lo más probable.

[11] Lida de Malkiel (1962: 489) advierte que en los siglos XV y XVI, el término *honrado*, —*a* no es aplicable, como en el XII, a persona de calidad, sino a inferiores, luego la fórmula *vezina honrrada, muger honrrada* dirigida a Celestina por Alisa y por Melibea no debe recibir interpretación literal. Lida de Malkiel no excluye la posibilidad de que tanto aquí como en el acto IX se trate de un uso irónico.

*. * cemo

nieve, hilado todo por estos pulgares, aspado y adreçado. Veslo aquí en madexitas. Tres monedas me davan ayer por la onça, assí goze desta alma pecadora.

ALI.—Hija Meliɒea, quédese esta muger honrrada cotigo, que ya me parece que es tarde para yr a visitar a mi hermana, su muger de Cremes[12], que desde ayer no la he visto. Y también que viene su paje a llamarme, que le arrezió desde un rato acá el mal[13].

CEL.—Por aquí anda el diablo aparejando oportunidad, *arreziando el mal a la otra. ¡Ea! buen amigo, ¡tener rezio! Agora es mi tiempo o nunca. No la dexes, llévamela de aquí a quien digo.*

ALI.—¿Qué dizes, amiga?

CEL.—Señora, que maldito sea el diablo y mi pecado, porque en tal tiempo hovo de crescer el mal de tu hermana, que no havrá para nuestro negocio oportunidad. ¿Y qué mal es el suyo?

ALI.—Dolor de costado, y tal que según del moco supe que quedava, temo no sea mortal. Ruega tú, vezina, por amor mío, en tus devociones, por su salud a Dios.

CEL.—Yo te prometo, señora, en yendo de aquí, me vaya por essos monesterios, donde tengo frayles devotos míos, y les dé el mismo cargo que tú me das. Y demás desto, ante que me desayune, dé quatro bueltas a mis cuentas.

ALI.—Pues, Melibea, contenta a la vezina en todo lo que en razón fuere darle por el hilado. Y tú, madre, perdóname, que otro día se verná en que más nos veamos.

CEL.—Señora, el perdón sobraría donde el yerro falta. De Dios seas perdonada, que buena compañía me queda. Dios la dexe gozar su noble juventud y florida mocedad, que es tiempo en que más plazeres y mayores deleytes se alcançarán. Que, a la mi fe, la vejez no es sino mesón de enfermedades, posada de pensamientos, amiga de renzillas, congoxa continua, llaga incurable, manzilla de lo passado, pena de lo presente, cuydado triste

---

[12] Es el nombre de varios personajes de las comedias de Terencio: tres viejos (*Andria, Heauton timorumenos y Phornio*) y un adolescente (*Eunnuchus*); Cf. Menéndez Pelayo (1910/1961: 288).

[13] Lida de Malkiel (1962: 492), aunque reconoce que las situaciones son diametralmente opuestas, señala que el hecho de encontrarse enferma la hermana de Alisa recuerda la excusa —visitar a una vecina enferma— de Glauca en el *Poliodorus* para dejar a solas a su hija y al amante: "POL.—Ubi est Glauca mater? CLY.—Ipsa ut nobis opportunitatem omnem prestaret, domum exiit simulavitque se quandam vicinam que febricitat visere."

de lo porvenir, vezina de la muerte, choça sin rama que se llueve por cada parte, cayado de mimbre que con poca carga se doblega[14].

MEL.—¿Por qué dizes, madre, tanto mal de lo que todo el mundo con tanta eficacia gozar y ver dessean?

CEL.—Dessean harto mal para si, dessean harto trabajo, dessean llegar allá, porque llegando viven, y el vivir es dulce y viviendo envegescen. Assí que el niño dessea ser moço, y el moço viejo, y el viejo más, aunque con dolor. Todo por vivir, porque como dizen, viva la gallina con su pepita. Pero ¿quién te podría contar, señora, sus daños, sus inconvenientes, sus fatigas, sus cuydados, sus enfermedades, su frío, su calor, su descontentamiento, su renzilla, su pesadumbre; aquel arrugar de cara, aquel mudar de cabellos su primera y fresca color, aquel poco oýr, aquel debilitado ver, puestos los ojos a la sombra, aquel hundimiento de boca, aquel caer de dientes, aquel carecer de fuerça, aquel flaco andar, aquel espacioso comer?[15] Pues ¡ay, ay, señora! si lo *dicho viene acompañado de pobreza, allí verás callar todos los otros trabajos, quando sobra la gana y falta la provisión. ¡Que jamás sentí peor *ahito que de hambre![16]

MEL.—Bien conozco que dize cada uno de la feria segund le va en ella. Assí que otra canción cantarán los ricos.

---

[14] Si el pasaje está inspirado o no en Séneca es asunto debatible. Cejador (1913/1968: 164) cita a Aranda, en cuyos *Lugares comunes* (1613: fol. 145) así se atribuye; concretamente se señala la *Epístola* 109 donde debería leerse el fragmento con una ligera diferencia en el comienzo: "... retrato de enfermedades, posada de pensamientos...". Pero Cejador mismo no ha podido encontrar en ésa ni en ninguna otra carta el pasaje en cuestión; Castro Guisasola (1924) nada dice sobre el asunto.

[15] Deyermond (1961: 58) ha señalado la fuente petrarquesca de este pasaje; se trata de un préstamo del *De Remediis* (I, 2A2-3): "Siste si potes tempus: poterit forsan et forma consistere... Cadet flava caesaries: reliquiae albescent: teneras genas et serenam frontem squalentes arabunt rugae: laetas oculorum faces et lucida sydera moesta teget nubes: leve dentium ebur ac candidum scaber situs obducet atque atteret ut non colore tamen sed tenore alio sint: recta cervix atque agiles humeri curvescent: guttur lene crispabitur: aridas manus et recurvos pedes suspiceris tuos non fuisse. Quid multa? Veniet dies quo te in speculo non agnoscas: et haec omnia quae abesse multum extimas: ne quid improvisis monstris attonitus..."; Cf. más adelante, la nota 22.

* diccho
* habito

[16] Deyermond (1961: 81-82) señala que la técnica empleada en este diálogo procede del *De Remediis* y que se trata de la única vez que Rojas utilza así el texto de Petrarca.

CEL.—Señora, hija, a cada cabo ay tres leguas de mal quebranto. A los ricos se les va la bienaventurança, la gloria y descanso por otros alvañales de asechanças, que no se parescen. ladrillados por encima con lisonjas. *Aquel es rico que está bien con Dios. Más segura cosa es ser menospreciado que temido. Mejor sueño duerme el pobre, que no el que tiene de guardar con solicitud lo que con trabajo ganó y con dolor ha de dexar. Mi amigo no será simulado, y el del rico sí. Yo soy querida por mi persona, el rico por su hazienda. Nunca oye verdad, todos le hablan lisonjas a sabor de su paladar, todos le han embidia. Apenas hallarás un rico que no confiese que le sería mejor estar en mediano estado o en honesta pobreza. Las riquezas no hazen rico, mas ocupado: no hazen señor, mas mayordomo. Más son los poseýdos de las riquezas que no los que las posseen. A muchos traxo la muerte, a todos quita el plazer y a las buenas costumbres ( )[17] ninguna cosa es más contraria. ¿No oýste dezir: dormieron su sueño los varones de las riquezas y ninguna cosa hallaron en sus manos?[18]*Cada rico tiene una dozena de hijos y nietos, que no rezan otra oración, no otra petición, sino rogar a Dios que le saque den medio *dellos.* No veen la hora que tener a él so la tierra, y lo suyo entre sus manos[19], y darle a poca costa su casa para siempre.

MEL.—Madre, pues que assí es, gran pena ternás por la edad que perdiste. ¿Querrías bolver a la primera?

CEL.—Loco es, señora, el caminante que, enojado del trabajo

[17] y

[18] En este parlamento de Celestina se unen seis momentos del *De Remediis* de Petrarca: "Vix divitem invenias qui non sibi melius fuisse in mediocritate vel honesta etiam paupertate fateatur. ...Habes rem quaesitu difficilem: custoditu ansiam: amissu flebilem... Servatae non te divitem sed ocupatum: non dominum facient sed custodem... viri divitiarum quan divitiae virorum. ... Multis mortem attulere divitiae: requiem fere omnibus abstulere... Dormierunt somnum suun et nihil invenerunt omnes viri divitiarum in manibus suis", (I, 53 a 5-6, A 8-9, B 1-2, B 5, C 2-3, C 10-11); Cf. Deyermond (1961: 68). Cejador (1913/1968: 167), que también había señalado la fuente de Petrarca recuerda el "Dormierunt somnun suum et nihil invenerunt omnes viri divitiarum in manibus suis", *Salmos* (LXXV,6), y también Lida de Malkiel (1962: 512), pero como señala Deyermond, el uso de este fragmento de la *Vulgata* en el mismo contexto que en Petrarca elimina toda posibilidad de que el préstamo de Rojas haya sido de los textos bíblicos directamente.

[19] Castro Guisasola (1924: 162) ha señalado la procedencia de este fragmento en unos versos de los *Pecados mortales* (c. 67), de Juan de Mena: "Y tüs parientes cercanos/ desean de buena guerrá/ a ti tener so la tierra/ y a lo tuyo entre sus manos".

del día, quisiesse bolver de comienço la jornada para tornar otra vez aquel lugar. Que todas aquellas cosas cuyas possessión no es agradable, más vale poseellas que esperallas. Porque más çerca está el fin dellas quanto más andado del comienço. No ay cosa más dulce ni graciosa al muy cansado que el mesón. Assí que, aunque la moçedad sea alegre, el verdadero viejo no la dessea. Porque el que de *razón y seso carece, quasi otra cosa no ama sino lo que perdió[20].

MEL.—Siquiera por vivir más, es bueno dessear lo que digo.

CEL.—Tan presto, señora, se va el cordero como el carnero. Niguno es tan viejo que no pueda vivir un año más, ni tan moço que oy no pudiesse morir[21]. Assí que en esto poco avantaja nos leváys.

MEL.—Espantada me tienes con lo que has hablado. Indicio me dan tus razones que te aya visto otro tiempo. Dime, madre, ¿eres tú Celestina, la que solía morar a las tenerías, cabe el río?

CEL.—Señora, hasta que Dios quiera.

MEL.—Vieja te as parado. Bien dizen que los días no se van en balde. Assí goze de mí, no te conosciera, sino por essa señaleja de la cara. Figúraseme que eras hermosa. Otra pareces; muy mudada estás.

LUC.—¡Hy! ¡Hy! ¡Hy! ¡Mudada está el diablo! ¡Hermosa era con aquel su Dios os salve que traviessa la media cara!

MEL.—¿Qué hablas, loca? ¿Qué es lo que dizes? ¿De qué te ríes?

LUC.—De cómo no conoscías a la madre en tan poco tiempo en la filosomía de la cara.

MEL.—No es tan poco tiempo dos años; y mas, que la tiene arrugada.

CEL.—Señora, ten tú el tiempo que no ande, terné yo mi forma que no se mude. ¿No has leýdo que dizen: verná el día que en el

* rozon
[20] Según Deyermond (1961: 62), el pasaje procede de Petrarca: "Amens viator est qui labiore viae exhaustus velit ad initium remeare. Nihil fessis gratius hospitio... Et quis sanae mentis vel quod tieri optaverit factum deleat: nisi male se optasse sentiat vel quod neque omitti neque sine multo labore agi poterat actum asse non gaudeat?... Stultum enim nihil pene amat nisi quod perdidit" (*De Remediis*, II 83 B 10-E 12).
[21] Tomado del *Index* de las obras de Petrarca: "Nemo tam iuvenis qui non possit hodie mori" (*De Remediis*, I, 110A); Cf. Deyermond (1961: 43). Cejador (1913/1968: 170) lo da como refrán popular.

espejo no te conozcas?[22] Pero también yo encanecí temprano y parezco de doblada edad. Que assí goze desta alma pecadora y tú desse cuerpo gracioso, que de quatro hijas que parió mi madre, yo fuy la menor. Mira como no so vieja como me juzgan.

MEL.—Celestina, amiga, yo he holgado mucho en verte y conoscerte. También hasme dado plazer con tus razones. Toma tu dinero y vete con Dios, que me parece que no deves haver comido.

CEL.—¡O angélica ymagen! ¡O perla preciosa[23], y cómo te lo dizes! Gozo me toma en verte fablar. ¿Y no sabes que por la divina boca fue dicho, contra aquel infernal tentador, que no de solo pan viviremos?[24] Pues assí es, que no el solo comer mantiene. Mayormente a mí, que me suelo estar uno o dos días negociando encomiendas agenas ayuna; salvo hazer por los buenos, morir por ellos. Esto tuve siempre, querer más trabajar sirviendo a otros, que holgar contentando a mí. Pues, si tú me das licencia, diréte la necessitada causa de mi venida, que es otra que la fasta agora as oýdo, y tal que todos perderíamos en me tornar en balde sin que la sepas.

MEL.—Di, madre, todas tus necessidades, que si yo las pudiere remediar, de muy buen grado lo haré, por el passado conoscimiento y vezindad, que pone obligaciones a los buenos.

CEL.—¿Mías, señora? Antes agenas, como tengo dicho; que las mías, de mi puerta adentro me las passo, sin que las sienta la tierra, comiendo quando puedo, beviendo quando lo tengo. Que con mi pobreza jamás me faltó, a Dios gracias, una blanca para pan y un quarto para vino[25], después que enbiudé; que antes no

---

[22] El pasaje es un eco del *De Remediis* de Petrarca; *Vid. supra*, nota 15 de este mismo acto.

[23] *angélica ymagen* parece tomado de Juan de Mena (*Laberinto*, c. 28a) como apunta Lida de Malkiel (1962: 267); ésta piensa que *perla preciosa* es encarecimiento popular, por eso añade Rojas otra reminiscencia literaria en el acto XIV, cuando Calisto, al bajar de la escala, se dirige a Melibea; Cf. la nota al acto XIV.

[24] Hace referencia a San Mateo (IV,4): "Non in solo pane vivit homo", ya señalado por Cejador (1913/1968: 172). Vid. Lida de Malkiel (1962: 512), quien también piensa en el *Deuteronomio* (VIII,3): ["Afflixit te penuria, et dedit tibi cibum manna, quod ignorabas tu et patres tui: ut ostenderet tibi quod non in solo pane vivat homo, sed in omni verbo quod egreditur de ore Dei"].

[25] Lida de Malkiel (1962: 168) llama la atención sobre la intención humorística de esta frase de Celestina que subraya su preferencia por el vino: destina una blanca para pan, pero un *quarto* para vino; la blanca valía la tercera parte de un maravedí (Burgos, Toledo, Segovia, Coruña, Cuenca y Sevilla) y una sexta parte en el resto de España, mientras que el cuarto valía cuatro maravedís.

tenia yo cuydado de lo buscar, que sobrado estava un cuero en mi
casa y uno lleno y otro vacío. Jamás me acosté sin comer una
tostada en vino y dos dozenas de sorvos, por amor de la madre[26],
tras cada sopa. Agora, como todo cuelga de mí, en un jarrillo mal
pegado[27] me lo traen, que no cabe dos acumbres. *Seys vezes al
día tengo de salir, por mi pecado, con canas a cuestas, a le
henchir a la taverna. Mas no muera yo de muerte, hasta que me
vea con un cuero o tinagica de mis puertas adentro. Que, en mi
ánima, no ay otra provisión. Que como dizen: pan y vino anda
camino, que no moço garrido.* Assí que donde no ay varón todo
bien fallesce: con mal está el huso quando la barva no anda de
suso. Ha venido esto, señora, por lo que dezía de las agenas
necessidades y no mías.

MEL.—Pide lo que *querrás, sea para quien fuere.

CEL.—¡Donzella graciosa y de alto linaje! Tu suave fabla y
alegre gesto, junto con el aparejo de liberalidad que muestras
con esta pobre vieja, me dan osadía a te lo dezir. Yo dexo un
enfermo a la muerte, que con sola una palabra de tu noble voca
salida, que le lleve metida en mi seno, tiene por fe que sanará,
según la mucha devoción tiene en tu gentileza.

MEL.—Vieja honrrada, no te entiendo si más no declaras tu
demanda. Por una parte, me alteras y provocas a *enojo; por
otra, me mueves a compasión. No te sabría bolver respuesta
conveniente, según lo poco que he sentido de tu habla. Que yo
soy dichosa, si de mi palabra ay necessidad para salud de algún
christiano. Porque hazer beneficio es semejar a Dios y el que le
da le recibe, quando a persona digna dél le haze[28]. Y demás desto,
dizen que el que puede sanar al que padece, no lo faziendo, le
mata. Assí que no cesses tu petición por empacho ni temor.

CEL.—El temor perdí mirando, señora, tu beldad. Que no
puedo creer que en balde pintasse Dios unos gestos más perfetos
que otros, más dotados de gracias, más hermosas faciones,
sino para hazerlos almazén de virtudes, de misericordia, de

---

[26] Léase 'por causa de la matriz'; Cf. la nota 23 del acto VII.

[27] *jarrillo mal pegado*, léase 'mal empegado'; *empegar* es dar un 'baño de pez (o
de cualquier otra sustancia resinosa) al interior o exterior de pellejos, barriles o
otras vasijas'; *Vid.* Acad (1970: ss.vv. *empega, empegado, empegadura, empegar*).

* querrras

* enejo

[28] Se trata de un eco del *Index* de las obras de Petrarca: "Beneficium dando
accepit qui digno dedit" (*Rebus mem.*, III ii 60 B); Cf. Deyermond (1961: 144).

compassión, ministros de sus mercedes y dádivas, como a ti. Y
pues como todos seamos humanos, nacidos para morir[29], sea
cierto que no se puede dezir nacido el que para sí solo nasció.
Porque sería semejante a los brutos animales, en los quales aun
ay algunos piadosos, como se dize del unicornio, que se humilla a
qualquiera donzella[30]. *El perro, con todo su ímpetu y braveza,
quando viene a morder, si se echan en el suelo, no haze mal: esto
de piedad*[31]. ¿Pues las aves? Niguna cosa el gallo come que no
participe y llame las *gallinas a comer dello[32]. *El pelícano rompe
el pecho por dar a sus hijos a comer de sus entrañas. Las cigüeñas
mantienen otro tanto tiempo a sus padres viejos en el nido,
quanto ellos les dieron cevo siendo pollitos*[33]. Pues tal
conoscimiento dio la natura a los animales y aves, ¿por qué los
hombres havemos de ser más crueles? ¿Por qué no daremos parte
de nuestras gracias y personas a los próximos, mayormente
quando están embueltos en secretas enfermedades, y tales que
donde está la melezina salió la causa de la enfermedad?

MEL.—Por Dios que sin más dilatar me digas quién es esse
doliente que de mal tan perplexo se siente, que su passión y
remedio salen de una mesma fuente.

---

[29] Castro Guisasola (1924: 177) piensa que esta es una reminiscencia de Gómez
Manrique, que al continuar el texto de Mena de los *Pecados mortales*, escribió:
"Pensad que fuestes humanos/ nascidos para morir". Cierto que hay gran
semejanza formal entre uno y otro pasaje, pero convendría recordar que se trata de
un tópico muy frecuentado por la literatura doctrinal, oral y escrita.

[30] Es una antiquísima leyenda, muy conocida desde Plinio (VIII,21); Cf. Cejador
(1913/1968: 176).

[31] Parecen estas palabras provenir de la *Retórica* de Aristóteles: "Quod autem
ira statim cesset in eos, qui se humiliter et demisse gerunt, declarant etiam canes, qui
prostratos non mordent" (II,3); Cf. Castro Guisasola (1924: 33).

* callinas

[32] Yndurain (1954) piensa que estas palabras pueden venir de una de las
versiones del viejo *Poema del Gallo*, cuya redacción más antigua puede situarse en
el siglo XIII; se trata de un poema latino, escrito en cuartetas de alejandrinos
monorrimos, en que se hace la comparación entre la misión del párroco y la del
gallo, pues ve como funciones parejas las desempeñadas por el cura de almas y por
el campeón de las gallinas: "super domun Domini gallus solet stare". El mismo
Yndurain reconoce que aunque es muy "tentador" relacionar este pasaje con el
citado poema, es difícil identificar la fuente precisa de estas palabras de la *Comedia*.

[33] La interpolación del pasaje del pelícano aparece en P 1514 al final del próximo
parlamento de Celestina: "...de clara sangre que llaman Calisto. El pelícano... los
animales y aves". El error es muy evidente, pero aparece compartido por un buen
número de ediciones antiguas; Herriott (1964: 54-6), tras minuciosa *collatio* (no.
35) asegura que el error procede de la *princeps* de la *Tragicomedia*.

CEL.—Bien ternás, señora, noticia en esta cibdad de un cavallero mancebo, gentilhombre de clara sangre, que llaman Calisto...

MEL.—¡Ya, ya, ya! Buena vieja, no me digas más, no pases adelante. ¿Esse es el doliente por quien as fecho tantas premissas en tu demanda, por quien has venido a buscar la muerte para ti, por quien has dado tan *dañosos passos, desvergonçada barvuda? ¿Qué siente esse perdido, que con tanta passión vienes? De locura será su mal. ¿Qué te parece? Si me fallaras sin sospecha desse loco, ¡con qué palabras me entravas! No se dize en vano que el más empecible miembro del mal hombre o muger es la lengua[34]. ¡Quemada seas, alcahueta falsa, hechizera, enemiga de onestad, causadora de secretos yerros! ¡Jesú, Jesú! ¡Quítamela, Lucrecia, de delante, que me fino, que no me ha dexado gota de sangre en el cuerpo! Bien se lo mereçe esto y más quien a estas tales da oýdos. Por cierto, si no mirasse a mi honestidad, y por no publicar su osadía desse atrevido, yo te fiziera, malvada, que tu razón y vida acabaran a un tiempo[35].

CEL.—¡En hora mala acá vine, si me falta mi conjuro! ¡Ea pues! Bien sé a quien digo. ¡*Ce, hermano, que se va todo a perder*!

MEL.—¿Aún hablas entre dientes delante mí para acrecentar mi enojo y doblar tu pena? ¿Querrías condenar mi onestidad por dar vida a un loco? ¿Dexar a mí triste por alegrar a él, y llevar tú el provecho de mi perdición, el galardón de mi yerro? ¿Perder y destruyr la casa y la honrra de mi padre por ganar la de una vieja maldita como tú? ¿Piensas que no tengo sentidas tus pisadas y entendido tu dañado mensaje? Pues yo te certifico que las albricias que de aquí saques no sean sino estorvarte de más ofender a Dios, dando fin a tus días. Respóndeme, traydora: ¿cómo osaste tanto fazer?

CEL.—Tu temor, señora, tiene ocupada mi desculpa. Mi innocencia me da osadía, tu presencia me turba en verla yrada. Y lo que más siento y me pena es recibir enojo sin razón ninguna. Por Dios, señora, que me dexes concluyr mi dicho, que ni él

---

* doñosos

[34] Se trata de un eco del *De Remediis*: "Pessimum nocentissimumque mali hominis membrum lingua est"; Cf. Deyermond (1961: 59).

[35] Cf. estas palabras; son casi las que Diego de San Pedro escribe en su *Cárcel de amor*: "si, como eres de Spaña, fueras de Macedonia, tu razonamiento e tu vida acabaran a un tiempo"; *Vid.* Castro Guisasola (1924: 183-4).

quedará culpado ni yo condenada. Y verás como es todo más servicio de Dios que passos deshonestos; más para dar salud al enfermo que para dañar la fama al médico. Si pensara, señora, que tan de ligero havías de conjecturar de lo passado nocibles sospechas, no bastara tu licencia para me dar osadía a hablar en cosa, que a Calisto ni a otro hombre tocasse.

MEL.—¡Jesú! No oyga yo mentar más *esse loco, saltaparedes, fantasma de noche, luengo como ciguñal[36], figura de paramento mal pintado; si no, aquí me caeré muerta. ¡Este es el que el otro día me vido y començo a desvariar comigo en razones, haziendo mucho del galán! Dirásle, buena vieja, que si pensó que era todo suyo y quedava por él el campo, porque holgué más de consentir sus necedades que castigar su yerro, quise más dexarle por loco que publicar su grande atrevimiento. Pues avísale que se aparte deste propósito y serle ha sano; si no, podrá ser que no aya comprado tan cara habla en su vida. Pues sabe que no es vencido sino el que se cree serlo[37], y yo quedé bien segura y él ufano. De los locos es estimar a todos los otros de su calidad[38]. Y tú, tórnate con su mesma razón, que respuesta de mí otra no havrás, ni la esperes. Que por demás es ruego a quien no puede haver misericordia. Y da gracias a Dios, pues tan libre vas desta feria. Bien me havían dicho quién tú eras, y avisado de tus propriedades, aunque agora no te conocía.

CEL.—¡Más fuerte estava Troya, y aun otras más bravas he yo amansado! Ninguna tempestad mucho dura[39].

MEL.—¿Qué dizes, enemiga? Fabla, que te pueda oýr. ¿Tienes desculpa alguna para satisfazer mi enojo y escusar tu yerro y osadía?

CEL.—Mientras viviere tu yra, más dañará mi descargo, que

* esso

36 Algunas ediciones antiguas corrigen a *cigueña*, pero no hay razón para tal cambio; Melibea puede referirse a la 'pértiga para sacar agua de los pozos': *ciguñal* para Nebrija es justamente esta pértiga, llamada así por comparación con el movimiento del largo cuello de la cigueña. La comparación es muy antigua y muy extendida; en la península hay testimonios desde San Isidoro. Cf. Corominas (1954: s.v. *cigueña*).

37 Es un préstamo del *Index* de las obras de Petrarca: "Victus non est nisi qui se victum credit (*De Remediis*, II, 73 B); Cf. Devermond (1961: 144).

38 Tomado del *Index* de las obras de Petrarca: "Stulti omnes secundum se alios estimant" (*De Remediis*, II, 125 G); Vid. Deyermond (1961: 144).

39 Se trata de un eco del *Index* de las obras de Petrarca: "Tempestas nulla durat" (*De Remediis*, II, 90 I); Cf. Deyermond (1961: 145).

estás muy rigurosa. Y no me maravillo, que la sangre nueva poco
calor ha menester para hervir.

MEL.—¿Poco calor? ¿Poco lo puedes llamar, pues quedaste tú
viva y yo quexosa sobre tan gran atrevimiento? ¿Qué palabra
podías tú querer para esse tal hombre que a mí bien me
estuviesse? Responde, pues dizes que no has concluydo. ¡Quiçá
pagarás lo passado![40]

CEL.—Una oración, señora, que le dixeron que sabías de
sancta Polonia para el dolor de muelas[41]. Assí mismo tu cordón,
que es fama que ha tocado todas las reliquias que ay en Roma y
Jerusalem. Aquel cavallero que dixe pena y muere dellas. Esta
fue mi venida; pero pues en mi dicha estava tu ayrada respuesta,
padézcase él su dolor en pago de buscar tan desdichada
mensajera. Que pues en tu mucha virtud me faltó piedad,
también me faltará agua la a mar me embiara. *Pero ya sabes
que el deleyte de la vengança dura un momento, y el de la
misericordia para siempre*[42].

MEL.—Si esso querías, ¿por qué luego no me lo espresaste?
¿Por qué me lo dixiste en tan pocas palabras?[43]

---

[40] Berndt (1963: 52) recuerda que esta reacción violenta de Melibea se parece
mucho a la de Lucrecia en la novela de Eneas Silvio Piccolomini, al recibir la carta
del galán de manos de la alcahueta: "¿Qué osadía, muy malvada henbra, te traxo a
mi casa? ¿Qué locura en mi presencia te aconsejó venir?... ¿Tú me fablas? ¿Tú me
miras? Si no oviesse de considerar lo que a mi estado cumple más que lo que a ti
conviene, yo te facía tal juego, que nunca de cartas de amores fuesses mensajera;
¡Vete luego, hechizera..." (He acentuado y puntuado el texto). Con respecto a la expresión de Melibea "Quiçá pagarás lo pasado", Singleton (1968: 272, n.65)
cuestiona que se trate de un valor semántico regular: 'pagarás por lo que ha pasado';
en su lugar propone la interpretación 'justificar, clarificar', con la lectura "Quizá
podrás justificarte", o "Quizá podrás clarificar las cosas". Se apoya en un pasaje del
acto XIII donde Calisto, después de notificado de la ejecución de los mozos, dice:
"pagaré mi inocencia con mi fingida absencia". Singleton prefiere la lectura *pagaré*
(a *purgaré*) e interpreta la frase de Calisto como 'justificaré mi inocencia (=no
habiendo participado en el asesinato de la vieja) fingiéndome ausente'. Cf. la nota 9
del acto XIII.

[41] Cejador (1913/1968: 181) ha tenido la curiosidad de recoger una versión de la
oración a Santa Apolonia para el dolor de muelas: "Santa Apolonia, que estás
asentada en la piedra, ¿qué haces? —He venido por el dolor de muelas: si es un
gusano, se irá; si es mal de gota, pasará". Desconozco su fuente, y por lo tanto,
lugar y fecha de la versión.

[42] Es un préstamo del *Index* de las obras de Petrarca: "Ultionis momentanea
delectatio est: misericordiae, sempiterna" (*De Remediis*, I, 101 B); Cf. Deyermond
(1961: 147).

[43] Para este pasaje, Cf. Baldwin (1967).

CEL.—Señora, porque mi limpio motivo me hizo creer que, aunque en menos lo propusiera, no se havía de sospechar mal. Que, si faltó el devido preámbulo, fue porque la verdad no es necessario abundar de muchas colores[44]. Compassión de su dolor, confiança de tu magnificencia, ahogaron en mi boca *al principio* la espressión de la causa. Y pues conosces, señora, que el dolor turba, la turbación desmanda y altera la lengua, la qual havía de estar siempre atada con el seso, ¡por Dios! que no me culpes. Y si él otro yerro ha fecho, no redunde en mi daño, pues no tengo otra culpa sino ser mensajera del culpado. No quiebre la soga por lo más delgado. No seas la telaraña, que no muestra su fuerça sino contra los flacos animales[45]. No paguen justos por pecadores. Imita la divina justicia, que dixo: el ánima que pecare, aquella misma muera; a la humana, que jamás condena al padre por el delicto del hijo ni al hijo[46] por el del padre. Ni es, señora, razón que su atrevimiento acarree mi perdición; aunque según su merecimiento, no ternía en mucho que fuesse él el delinquente y yo la condenada. Que no es otro mi oficio sino servir a los semejantes[47]. Desto vivo y desto me arreo. Nunca fue mi voluntad enojar a unos por agradar a otros, aunque ayan dicho

---

[44] La sentencia está tomada del *Index* de las obras de Petrarca: "Non oportet veritatem rerum fictis adumbrare coloribus" (*Rebus fam*, 12 A); Cf. Deyermond (1961: 145).

[45] Para Castro Guisasola (1924: 163), Rojas se ha inspirado directamente en unos versos del *Laberinto* de Mena, c. 82: "Como las telas que dan las arañas/ las leyes presentes no sean atales/ que prenden los flacos viles animales/ y muestran en ellos sus lánguidas sañas". Deyermond (1961: 40), sin embargo, se inclina al *Index* de las obras de Petrarca, donde se lee: "Anacharsis philosophus urbium leges aranearum telis simillimas esse dicebat", que Rojas usaría como punto de partida para después ampliar en el texto mismo de Petrarca: "Anacharsis philosophus proprie admodum ac prudenter: urbium leges aranearum telis simillimas dicebat. Sicut enim ille imbecilla animantia involvunt: franguntur a fortibus: sic hae pauperum delicta puniunt: a potentibus contemnuntur"; Deyermond expresa sus dudas de que en este caso en particular —la entrada del *Index* para *Anacharsis*— Rojas haya ido sobre el texto.

[46] Ezequiel (XVIII,4): "Ecce omnes animae meae sunt: ut anima patris, ita et anima filii mea est; anima quae peccaverit, ipsa morietur"; Cf. Cejador (1913/1968: 183) y Lida de Malkiel (1962: 512). Castro Guisasola (1924: 106) piensa que la fuente es el versículo 20: "Anima quae peccaverit, ipsa morietur: filius non portabit iniquitatem patris et pater non portabit iniquitatem filii...'. que incuestionablemente está más cerca del texto de *La Celestina*.

[47] Parece, según Castro Guisasola (1924: 184), que hay aquí un vivo recuerdo de la *Cárcel de amor*: "por cierto no tengo otra culpa sino ser amigo del culpado... siempre tove por costumbre de servir antes que importunar".

a tu merced en mi absencia otra cosa. Al fin, señora, a la firme verdad el viento del vulgo no la empece[48]. *Una sola soy en este limpio trato. En toda la ciudad pocos tengo descontentos. Con todos cumplo, los que algo me mandan, como si toviesse veynte pies y otras tantas manos.*

MEL.—No me maravillo, que *un solo maestro de vicios dizen que basta para corromper un gran pueblo*[49]. Por cierto, tantos y tantos loores me han dicho de tus *falsas* mañas,que no sé si crea que *pedías oración.

CEL.—Nunca yo la reze, y si la rezare no sea oýda, si otra cosa de mi se saque, aunque mill tormentos me diessen.

MEL.—Mi passada alteración me impide a reýr de tu desculpa. Que bien sé que ni juramento ni tormento te torcerá a dezir verdad, que no es en tu mano.

CEL.—Eres mi señora. Téngote de callar, hete yo de servir, hasme tú de mandar. Tu mala palabra será víspera de una saya.

MEL.—Bien la has merecido.

CEL.—Si no la he ganado con mi lengua, no la he perdido con la intención.

MEL.—Tanto afirmas tu ignorancia, que me hazes creer lo que puede ser. Quiero, pues, en tu dubdosa desculpa tener la sentencia en peso[50], y no disponer de tu demanda al sabor de ligera interpretación. No tengas en mucho ni te maravilles de mi passado sentimiento, porque concurrieron dos cosas en tu habla, que qualquiera dellas era bastante para me sacar de seso: nombrarme esse tu cavallero, que comigo se atrevió a hablar, y también pedirme palabra sin más causa, que no se podía sospechar sino daño para mi honrra. Pero pues todo viene a buena parte, de lo passado aya perdón. Que en buena manera es aliviado mi coraçón, viendo que es obra pía y santa sanar los passionados y enfermos.

CEL.—¡Y tal enfermo, señora! Por Dios, si bien le conosciesses, no le juzgasses por el que has dicho y mostrado con

[48] Se trata de un eco del *Index* de las obras de Petrarca: "Veritatem solidam vulgaris aura non concutit" (*Vita solitaria*, II, iii 7A); Cf. Deyermond (1961: 145).

[49] Según Deyermond (1961: 147), se trata de un préstamo del *Index* de las obras de Petrarca: "Voluptatis magister unus in magno populo satis est" (*Rebus fam.*, 65 B).

* pidias

[50] ¿No están estas palabras de Melibea inspiradas en las de Diego de San Pedro: '... propiedad es de discretos... en lo que parece dudoso tener la sentencia en peso'"?; Cf. Castro Guisasola (1924: 184).

tu yra. En Dios y en mi alma no tiene hiel; gracias, dos mill; en franqueza, Alexandre; es esfuerço, Etor; gesto, de un rey; gracioso, alegre; jamás reyna en él tristeza. De noble sangre, como sabes. Gran justador; pues verle armado, un sant George. Fuerça y esfuerço, no tuvo Ercules tanta. La presencia y faciones, dispusición, desemboltura, otra lengua havía menester para las contar. Todo junto semeja ángel del cielo. Por fe tengo que no era tan hermoso aquel gentil Narciso, que se enamoró de su propia figura, quando se vido en las aguas de la fuente. Agora, señora, tiénele derribado una sola muela, que jamás cessa de quexar.

MEL.—¿Y qué tanto tiempo ha?

CEL.—Podrá ser, señora, de veynte y tres años[51]; que aquí está Celestina que le vido nascer y le tomó a los pies de su madre.

MEL.—Ni te pregunto esso ni tengo necessidad de saber su edad; sino qué tanto ha que tiene el mal.

CEL.—Señora, ocho días. Que parece que ha un año en su flaqueza. Y el mayor remedio que tiene es tomar una vihuela, y tañe tantas canciones y tan lastimeras, que no creo que fueran otras las que compuso aquel emperador y gran músico Adriano de la partida del ánima, por sofrir sin desmayo la ya vezina muerte[52]. Que aunque yo sé poco de música, parece que faze aquella vihuela fablar. Pues si acaso canta, de mejor gana se paran las aves a le oýr. que no aquel antico, de quien se dize que movía los árboles y piedras con su canto. Siendo este nascido no alabaran a Orfeo[53]. Mirá, señora, si una pobre vieja como yo, si se fallará dichosa en dar la vida a quien tales gracias tiene. Ninguna muger le vee que no alabe a Dios, que assí le pintó. Pues

---

[51] Menéndez Pelayo (1910/1961: 239, n. 1) pensaba que quizá Rojas pudo haber aludido a su propia edad al mencionar los años de Calisto.

[52] Deyermond (1961: 40) piensa que el pasaje está tomado del *Index* de las obras de Petrarca: "Adrianus Imperator tam vehementer musis intendebat: ut ne vicina morte lentesceret: versiculos de animae discessu aedidit". (*Rebus fam.*, 110 B).

[53] Según Deyermond (1961: 40, 41-2), aunque el punto de partida de Rojas fue la entrada de *Amphion* en el *Index* de las obras de Petrarca, la verdadera fuente de este pasaje es el texto del *De Rebus familiaribus* (8 C): "... nec fabulam Orphei vel Amphionis interseram: quorum ille baelvas immanes: hic arbores ac saxa cantu movisse: et quocunque vellet duxisse..." El texto de Petrarca deja muy en claro que se trata de alusiones diversas: *aquel antico* es Amphion, y no Orfeo, del que después se habla. Sin embargo el texto de Rojas mueve a confusión entre ambos músicos. La edición salmantina de Mathias Gast (1570) enmienda *antico* a *Amphion*, y le siguen otras ediciones.

si le habla acaso, no es más señora de sí de lo que él ordena. Y pues tanta razón tengo, juzgá, señora, por bueno mi propósito, mis passos saludables y vazíos de sospecha.

MEL.—¡O quánto me pesa con la falta de mi paciencia! Porque siendo él ignorante y tú ynocente havés padecido las alteraçiones de mi ayrada lengua. Pero la mucha razón me relieva de culpa, la qual tu habla sospechosa causó. En pago de tu buen sofrimiento, quiero complir tu demanda y darte luego mi cordón[54]. Y porque para escrivir la oración no havrá tiempo sin que venga mi madre, si esto no bastare, ven mañana por ella muy secretamente.

LUC.—¡Ya, ya perdida es mi ama! ¿Secretamente quiere que venga Celestina? ¡Fraude ay! ¡Más le querrá dar que lo dicho!

MEL.—¿Qué dizes, Lucrecia?

LUC.—Señora, que baste lo dicho, que es tarde.

MEL.—Pues, madre, no le des parte de lo que passó a ese cavallero, porque no me tenga por cruel o arrebatada o deshonesta.

LUC.—No miento *yo, que ¡mal va este fecho!

CEL.—Mucho me maravillo, señora Melibea, de la dubda que tienes de mi secreto. No temas que todo lo sé sofrir y encubrir. Que bien veo que tu mucha sospecha echó, como suele, mis razones a la más triste parte. Yo voy con tu cordón tan alegre, que se me figura que está diziéndole allá su coraçón la merced que nos heziste y que le tengo de hallar aliviado.

MEL.—Más haré por tu doliente, si menester fuere, en pago de lo sufrido.

CEL.—Más será menester y más harás, y aunque no se te agradezca.

MEL.—¿Qué dizes, madre, de agradescer?

CEL.—Digo, señora, que todos lo agradescemos y serviremos, y todos quedamos obligados. Que la paga más cierta es quando más la tienen de complir.

LUC.—¡Trastrócame essas palabras!

CEL.—¡Hija Lucrecia! ¡Ce! Yrás a casa y darte he una lexía con que pares essos cavellos más que oro. No lo digas a tu se-

---

[54] Eberwein (1933) ha señalado que, según la tradición medieval, la entrega del cordón por la dama implicaba su propia entrega, es decir, la de su amor. Es uno de los muchos casos en que la literatura medieval acoge motivos del cuento popular. Cf. Lida de Malkiel (1962: 219, n. 18).

* ya

ñora. Y aun darte he unos polvos para quitarte esse olor de la boca, que te huele un poco, que en el reyno no lo sabe fazer *otra sino yo, y no ay cosa que peor en la muger parezca.

LUC.—¡O! *Dios te dé buena vejez, que más necessidad tenía de todo esso que de comer.*

CEL.— *Pues, ¿por qué murmuras contra mí, loquilla? Calla, que no sabes si me avrás menester en cosa de más importancia. No provoques a yra a tu señora, más de lo que ella ha estado. Dáxame yr en paz.*

MEL.—¿Qué le dizes, madre?

CEL.—Señora, acá nos entendemos.

MEL.—Dímelo, que me enojo quando yo presente se habla cosa de que no aya parte.

CEL.—Señora, que te acuerde la oración, para que la mandes escribir, y que aprenda de mí a tener mesura en el tiempo de tu yra, en la qual yo usé lo que se dize: que del ayrado es de apartar por poco tiempo, del enemigo, por mucho[55]. Pues tú, señora, tenías yra con lo que sospechaste de mis palabras, no enemistad. Porque, aunque fueran las que tú pensavas, en sí no eran malas; que cada día ay hombres penados por mugeres y mugeres por hombres, y esto obra la natura, y la natura ordenóla Dios, y Dios no hizo cosa mala. Y assí quedava mi demanda, como quiera que fuesse, en sí loable, pues de tal tronco procede, y yo libre de pena. Más razones destas te daría, sino porque la prolixidad es enojosa al que oye y dañosa al que habla.

MEL.—En todo has tenido buen tiento, assí en lo poco hablar en mi enojo, como en el mucho sofrir.

CEL.—Señora, sofríte con temor porque te ayraste con razón. Porque con la yra morando poder, no es sino rayo. Y por esto passé tu rigurosa habla hasta que su almazén hoviesse gastado.

MEL.—En cargo te es esse cavallero.

CEL.—Señora, más merece. Y si algo con mi ruego para él he alcançado, con la tardança lo he dañado. Yo me parto para él, si licencia me das.

MEL.—Mientra más aýna la hovieras pedido, más de grado la hovieras recabdado. Ve con Dios, que ni tu mensaje me ha traýdo provecho, ni de tu yda me puede venir daño.

---

* otri
[55] Castro Guisasola (1924: 100) señala el posible origen de esta sentencia en uno de los *Proverbios de Séneca*: "Iratum breviter vites, inimicum diu".

V

ARGUMENTO DEL QUINTO AUTO

Despedida Celestina de Melibea, va por la calle hablando consigo mesma entre dientes. Llegada a su casa habló a Sempronio, que la aguardava. Ambos van hablando hasta llegar a casa de Calisto, y, vistos por Pármeno, cuéntale a Calisto su amo, el qual mandó abrir la puerta.

CEL.—¡O rigurosos trances! ¡O cruda osadía! ¡O gran sofrimiento! ¡Y qué tan cercana estuve de la muerte si mi mucha astucia no rigera con el tiempo las velas de la petición! ¡O amenazas de donzella brava! ¡O ayrada donzella! ¡O diablo a quien yo *conjuré, cómo compliste tu palabra en todo lo que te pedí! En cargo te soy. Assí amansaste la cruel hembra con tu poder y diste tan oportuno lugar a mi habla quanto quise, con la absencia de su madre. ¡O vieja Celestina! ¡Vas alegre! Sábete que la meytad está hecha, quando tienen buen principio las cosas. ¡O serpentino azeyte! ¡O blanco filado! ¡Cómo os parejastes todos en mi favor! ¡O! ¡Yo rompiera todos mis atamientos hechos y por fazer, ni creyera en yervas ni piedras ni en palabras! Pues alégrate, vieja, que más sacarás deste pleyto que de quinze virgos que renovaras. ¡O malditas haldas, prolixas y largas, cómo me estorváys de llegar adonde han de reposar mis nuevas! ¡O buena fortuna cómo ayudas a los osados[1], y a los *tímidos eres contraría! Nunca huyendo huyó la muerte al covarde[2]. ¡O quántas erra-

---

* cojure
[1] Rojas recuerda aquí el proverbial verso de Virgilio: "Audentes fortuna iuvat"; Cf. la nota 76 del acto I.
* timididos
[2] Se trata de una copia casi textual de un verso del *Laberinto de Fortuna*: "Fuyendo no fuye la muerte al cobarde", c. 149; Cf. Castro Guisasola (1924: 163).

ran en lo que yo he acertado! ¿Qué fizieran en tan fuerte estrecho estas nuevas maestras de mi oficio, sino responder algo a Melibea, por donde se perdiera quanto yo con buen callar he ganado! Por esto dizen: quien las sabe las tañe; y que es más cierto médico el esperimentado que el letrado; y la esperiencia y escarmiento haze los hombres arteros; y la vieja, como yo, que alce sus haldas al passar del vado, como maestra. ¡Ay cordón, cordón!, ¡Yo te faré traer por fuerça, si vivo, a la que no quiso darme su buena habla de grado!

SEM.—O yo no veo bien o aquella es Celestina. ¡Válala el diablo, haldear que trae! Parlando viene entre dientes.

CEL.—¿De qué te santiguas, Sempronio? Creo que en verme.

SEM.—Yo te lo diré. La raleza de las cosas es madre de la admiración; la admiración concebida en los ojos deciende al ánimo por ellos[3]; el ánimo es forçado descubrillo por estas esteriores señales. ¿Quién jamás te vido por la calle, abaxada la cabeça, puestos los ojos en el suelo y no mirar a ninguno, como agora? ¿Quién te vido hablar entre dientes por las calles y venir aguijando, como quien va a ganar beneficio? Cata que todo esto novedad es para se maravillar quien te conoce. Pero esto dexado, dime, por Dios, con qué vienes. Dime si tenemos hijo o hija. Que desde que dio la una te espero aquí, y no he sentido mejor señal que tu tardança.

CEL.—Hijo, essa regla de bovos no es siempre cierta, que otra hora me pudiera más tardar y dexar allá las narizes, y otras dos, narizes y lengua; y assí que, mientra más tardasse, más caro me costasse.

SEM.—Por amor mío, madre, no pases de aquí sin me lo contar.

CEL.—Sempronio amigo, ni yo me podría parar, ni el lugar es aparejado. Vete comigo, delante Calisto oyrás maravillas: que será desflorar mi embaxada comunicándola con muchos. De mi boca quiero que *sepa lo que se ha hecho, que aunque ayas de haver alguna partezilla del provecho, quiero yo todas las gracias del trabajo.

SEM.—¿Partezilla, Celestina? Mal me parece eso que dizes.

CEL.—Calla, *loquillo, que parte o partezilla, quanto tú

---

[3] Según Deyermond (1961: 40) se trata de un préstamo del *Index* de las obras de Petrarca: "Admiratio in animum descendit per oculos" (*De Remediis*, II 43B).

* sepas
* loquilo

quisieres te daré. Todo lo mío es tuyo. Gozémonos y aprovechémonos, que sobre el partir nunca reñiremos. Y también sabes tú quánta más necessidad tienen los viejos que los moços, mayormente tú, que vas a mesa puesta.

SEM.—Otras cosas he menester más de comer.

CEL.—¿Qué, hijo? Una dozena de agujetas y un torce[4] para el bonete, y un arco para andarte de casa en casa tirando a páxaros y aojando páxaras a las ventanas. *Mochachas digo, bovo, de las que no saben bolar, que bien me entiendes. Que no ay mejor alcahuete para ellas que un arco, que se puede entrar cada uno hecho mostrenco, como dizen: en achaque de trama... etc*[5]. Mas, ¡ay, Sempronio, de quien tiene de mantener honrra y se va haziendo vieja como yo!

SEM.—¡O lisonjera vieja! ¡O vieja llena de mal! ¡O cobdiciosa y avarienta garganta! También quiere a mí engañar como a mi amo, por ser rica. ¡Pues mala medra tiene! ¡No le arriendo la ganancia! Que quien con modo torpe sube en lo alto, más presto cae que sube. ¡O qué mala cosa es de conocer el hombre![6] Bien dizen que ninguna mercaduría ni animal es tan difícil. ¡Mala vieja, falsa, es ésta! ¡El diablo me metió con ella! Más seguro me fuera huyr desta venenosa bívora que tomalla[7]. Mía fue la culpa. Pero gane arto, que por bien o mal no negará la promessa.

CEL.—¿Qué dizes, Semprenio? ¿Con quién hablas? Viénesme royendo las haldas[8], ¿por qué no aguijas?

---

[4] Corominas (1954: s.v. *torcer*) cree que esta rara voz parece postverbal de *torcer*, y que probablemente significa 'eslabón'. Citando este momento de *La Celestina* (que aparece con fecha 1490?) discute el sentido de 'la vuelta o eslabón de alguna cadena o collar' que trae *Autoridades*, aduciendo que este diccionario confunde el vocablo con el latinismo *torques*. Sin embargo, es seguro que el texto aquí hace referencia a una prenda de adorno.

[5] "Con achaque de trama ¿está acá nuestra ama"; "En achaque de trama ¿viste acá a nuestra ama?"; *Vid*. Correas (1924: 350, 110).

[6] Para Deyermond (1961: 143) se trata de un eco del *Index* de las obras de Petrarca: "Animal nullum: nulla merx difficilior cognitu quam homo" (*De Remediis*, I, 50 G).

[7] Se trata de un calco del *Index* de las obras de Petrarca: "Animalia venenosa tutius est vitare quam capere" (*De Remediis*, II, Praef. G; II, 30C); Cf. Deyermond (1961: 41).

[8] Según Guillet (1943: III, 677, n. 229), la expresión debe leerse con el sentido de "murmuando por detrás"; su razonamiento es impecable, pero no creo que deba ser rechazada completamente la interpretación de 'caminar detrás y muy junto' a (Celestina).

SEM.—Lo que vengo diziendo, madre mía es que no me maravillo que seas mudable, que sigues el camino de las muchas. Dicho me avías que diferirías este negocio; agora vas sin seso por dezir a Calisto quanto passa. ¿No sabes que aquello es en algo tenido que es por tiempo desseado, y que cada día que él penase era doblarnos el provecho?

CEL.—El propósito muda el sabio; el nescio persevera[9]. A nuevo negocio, nuevo consejo se requiere[10]. No pensé yo, hijo Sempronio, que assí me respondiera mi buena fortuna. De los discretos mensajeros es fazer lo que el tiempo quiere. Assí que la calidad de lo fecho no puede encubrir tiempo dissimulado. Y más que yo sé que tu amo, según lo que dél sentí, es liberal y algo antojadizo. Más dará en un día de buenas nuevas que en ciento que ande penando y yo yendo y viniendo. Que los acelerados y súpitos plazeres crían alteración, la mucha alteración estorva el deliberar. Pues ¿en qué podrá parar el bien sino en bien, y el alto mensaje, sino en luengas albricias? Calla, bovo; dexa fazer a tu vieja.

SEM.—Pues dime lo que passó con aquella gentil donzella. Dime alguna palabra de su boca, que, por Dios, assí peno por sabella como mi amo penaría.

CEL.—¡Calla, loco! Altérasete la complesión. Yo lo veo en ti, que querrías más estar al sabor que al olor deste negocio. Andemos presto, que estará loco tu amo con mi mucha tardança.

SEM.—Y aun sin ella se lo está.

PÁR.—¡Señor, señor!

CAL.—¿Qué quieres, loco?

PÁR.—A Sempronio y a Celestina veo venir cerca de casa, faziendo paradillas de rato en rato, *y, quando están quedos, hazen rayas en el suelo con el espada. No sé que sea.*

CAL.—¡O desvariado, negligente! Veslos venir, ¿no puedes decir[11] corriendo a abrir la puerta? ¡O alto Dios! ¡O soberana deydad! ¿Con qué vienen? ¿Qué nuevas traen? Que tanta ha sido su tardança, que ya más esperava su venida que el fin de mi

---

[9] Según Cejador (1913/1968: 199) la sentencia procede de Cicerón: "Sapientis est mutare consilium"; aunque también se trata de un refrán popular que documenta Correas (1924: 95).

[10] También procede de Cicerón, según Castro Guisasola (1924: 60), esta frase del parlamento de Celestina: "Ad novos casus temporum, novorum consiliorum rationes" (*Pro lege Manilia*, XX).

[11] *dezir* y *abaxar*, ambos antiguos por "bajar"; Cf. Corominas (1954: s.v. *bajar*).

remedio. ¡O mis tristes oýdos! Aparejaos a lo que os viniere, que en su boca de Celestina está agora aposentado mi alivio o pena de mi coraçón. ¡O si en sueño se pasasse este poco tiempo hasta ver el principio y fin de su habla! Agora tengo por cierto que es más penoso al delinquente esperar la cruda y capital sentencia, que el acto de la ya sabida muerte. ¡O espacioso Pármeno, manos de muerto! Quita essa enojosa aldava; entrará essa honrrada dueña, en cuya lengua está mi vida.

CEL.—¿Oyes, Sempronio? De otro temple anda nuestro amo. Bien dificren estas razones a las que oýmos a Pármeno y a él la primera venida. De mal en bien me paresce que va. No ay palabra de las que dize, que no vale a la vieja Celestina más que una saya.

SEM.—Pues mira que entrango hagas que no ves a Calisto y hables algo bueno.

CEL.—Calla, Sempronio, que aunque aya aventurado mi vida, más meresce Calisto y su ruego y tuyo, y más mercedes espero yo dél.

VI

ARGUMENTO DEL SESTO AUTO

Entrada Celestina en casa de Calisto, con grande afición y desseo Calisto le pregunta de lo que le ha acontescido con Melibea. Mientras ellos están hablando, Pármeno, oyendo fablar a Celestina, de su parte contra Sempronio, a cada razón le pone un mote, reprendiéndolo Sempronio. En fin, la vieja Celestina le descubre todo lo negociado y un cordón de Melibea. Y despedida de Calisto, vase para su casa y con ella Pármeno.

CAL.—¿Qué dizes, señora y madre mía?

CEL.—¡O mi señor Calisto! ¿Y aquí estás? ¡O mi nuevo amador de la muy hermosa Melibea, y con mucha razón! ¿Con qué pagarás a la vieja, que oy ha puesto su vida al tablero por tu servicio? ¿Quál muger jamás se vido en tan estrecha afrenta como yo, que en tornallo a pensar se menguan y vazían todas las venas de mi cuerpo de sangre? Mi vida diera por menor precio que agora daría este manto raýdo y roto.

PÁR.—Tu dirás lo tuyo: entre col y col, lechuga. Sobido has un escalón; más adelante te espero a la saya. Todo para ti y no nada de que puedas dar parte. Pelechar quiere la vieja. Tú me sacarás a mí verdadero, y a mi amo loco. No le pierdas palabra, Sempronio, y verás como no quiere pedir dinero, porque es divisible.

SEM.—Calla, hombre desesperado, que te matará Calisto si te oye.

CAL.—Madre mía, abrevia tu razón, o toma esta espada y mátame.

PÁR.—¡Temblando está el diablo como azogado! No se puede tener en sus pies; su lengua le quería prestar para que fablasse presto; no es mucha su vida; luto *havremos de medrar destos amores.

CEL.—¿Espada, señor o qué? ¡Espada mala mate a tus enemigos y a quien mal te quiere! Que yo la vida *te quiero dar, con buena esperança que traygo de aquella que tú más amas.

CAL.—¿Buena esperança, señora?

CEL.—Buena se puede dezir, pues queda abierta puerta para mi tornada. Y antes me recibirá a mí con esta saya rota, que a otro con seda y brocado.

PÁR.—Sempronio, cóseme esta boca, que no lo puedo sofrir. ¡Encaxado ha la saya!

SEM.—¡Callarás, par Dios, o te echaré dende con el diablo! Que si anda rodeando su vestido haze bien, pues tiene dello necessidad. Que el abad, de do canta de allí viste.

PÁR.—Y aun viste como canta. Y esta puta vieja querría en un día, por tres passos, desechar todo el pelo malo[1], quanto en cincuenta años no ha podido medrar.

SEM.—¿Y todo esso es lo que te castigó[2], y el conocimiento que os teníades, y lo que te crió?

PÁR.—Bien sofriré más que pida y pele; pero no todo para su provecho.

SEM.—No tiene otra tacha sino ser cobdiciosa; pero déxala varde[3] sus paredes, que después vardará las nuestras, o en mal punto nos conoció.

CAL.—Dime, por Dios, señora, ¿qué fazía? ¿Cómo entraste? ¿Qué tenía vestido ¿A qué parte de casa estava? ¿Qué cara te mostró al principio?

CEL.—Aquella cara, señor, que suelen los bravos toros mostrar contra los que lançan las agudas frechas en el coso; la que los monteses puercos contra los sabuesos que mucho los aquexan.

CAL.—¿Y a essas llamas señales de salud? Pues ¿quáles serían

---

* haremos
* de
[1] Cf. la nota 13 del acto I.
[2] Aquí con el sentido medieval de 'aconsejar'; Cf. Aut (1737: ss.vv. *castigar* y *castigo*).
[3] De *bardar*, 'poner barda': cubierta de sarmientos, paja, espinos o broza, que se pone, asegurada con tierra o piedras, sobre las tapias de los corrales, huertas y heredades, para su resguardo'; *Vid.* Acad (1970: ss.vv. *bardar* y *barda*); aquí, claro está, en sentido metafórico.

mortales? No por cierto la misma muerte; que aquélla alivio
sería en tal caso deste mi tormento, que es mayor y duele más.

SEM.—¿Estos son los fuegos pasados de mi amo? ¿Qué es
esto? ¿No ternía este hombre sofrimiento para oýr lo que
siempre ha deseado?

PÁR.—¡Y que calle yo, Sempronio! Pues, si nuestro amo te
oye, tan bien te castigaría a ti como a mí.

SEM.—¡O mal fuego te abrase! Que tú fablas en daño de
todos, y yo a ninguno ofendo. ¡O! ¡Intolerable pestilencia y
mortal te consuma, rixoso, embidioso, maldito! ¿Toda esta es la
amistad que con Celestina y comigo havías concertado? ¡Vete
de aquí a la mala ventura!

CAL.—Si no quieres, reyna y señora mía, que desespere y
vaya mi ánima condenada a perpetua pena oyendo essas cosas,
certifícame brevemente si hovo buen fin tu demanda gloriosa, y
la cruda y rigurosa muestra de aquel gesto angélico y matador.
Pues todo esso más es señal de odio que de amor.

CEL.—La mayor gloria que al secreto oficio de la abeja se da,
a la qual los discretos deven imitar, es que todas las cosas por
ella tocadas convierte en mejor de lo que son. Desta manera
me he havido con las zahareñas razones y esquivas de Melibea. Todo su rigor traygo convertido en miel, su yra en mansedumbre, su aceleramiento en sosiego. Pues ¿a qué piensas
que yva allá la vieja Celestina, a quien tú, demás de tu
merecimiento, magníficamente galardonaste, sino ablandar su
saña, sofrir su acidente, a ser escudo de tu absencia, a recebir en
mi manto los golpes, los desvíos, los menosprecios, desdenes,
que muestran aquellas en los principios de sus requerimientos
de amor, para que sea después en más tenida su dádiva? Que a
quien más quieren, peor hablan. Y si assí no fuesse, ninguna
diferencia havría entre las públicas que aman, a las escondidas
donzellas, si todas dixessen sí a la entrada de su primer reque-
rimiento, en viendo que de alguno eran amadas. Las quales,
aunque estén abrasadas y encendidas de vivos fuegos de amor,
por su honestidad muestran un frío esterior, un sosegado vulto,
un aplazible desvío, un constante ánimo y casto propósito, unas
palabras agras, que la propia lengua se maravilla del gran
sofrimiento suyo, que la fazen forçosamente confessar el
contrario de lo que sienten. Assí que, para que tu descanses y
tengas reposo, mientra te contare por estenso el proceso de mi
habla y la causa que tuve para entrar, sabe que el fin de su razón
y habla fue muy bueno.

CAL.—Agora, señora, que me has dado seguro para que ose esperar todos los rigores de la respuesta, di quanto mandares y como quisieres, que yo estaré atento. Ya me reposa el coraçón, ya descansa mi pensamiento, ya reciben las venas y recobran su perdida sangre, ya he perdido temór, ya tengo alegría. Subamos, si mandas, arriba. En mi cámara me dirás por estenso lo que aquí he sabido en suma.

CEL.—Subamos, señor.

PÁR.—*¡O sancta María! ¡Y qué rodeos busca este loco por huyr de nosotros, para poder llorar a su plazer con Celestina de gozo, y por descubrirle mill secretos de su liviano y desvariado apetito, por preguntar y responder seys vezes cada cosa, sin que esté presente quien le pueda dezir que es prolixo! Pues mándote yo⁴, desatinado, que tras ti vamos.*

CAL.—*Mirá, señora, qué fablar trae Pármeno; cómo se viene santiguando de oýr lo que has hecho con tu gran diligencia. Espantado está, por mi fe, señora Celestina. Otra vez se santigua. Sube, sube, sube y* asiéntate, señora, que de rodillas quiero escuchar tu suave respuesta. Y dime luego: la causa de tu entrada ¿qué fue?

CEL.—Vender un poco de hilado, con que tengo caçadas más de treynta de su estado, si a Dios ha plazido, en este mundo, y algunas mayores.

CAL.—Esso será de cuerpo, madre; pero no de gentileza, no de estado, no de gracia y discreción, no de linaje, no de presunción con merecimiento, no en virtud, no en habla.

PÁR.—Ya escurre eslavones el perdido, ya se desconciertan sus badajadas. Nunca da menos de doze; siempre está hecho relox de mediodía. Cuenta, cuenta, Sempronio, que estás desbavando oyéndole a él locuras y a ella mentiras.

SEM.—¡Maldiziente venenoso! ¿Por qué cierras las orejas a lo que todos los del mundo las aguzan, hecho serpiente que huye la boz del encantador?⁵ Que sólo por ser de amores estas razones, aunque mentiras, las havías de escuchar con gana.

CEL.—Oye, señor Calisto, y verás tu dicha y mi solicitud qué obraron. Que, en començando yo a vender y poner en precio mi

---

⁴ Léase con el sentido antiguo de 'prometer': *prométote;* Cf. Aut (1737: s.v. *mandar).*

⁵ Castro Guisasola (1924: 105) anota aquí un recuerdo del salmo 75: "Furor illius secundum similitudinem serpentis, sicut aspidis surdae et obturantis aures, quae non exaudiet vocem incantantium et benefici incantantis sapienter".

hilado, fue su madre de Melibea llamada para que fuesse a visitar una hermana suya enferma. Y como le fuesse necessario absentarse, dexó en su lugar a Melibea para...

CAL.—¡O gozo sin par! ¡O singular oportunidad! ¡O oportuno tiempo! ¡O, quién estuviera allí debaxo de tu manto, escuchando qué hablaría sola aquella en quien Dios tan estremadas gracias puso!

CEL.—¿Debaxo de mi manto dizes? ¡Ay, mezquina! Que fueras visto por treynta agujeros que tiene, si Dios no le mejora.

PÁR.—Sálgome fuera, Sempronio. Ya no digo nada: escúchatelo tú todo. Si este perdido de mi amo no midiesse con el pensamiento quántos pasos ay daquí a *casa de Melibea, y contemplase en su gesto, y considerasse cómo estaría haviniendo el hilado, todo el sentido puesto y ocupado en ella, él vería que mis consejos le eran más saludables que estos engaños de Celestina.

CAL.—¿Qué es esto, moços? Estó yo escuchando atento, que me va la vida; vosotros susur[r]áys como soléys, por fazerme mala obra y enojo. Por mi amor, que calléys: morirés de plazer con esta señora, según su buena diligencia. Di, señora; ¿qué fiziste quando te viste sola?

CEL.—Recebí, señor, tanta alteración de plazer, que qualquiera que me viera me lo conosciera en el rostro[6].

CAL.—Agora la rescibo yo; quanto más quien ante sí contemplava tal ymagen. ¡Enmudescerías con la novedad incogitada!

CEL.—Antes me dio más osadía a hablar lo que quise verme sola con ella. Abrí mis entrañas, díxele mi embaxada: cómo penavas tanto por una palabra de su boca salida en favor tuyo, para sanar un grand dolor. Y como ella estuviesse suspensa mirándome, espantada del nuevo mensaje, escuchando fasta ver quién podía ser el que assí por necessidad de su palabra penava, o a quien pudiesse sanar su lengua, en nombrando tu nombre atajó mis palabras, diose en la frente una grand palmada, como quien cosa de grande espanto hoviesse oýdo, diziendo que cessasse mi habla y me quitasse delante, si quería no hazer a sus

---

* caso

[6] La lectura de estas palabras trae a Castro Guisasola (1924: 163) el recuerdo de los siguientes versos de los *Pecados Mortales* (c. 27), de Mena: "Alteróme de manera/ la su disforme vysión/ que mi grande alteración/ cualquiera la conosciera". ¿Es necesario suponer esta fuente?

servidores verdugos de mi postremería, ( )[7] agravando mi
osadía, llamándome hechizera, alcahueta, vieja falsa, *barbuda,
malhechora*, y otros muchos inominiosos nombres, con cuyos
títulos se asombran los niños *de cuna. ( )[8] Y empós desto
mill amortescimientos y desmayos, mill milagros y espantos,
turbado el sentido, bulliendo fuertemente los miembros todos a
una parte y a otra, herida de aquella dorada frecha, que del
sonido de tu nombre le tocó[9], retorciendo el cuerpo, las manos
enclavijadas como quien se despereza, que parecía que las
despedaçava, mirando con los ojos a todas partes, acoceando
con los pies el suelo duro. Y yo, a todo esto, arrinconada,
encogida, callando, muy gozosa con su ferocidad. Mientra más
vasqueava, más yo me alegrava, porque más cerca estava el
rendirse y su cayda. Pero entre tanto que gastava aquel
espumajoso almazén su yra, yo no dexava mis pensamientos
estar vagos ni ociosos, de manera que tuve tiempo para salvar
lo dicho.*

CAL.—Esso me di, señora madre. Que yo he rebuelto en mi
juyzio mientra te escucho, y no he fallado desculpa que buena
fuesse ni conveniente, con que lo dicho se cubriesse ni colorasse,
sin quedar terrible sospecha de tu demanda. Porque conozca tu
mucho saber, que en todo me pareces más que muger: que como
su respuesta tú pronosticaste, proveýste con tiempo tu réplica.
¿Qué más hazía aquella tusca Adeleta, cuya fama, siendo tú viva,
se perdiera? La qual tres días ante de su fin pronunció la muerte
de su viejo marido y de dos fijos que tenía[10]. Ya creo lo que dizes:

---

[7] Aquí el texto de la *Comedia* dice: "Yo que en este tiempo no dexava mis
pensamientos vagos ni ociosos, viendo quanto almazén gastava su yra".

[8] en la *Comedia*: "... tuve lugar de salvar lo dicho".

[9] Lida de Malkiel (1962: 436) ha señalado que aquí Rojas combina el motivo del
nombre como estímulo de confesión, procedente de Eurípides, con el motivo
ovidiano de la flecha de oro y la flecha de plomo. Así dice Ovidio en su
Metamorfosis (I, vv. 468 y ss.): "duo tela.../ diversorum operum: fugat hoc, facit
illud amorem;/ quod facit auratum est et cuspide fulget acuta/ quod fugat obtusum
est et habet sub harundine plumbum". Lida de Malkiel también cita la paráfrasis de
estos versos que recoge el *Tratado del amor*, atribuido a Mena: "E dezían que al que
este dios fería con la frecha dorada, siempre le crescía el deseo de amar. E al que
fería con la frecha de plomo, más le crescía aborresçer a quien le amase"; ahora
puede leerse en magnífica edición de Gutiérrez Araus (1975).

[10] La fuente de estas palabras de Calisto es el texto del *De Rebus memorandis*
(IV, iv 9A) de Petrarca. Deyermond (1961: 39-40, 43) que es quien señala esta
fuente, pensó primero en el *Index* de las obras, que lee así: "Adelecta ex nobili

que el género flaco de las hembras es más apto para las prestas
cautelas que [el] de los varones.

CEL.—¿Qué, señor? Dixe que tu pena era mal de muelas, y que
la palabra que della querría era una oración que ella sabía, muy
devota para ellas.

CAL.—¡O maravillosa astucia! ¡O singular muger en su oficio!
¡O cautelosa hembra! ¡O melezina presta! ¡O discreta en
mensajes! ¿Quál humano seso bastara a pensar tan alta manera
de remedio? De cierto creo, si nuestra edad alcançara aquellos
passados Eneas y Dido, no trabajara tanto Venus para traer a su
fijo al amor de Elisa, haziendo tomar a Cupido ascánica forma
para le engañar. Antes, por evitar prolixidad, pusiera a ti por
medianera[11]. Agora doy por bien empleada mi muerte, puesta en
tales manos, y creeré que si mi desseo no hoviere efeto qual
querría, que no se pudo obrar más según natura, en mi salud.
¿Qué os paresce, moços? ¿Qué más se pudiera pensar? ¿Ay tal
muger nascida en el mundo?

CEL.—Señor, no atajes mis razones; déxame dezir, que se va
haziendo noche. Ya sabes; quien mal haze aborrece claridad[12], y
yendo a mi casa podré haver algún mal encuentro.

CAL.—¿Qué, qué? Sí, que hachas y pajes ay que te acompañen.

PÁR.—¡Sí, sí, porque no fuercen a la niña! Tú yrás con ella,
Sempronio, que ha temor de los grillos que cantan con lo escuro.

CAL.—¿Dizes algo, hijo Pármeno?

PÁR.—Señor, que yo y Sempronio será bueno que la acompañemos hasta su casa, que haze mucho escuro.

CAL.—Bien dicho es. Después será. Procede en tu habla, y
dime qué más passaste. ¿Qué te respondió a la demanda de la
oración?

_____

tucorum sanguine femina: tam astrorum studio quam magicis artibus venturi
praescia: tam viro quam natis diem mortis tribus versiculis praenunciavit", pero
Calisto menciona a los _dos_ hijos de la profetisa toscana, y esa mención sólo se
encuentra en el texto mismo: en efecto, Adelecta, en el instante de su muerte
anunció a sus hijos Eternio y Albricio el porvenir que les esperaba.

[11] La referencia a la _Eneida_ es sumamente clara, como ya señaló Menéndez
Pelayo: "At Cytherea novas artes, nova pectore versat/ Consilia: ut faciem mutatus
et ora Cupido/ Pro dulci Ascanio veniat donisque furentem/ Incendat Reginam,
atque ossibus implicet ignem" (I, vv. 661 y ss.). Lo que quiere decir aquí Calisto,
encareciendo los méritos de Celestina, es que, si ésta hubiera estado allí, Venus no
hubiese tenido que recurrir al engaño de hacer tomar a Cupido la forma de Ascanio
para provocar el amor de la reina.

[12] San Juan (III,20): "Qui male agit, odit lucem"; Cf. Cejador (1913/1968: 216) y
Lida de Malkiel (1962: 512).

CEL.—Que la daría de su grado.

CAL.—¿De su grado? ¡O Dios mío, qué alto don!

CEL.—Pues más le pedí.

CAL.—¿Qué, mi vieja *honrrada?

CEL.—Un cordón que ella trae contino ceñido; diziendo que era provechoso para tu mal, porque havía tocado muchas reliquias.

CAL.—Pues, ¿qué dixo?

CEL.—¡Dame albricias! Dezírtelo he.

CAL.—¡O, por Dios, toma toda esta casa y quanto en ella ay y dímelo! O pide lo que querrás.

CEL.—Por un manto que tú le des a la vieja, te dará en tus manos el mesmo que en su cuerpo ella trayá.

CAL.—¿Qué dizes de manto? Y saya y quanto tengo[13].

CEL.—Manto he menester, y este terné yo en harto. No te alargues más, no pongas sospechosa duda en mi pedir. Que dizen que ofrescer mucho al que poco pide es especie de negar[14].

CAL.—Corre, Pármeno, llama a mi sastre; y corte luego un manto y una saya de aquel contray[15], que se sacó para frisado.

PÁR.—¡Assí, assí! A la vieja todo, por que venga cargada de mentiras como abeja, y a mí que me arrastren[16]. Tras esto anda ella oy todo el día con sus rodeos.

---

* hdnrrada

[13] Casas Homs (1953: 161) piensa que esta parte del diálogo entre Calisto y Celestina (CAL.—Pues, ¿qué dixo?... CAL.—...Y saya y quanto yo tengo) debe mucho al siguiente pasaje del *Poliodorus*: POL.—Nullum ego statuo satis te dignum munus; omnem tibi ego facultatem in primum trado meam pro tanta hac re si felix prosequatur exitus. CALIM.—Nichil ego abs te posco, neque quicquam velim nisi rem ad finem optatum perduxero, atque non tuas omnes requiram divitias quanquam tam habunde polliceris. POL.—Nunc etiam quid cupias premii stipulare. CALIM.—Renonem ad pellendam futuram hiemem tantum posco"; pero Lida de Malkiel (1962: 359), con sano juicio, se muestra escéptica a la par que señala un pasaje similar en el *Pamphilus* (v. 329 y ss.).

[14] Según Deyermond (1961: 73), las palabras de Celestina derivan de la *Epistola* de Petrarca: "Scimus ergo: quia petenti modicum immensa porrigere: species est negandi" (Ep. 101 B 12-3).

[15] Se trata de un fino paño flamenco tejido en Contray; *Vid.* Cejador (1913/1968: 218).

[16] Para Singleton (1968: 273, n. 74), la expresión de Pármeno no puede ser tomada en sentido literal, sino con el sentido de 'ella lo tiene todo y yo vivo en mi pobreza'. Su razonamiento parte de la equivalencia semántica entre *arrastrado, andar arrastrado, vivir arrastrado*, y lo que en palabras de Correas es "el afán y trabajo con que uno vive por miseria o enfermedad y ganando la vida".

CAL.—¡De qué gana va el diablo! No ay cierto tan mal servido hombre como yo, manteniendo moços adevinos, reçongadores, enemigos de mi bien. ¿Qué vas, vellaco, rezando? Embidioso, ¿qué dizes, que no te entiendo? Ve donde te mando presto y no me enojes, que harto basta mi pena para me acabar. Que también havrá para ti sayo en aquella pieça.

PÁR.—No digo, señor, otra cosa sino ques tarde para que venga el sastre.

CAL.—¿No digo yo que adevinas? Pues quédese para mañana. Y tú, señora, por amor mío te sufras, que no pierde lo que se dilata. Y mándame mostrar aquel sancto cordón, que tales miembros fue digno de ceñir. ¡Gozarán mis ojos con todos los otros sentidos, pues juntos han sido apassionados! ¡Gozará mi lastimado coraçón, aquel que nunca recibió momento de plazer después que aquella señora conosció! Todos los sentidos le llegaron, todos acorrieron a él con sus esportillas de trabajo. Cada uno le lastimó quanto más pudo: los ojos en vella, los oýdos en oýlla, las manos en tocalla.

CEL.—¿Qué la has tocado dizes? Mucho me espantas.

CAL.—Entre sueños, digo.

CEL.—¿En sueños?

CAL.—En sueños la veo tantas noches[17], que temo me acontezca como a Alcibíades o a Sócrates, que el uno soñó que se veýa embuelto en el manto de su amiga; y otro día matáronle, y no hovo quien le alçase de la calle ni cubriesse, sino ella con su manto[18]. El otro vía que le llamavan por nombre, y murió dende a tres días[19]. Pero en vida o en muerte, alegre me será vestir su vestidura.

---

[17] Casas Joms (1953) piensa que el tocar Calisto a Melibea en sueños es una derivación clara del *Poliodorus*, donde se lee: "Magna quippe vis est amoris; totam hanc noctem cum Clymestra contrivi, rem totam dormiens egi: osculatus sum illam potitusque", pero aparte de que aquí es el joven quien recibe las caricias de Clymestra, hay otros muchos textos donde se da parecida situación; Lida de Malkiel (1962: 556) ha señalado, a propósito de este pasaje, unos versos del *Roman de la Rose*: "Lors comenceras a plorer,/ E diras: Deus, ai je songié?", que guardan curiosa analogía con varios momentos de Calisto.

[18] Se trata de un préstamo del *Index* de las obras de Petrarca: "Alcibiades occisus nullo miserante insepultus iacens amicae obvolutus est amiculo ut prius somniaverat" (*De Rebus memorandis*, IV, iii, 29); Cf. Deyermond (1961: 143).

[19] Es muy claro que la expresión *el otro* hace referencia a Sócrates; la fuente del *exemplum* es también Petrarca, según señala Deyermond (1961: 78-9), pero esta vez Rojas acudió al texto del *De Rebus memorandis*, pues la entrada Sócrates del *Index*

CEL.—Asaz tienes pena, pues quando los otros reposan en sus camas, preparas tú el trabajo para sofrir otro día. Esfuérçate, señor, que no hizo Dios a quien desamparasse. Da espacio a tu desseo. Toma este cordón, que si yo no me muero, yo te daré a su ama.

CAL.—¡O nuevo huésped! ¡O bienaventurado cordón, que tanto poder y merescimiento toviste de ceñir aquel cuerpo, que yo no soy digno de servir! ¡O ñudos de mi pasión[20], vosotros enlazastes mis deseos! ¡Dezidme si os hallastes presentes en la desconsolada respuesta de aquella a quien vosotros servís y yo adoro y, por más que trabajo noches y días, no me vale ni aprovecha!

CEL.—Refrán viejo es: quien menos procura, alcança más bien. Pero yo te haré procurando conseguir lo que siendo negligente no havrías. Consuélate, señor, que en una hora no se ganó Çamora; pero no por esso desconfiaron los combatientes.

CAL.—¡O desdichado! Que las cibdades están con piedras cercadas, y a piedras, piedras las vencen. Pero esta mi señora tiene el coraçón de azero. No ay metal que con él pueda, no ay tiro que le melle. Pues poned escalas en su muro: unos ojos tiene con que echa saetas, una lengua llena de reproches y desvíos, el asiento tiene en parte que a media legua no le pueden poner cerco.

CEL.—Calla, señor, que el buen atrevimiento de un solo

---

no satisface como fuente del pasaje de *La Celestina*: "Socrates dum carcere clauderetur tertia se luce moriendum praevidit" es lo que se lee en el *Index*, mientras que el texto añade: "...et nomine apellantem..." (Iv, iii. 30) que es clave para el parlamento de Calisto. Unir así los *exempla* de Alcibíades y de Sócrates es de la cosecha de Rojas, pues Petrarca los trae en capítulos distintos aunque contiguos. Algunas ediciones antiguas, entre ellas P 1514, suprimen todo lo relativo a Sócrates, episodio que en realidad tiene poco que ver con el cordón de la amada, que inspira en Calisto el recuerdo de Alcibíades.

[20] Para Lida de Malkiel (1962: 368-9), el que los nudos del cordón de Melibea se le transfiguren a Calisto en los nudos de su pasión es "una referencia transparente a una piadosa costumbre varias veces atestiguada en la literatura del siglo XV"; cita a Alvarez Gato: "Porque el Viernes Santo vido a su amiga hazer los nudos de la Passión en un cordón de seda", a Tapia: "Porque demandó a su amiga unos nudos de la Passión", y a Antón de Montoro: "con gran devoción contados/ y rezados/ los nudos de la Pasión". La palatalización de la nasal —*ñudos*— no es nada rara en español medieval; Cf. Corominas (1954: s.v. *nudo*) para quien *ñudo* es causado por el influjo de *añudar* (*annodare*).

hombre ganó a Troya[21]. No desconfíes que una muger puede ganar otra. Poco has tratado mi casa: no sabes bien lo que yo puedo.

CAL.—Quanto dixeres, señora, te quiero creer, pues tal joya como ésta me truxiste. ¡O gloria y ceñidero de aquella angélica cintura! Yo te veo y no lo creo[22]. ¡O cordón, cordón! ¿Fuísteme tú enemigo?[23] Dilo cierto. Si lo fuiste, yo te perdono, que de los buenos es propio las culpas perdonar. No lo creo: que si fueras contrario no vinieras tan presto a mi poder, salvo si vienes a desculparte. Conjúrote me respondas, por la virtud del gran poder que aquella señora tiene sobre mí.

CEL.—Cessa ya, señor, ese devanear, que a mí tienes cansada de escucharte y al cordón, roto de tratarlo.

CAL.—¡O mezquino de mí! Que asaz bien me fuera del cielo otorgado, que de mis braços fueras fecho y texido, no de seda como eres, porque ellos gozaran cada día de rodear y ceñir con devida reverencia aquellos miembros que tú, sin sentir ni gozar de la gloria, siempre tienes abraçados[24]. ¡O qué secretos havrás visto de aquella excelente ymagen!

CEL.—Más verás tú y con más sentido, si no lo pierdes fablando lo que fablas.

CAL.—Calla, señora, que él y yo nos entendemos. ¡O mis ojos! Acordaos como fuistes causa y puerta por donde fue mi coraçón llagado, y que aquél es visto fazer el daño que da la causa. Acordaos que soys debdores de la salud. Remirá la melezina que os viene hasta casa.

---

[21] Nuevamente la alusión es a la *Eneida* (1,2) donde se cuenta la caída de Troya; el atrevimiento de un solo hombre se refiere, según Cejador (1913/1968: 221), al pérfido Sinon, que engañó a los troyanos sobre la huida de los griegos y sobre el famoso caballo: "Talibus insidiis periurique arte Sinonis/ credita res".

[22] Lida de Malkiel (1962: 267) ve en esta expresión un recuerdo del *Diálogo del Viejo, el Amor y la Hermosa*, posiblemente del mismo Cota (c. 57e): "yo te veo y no lo creo".

[23] A Castro Guisasola (1924: 182) le parece que estas palabras de Calisto recuerdan mucho los versos de una composición "a unos guantes que le dio una señora" (*Cancionero General de Hernando del Castillo*, Apéndice: 126), de Costana: "Como me tratan allí/ sé que soys buenos testigos;/ quiero's preguntar, dezí:/ ¿Fuésteme nunca enemigos?/ ¿Rogaste nunca por mí?".

[24] Castro Guisasola (1924: 182) vuelve a recordar aquí unos versos de Costana compuestos "a un cordón que le dio una dama" (*Cancionero General de Hernando del Castillo*, Apéndice: 126), que dicen así: "Si fueras por mi ventura/ de mis tristes braços fecho,/ tu vida fuera segura;/ yo gozara del provecho/ de ceñir la tu cintura".

SEM.—Señor, por holgar con el cordón, no querrás gozar de Melibea.

CAL.—¿Qué? ¡Loco, desvariado, atajasolazes! ¿Cómo es esso?

SEM.—Que mucho fablando matas a ti y a los que te oyen. Y assí que perderás la vida o el seso. Qualquiera que falte basta para quedarte ascuras. Abrevia tus razones; darás lugar a las de Celestina.

CAL.—¿Enójote, madre, con mi luenga razón, o está borracho este moço?

CEL.—Aunque no lo esté deves, señor, cessar tu razón, dar fin a tus luengas querellas, tratar al cordón como cordón, porque sepas fazer diferencia de habla quando con Melibea te veas. No haga tu lengua yguales la persona y el vestido.

CAL.—¡O mi señora, mi madre, mi consoladora! Déjame gozar con este mensajero de mi gloria. ¡O lengua mía! ¿Por qué te impides en otras razones, dexando de adorar presente la excelencia de quien por ventura jamás verás en tu poder? ¡O mis manos! ¡Con qué atrevimiento, con quán poco acatamiento tenéys y tratáys la triaca de mi llaga! Ya no podrán empecer las yervas, que aquel crudo casquillo trava embueltas en su aguda punta. Seguro soy, pues quien dio la herida la cura. ¡O tú, señora, alegría de las viejas mugeres, gozo de las moças, descanso de los fatigados como yo! No me fagas más penado con tu temor, que faze mi vergüença. Suelta la rienda a mi contemplación, déxame salir por las calles con esta joya, porque los que me vieren sepan que no ay más bienandante hombre como yo.

SEM.—No afistoles tu llaga cargándola de más desseo. No es, señor, el solo cordón del que pende tu remedio.

CAL.—Bien lo conozco; pero no tengo sofrimiento para me abstener de adorar tan alta empresa[25].

CEL.—¿Empresa? Aquella es empresa que de grado es dada; pero ya sabes que lo hizo por amor de Dios para guarecer tus *muelas, no por el tuyo, para cerrar tus llagas. Pero si yo vivo, ella bolverá la hoja.

CAL.—¿Y la oración?

CEL.—No se me dio por agora.

CAL.—¿Qué fue la causa?

---

[25] Aquí con el sentido antiguo de 'insignia', 'prenda de que se hace alarde'; Cf. Corominas (1954: s.v. *prender*).
    * mueles

CEL.—La brevedad del tiempo; pero quedó que si tu pena no afloxase, que tornasse mañana por ella.

CAL.—¿Afloxar? Entonce afloxará mi pena quando su crueldad.

CEL.—Asaz, señor, basta lo dicho y fecho. Obligada queda, segund lo que mostró, a todo lo que para esta enfermedad yo quisiere pedir, según su poder. Mira, señor, si esto basta para la primera vista. Yo me voy. Cumple, señor, que si salieres mañana, lleves reboçado un paño, porque si della fueres visto, no acuse de falsa mi petición.

CAL.—Y aun quatro por tu servicio. Pero dime, par Dios, ¿passó más? Que muero por oýr palabras de aquella dulce boca. ¿Cómo fueste tan osada que, sin la conoscer, te mostraste tan familiar en tu entrada y demanda?

CEL.—¿Sin la conoscer? Quatro años fueron mis vezinas. Tractava con ellas, hablava y reýa de día y de noche. Mejor me conosce su madre que a sus mismas manos, aunque Melibea se ha fecho grande, muger discreta, gentil.

PÁR.—Ea, mira, Sempronio, qué te digo al oýdo.

SEM.—Dime, ¿qué dizes?

PÁR.—Aquel atento escuchar de Celestina da materia de alargar en su razón a nuestro amo. Llégate a ella, dale del pie, hagámosle de señas que no espere más, sino que se vaya. Que no hay tan loco hombre nacido, que solo mucho hable.

CAL.—¿Gentil dizes, señora, que es Melibea? Paresce que lo dizes burlando. ¿Ay nascida su par en el mundo? ¿Crió Dios otro mejor cuerpo? ¿Puédense pintar tales faciones, dechado de hermosura? Si oy fuera viva Elena, por quien tanta muerte hovo de griegos y troyanos, o la hermosa Pulicena, todas obedescerían a esta señora por quien yo peno. Si ella se hallara presente en aquel debate de la mançana con las tres diosas, nunca sobrenombre de discordia le pusieran; porque sin contrariar ninguna, todas concedieran y vivieran conformes en que la llevara Melibea. Assi que se llamara mançana de la concordia. Pues quantas oy son nascidas, que della tengan noticia, se maldizen querellan a Dios, porque no se acordó dellas, quando a esta mi señora fizo. Consumen sus vidas, comen sus carnes con embidia, danles siempre crudos martirios, pensando con artificio ygualar con la perfición, que sin trabajo dotó a ella natura. Dellas pelan sus cejas con tenazicas y pegones y cordelejos; dellas, buscan las doradas yervas, raýzes, ramas y flores para hazer lexías, con que sus cabellos semejasen a los della, las caras martillando, envistiéndolas en diversos matizes con ungüentos y unturas, aguas fuertes, posturas blancas y coloradas, que por evitar prolixidad no las cuento. Pues la que todo esto falló fecho, mirá si merece de un triste hombre como yo ser servida.

CEL.—Bien te entiendo, Sempronio. Déxale, que él caerá de su asno. Ya acaba.

CAL.—En la que toda la natura se remiró por la fazer perfeta. Que las gracias que en todas repartió, las juntó en ella[26]. Allí hizieron alarde quanto más acabadas pudieron allegarse, porque conociessen los que la viessen quánto era la grandeza de su primor. Sólo un poco de agua clara[27] con un ebúrneo peyne basta para exceder a las nacidas en gentileza. Estas son sus armas, con estas mata y vence, con estas me cativó, con estas me tiene ligado y puesto en dura cadena.

CEL.—Calla y no te fatigues. Que más aguda es la lima que yo tengo, que fuerte esta cadena que te atormenta. Yo la cortaré con ella, porque tú quedes suelto. Por ende, dame licencia, que es muy tarde, y déxame llevar el cordón, porque tengo dél necessidad.

CAL.—¡O desconsolado de mí! La fortuna adversa me sigue junta. Que contigo o con el cordón, o con entramos, quisiera yo estar acompañado esta noche luenga y escura. Pero, pues no ay bien complido en esta penosa vida, venga entera la soledad. ¡Moços! ¡Moços!

PÁR.—¿Señor?

CAL.—Acompaña a esta séñora hasta su casa, y vaya con ella tanto plazer y alegría, quanto comigo queda *tristeza y soledad.

CEL.—Quede, señor, Dios contigo. Mañana será mi buelta, donde mi manto y la respuesta vernán a un punto, pues oy no huvo tiempo. Y súfrete, señor, y piensa en otras cosas.

CAL.—Esso no, que es eregía olvidar aquella por quien la vida me aplaze.

---

[26] Lida de Malkiel (1962: 604) ha señalado que estas hipérboles proceden de una canción de Juan de Mena: "Presumir de vos loar...".

[27] Calisto parece recordar la máxima de la mujer envidiosa del *Corbacho*: "Aquella es fermosa que con agua del rrío (...) syn otra conpostura, rrelumbra como una estrella" (II, iv).

* tristaza.

VII

ARGUMENTO DEL SETIMO AUTO

Celestina habla con Pármeno, induziéndole a concordia y amistad de Sempronio. Tráele Pármeno a memoria la promessa que le hiziera de le fazer aver a Areúsa, quél mucho amava. Vanse a casa de Areúsa. Queda aý la noche Pármeno. Celestina va para su casa; llama a la puerta. Elicia le viene abrir, increpándole su tardança.

CEL.—Pármeno, hijo, después de las passadas razones, no he havido oportuno tiempo para te dezir y mostrar el mucho amor que te tengo, y, asimismo, como de mi boca todo el mundo ha oýdo hasta agora en absencia bien de ti. La razón no es menester repetirla, porque yo te tenía por hijo, a lo menos quasi adotivo, y assí que imitavas a natural. Y tú dasme el pago en mi presencia, pareciéndote mal quanto digo, susurrando y murmurando contra mí en presencia de Calisto. Bien pensava yo que, después que concediste en mi buen consejo, que no havías de tornarte atrás. Todavía me parece que te quedan reliquias vanas, hablando por antojo más que por razón: desechas el provecho por contentar la lengua. Oyeme, si no me has oýdo, y mira que soy vieja, y el buen consejo mora en los viejos, y de los mancebos es propio el deleyte. Bien creo que de tu yerro sola la edad tiene culpa. Espero en Dios que *serás mejor para mí de aquí adelante, y mudarás el ruyn propósito con la tierna edad*[1]. *Que, como dizen, múdanse*

---

[1] Un par de fragmentos de este parlamento de Celestina (*el buen consejo... deleyte, y mudarás... edad*) proviene de la octava égloga del *Bucolicum Carmen* de Petrarca: "Consilium solet esse senum: iuvenumque voluptas...", "Propositum mutat sapiens... studium iuvenile senectae/ Displicet: et variant curae variante capillo", (VIII, 9, 12, 77-78); Cf. Deyermond (1961: 74).

costumbres con la mudança del cabello y variación;[2] digo, hijo,
cresciendo y viendo cosas nuevas cada día. Porque la mocedad
en solo lo presente se impide y ocupa a mirar; mas la madura
edad no dexa presente ni passado ni porvenir[3]. Si tú tovieras
memoria, hijo Pármeno, del passado amor que te tuve, la
primera posada que tomaste, venido nuevamente a esta cibdad,
avía de ser la mía. Pero los moços curáys poco de los viejos.
Regísvos a sabor de paladar. *Nunca pensáys que tenéys ni havéys
de tener necessidad dellos, nunca pensáys en enfermedades,*
nunca pensays que os puede faltar esta florezica de juventud.

Pues mira, amigo, que para tales necessidades como éstas, buen
acorro es una vieja conoscida[4], amiga, madre y más que madre;
buen mesón para descansar sano, buen hospital para sanar
enfermo, buena bolsa para necessidad, buena arca para guardar
dinero en prosperidad, buen fuego de invierno rodeado de
asadores, buena sombra de verano, buena taverna para comer y
beber. ¿Qué dirás, loquillo, a todo esto? Bien sé que estás confuso
por lo que oy has hablado. Pues no quiero más de ti; que Dios no
pide más del pecador de arrepentirse y emendarse[5]. Mira a
Sempronio: yo le fize hombre, de Dios en ayuso[6]. Querría que
fuésedes como hermanos, porque estando bien con él, con tu
amo y con todo el mundo lo estarías. Mira que es bienquisto,

---

[2] B 1499 lee: "variarán tus costumbres variando el cabello" en lugar de la
amplificatio de la *Tragicomedia.*

[3] Según Deyermond (1961: 40, 41), Rojas, bebió primero en el *Index* de las obras
de Petrarca, donde leyó: "Adolescentia non nisi quae sub oculis sunt metitur" (*De
Remediis,* I, 43 B), pero después amplió directamente sobre el texto, que añadía:
"aetas maturior multa circumspicit".

[4] No ve Deyermond (1961: 82-83) en este pasaje una reminiscencia verbal directa
de Petrarca, pero piensa que se trata de un recuerdo de una de las secciones
favoritas del *De Remediis* (I, 1 C 5-10): "Unde est: quae saepe frustra huic consulitur
aetati: incredula simul et inexperta est: et contemptrix alieni consilii: inops sui.
Itaque iuveniles errores licet innumerabiles et immensos his ipsis tamen occultos et
incognitos quorum sunt: nil melius quam senectus detegit: et dissimulantium
conniventiumque luminibus ingerit: nec prius quod esse debuistis advertitis: quam
quod esse voluistis effecti estis fierique iam aliud non potestis".

[5] Es un recuerdo del *Libro de Ezequiel* (XXXIII, 2): "Vivo ego, dicit Dominus
Deus; nolo mortem impii sed ut convertastur... impius a vita sua et vivat"; Castro
Guisasola (1924: 107) señala también un momento de la liturgia (San Pedro:
Epistola 2,3,9): "Deus, vivorum salvator omnium, qui non vis mortem peccatorum
neque laetaris in perditione morientium"; el lugar ha sido muy utilizado en la
literatura de la época, incluyendo al *Corbacho.*

[6] *de Dios en ayuso,* 'de Dios abaxo'; Cf. Aut (1737: s.v. *ayuso*).

diligente, palanciano, buen servidor, gracioso. Quiere tu amistad; crecería vuestro provecho dándoos el uno al otro la mano. Ni aun havría más privado con vuestro amo que vosotros. Y pues sabe que es menester que ames si quieres ser amado[7], que no se toman truchas... etc[8]. Ni te lo deve Sempronio de fuero. Simpleza es no querer amar y esperar ser amado; locura es pagar el amistad con odio.

PÁR.—Madre, para contigo digo que mi segundo yerro te confiesso, y con perdón de lo passado quiero que ordenes lo porvenir. Pero con Sempronio me paresce que es impossible sostenerse mi amistad. El es desvariado, yo malsofrido: conciértame essos amigos.

CEL.—Pues no era essa tu condición.

PAR.—A la mi fe, mientra más fui creciendo, más la primera paciencia me olvidava. No soy el que solía, y assimismo Sempronio no ay ni tiene en qué me aproveche.

CEL.—El cierto amigo en la cosa incierta se conosce, en las adversidades se prueva. Entonces se allega y con más desseo visita la casa que la fortuna próspera desamparó. ¿Qué te diré, fijo, de las virtudes del buen amigo? No ay cosa más amada ni más rara[9]. Ninguna carga rehúsa[10]. Vosotros soys yguales: la paridad de las costumbres y la semejança de los *coraçones es la que más la sostiene[11], Cata, hijo, que si algo tienes, guardado se te está. Sabe tú ganar más, que aquello ganado lo fallaste. Buen siglo aya aquel padre que lo trabajó. No se te puede dar hasta que vivas más reposado y vengas en edad complida.

[7] Esta frase de Celestina, y más abajo, cuando dice: "Simpleza es... amado", provienen, segun Deyermond (1961: 39) de dos entradas del *Index* de las obras de Petrarca: "Si vis amari ama". Sunt qui non amant et amari putant: quo nihil est stultius"; la primera corresponde a *De Rebus memorandis* (III, ii.52); la segunda, a *De Remediis* (I, 50 E).

[8] "No se toman truchas a bragas enjutas"; Cf. Correas (1924: 228).

[9] *El cierto amigo en la cosa incierta se conosce*, traduce una entrada del *Index* de las obras de Petrarca: "Amicus certus in re incerta cernitur" (*De Remediis*, I, 50 B); el resto del parlamento donde Celestina encarece la amistad, funde otras dos entradas del *Index*: "Amici veri maxime in adversis haerent: et illas domos avidius frequentant quas fortuna deservit", y "Amico nihil charius: nihil rarius"; Cf. Deyermond (1961: 143, 39).

[10] Aquí Rojas traduce una entrada del *Index* de las obras de Petrarca: "Amiticia nullum pondus recusat" (*Rebus fam.*, 49 B); *Vid.* Deyermond (1961: 143).

*　coroçones

[11] Sigue Rojas apegado al *Index*: "Amiticiae causa est morum paritas et similitudo animorum" (*Rebus mem.*, II, iii, 46); Cf. Deyermond (1961: 143).

PÁR.—¿A qué llamas reposado, tía?

CEL.—Hijo, a vivir por ti, a no andar por casas agenas: lo qual siempre andarás mientra no te supieres aprovechar de tu servicio. Que de lástima que hove de verte roto, pedí oy manto, como viste, a Calisto. No por mi manto; pero porque, estando el sastre en casa y tú delante sin sayo, te le diesse. Assí que, no por mi provecho, como yo sentí que dixiste, mas por el tuyo. Que si esperas el ordinario galardón destos galanes, es tal, que lo que en diez años sacaras atarás en la manga[12]. Goza tu mocedad el buen día, la buena noche, el buen comer y bever. Quando pudieres haverlo, no lo dexes. Piérdase lo que se perdiere. No llores tú la fazienda que tu amo heredó, que esto te llevarás deste mundo, pues no le tenemos más de por nuestra vida. ¡O fijo mío Pármeno! Que bien te puedo dezir fijo, pues tanto tiempo te crié. Toma mi consejo, pues sale con limpio desseo de verte en alguna honrra. ¡O quán dichosa me hallaría en que tú y Sempronio estoviésedes muy conformes, muy amigos, hermanos en todo, viéndoos venir a mi pobre casa a holgar, a verme, y aun a desenojaros con sendas mochachas!

PÁR.—¿Mochachas, madre mía?

CEL.—¡Alahé! Mochachas digo, que viejas harto me soy yo. Qual se la tiene Sempronio, y aun sin haver tanta razón ni tenerle tanta afición como a ti. Que de las entrañas me sale quanto te digo.

PÁR.—Señora, no vives engañada.

CEL.—Y aunque lo viva, no me pena mucho, que también lo hago por amor de Dios y por verte solo en tierra agena, y mas por aquellos huessos de quien te me encomendó. Que tú serás hombre y vernás en buen conocimiento y verdadero y dirás: la vieja Celestina bien me consejava.

PÁR.—Y aun agora lo siento[13], aunque soy moço. Que aunque oy veyas que aquello dezía, no era porque me paresciesse mal lo que tú fazías, pero porque veýa que le consejava yo lo cierto y me dava malas gracias. Pero de aquí adelante demos tras él. Faz de las tuyas, que yo callaré. Que ya tropecé en no te creer cerca deste negocio con él.

---

[12] 'Cierto género de coxín o maleta, abierta por las dos cabeceras por donde se cierra y asegura con unos cordones'. *Vid.* Aut (1737: s.v. *manga*, ac. 4).

[13] *sentir*, aquí con el sentido de 'juzgar, opinar, formar parecer, o dictamen acerca de alguna cosa'; Cf. Aut (1737: s.v. *sentir*, ac. 5).

CEL.—Cerca deste y de otros tropeçarás y *cayerás, mientra no tomares mis consejos, que son de amiga verdadera.

PÁR.—Agora doy por bien empleado el tiempo que siendo niño te serví, pues tanto fruto trae para la mayor edad. Y rogaré a Dios por el ánima de mi padre, que tal tutriz me dexó, y de mi madre, que a tal muger me encomendó.

CEL.—No me la nombres, fijo, por Dios, que se me hinchen los ojos de agua. ¿Y tuve yo en este mundo otra tal amiga, otra tal compañera, tal aliviadora de mis trabajos y fatigas? ¿Quién suplía mis faltas, quién sabía mis secretos, a quién descobría mi coraçón, quién era todo mi bien y descanso, sino tu madre, más que mi hermana y comadre? ¡O qué graciosa era! ¡O qué desembuelta, limpia, varonil! Tan sin pena ni temor se andava a media noche de cimenterio en cimenterio, buscando aparejos para nuestro oficio, como de día. Ni dexava christianos, ni moros, ni judíos, cuyos enterramientos no visitava. De día los acechava, de noche los desenterrava. Assí se holgava con la noche escura como tú con el día claro: dezía que aquella era capa de pecadores. Pues, ¡maña no tenía con todas las otras gracias! Una cosa te diré, porque veas qué madre perdiste, aunque era para callar. Pero contigo todo passa. Siete dientes quitó a un ahorcado con unas tenacicas de pelacejas, mientra yo le descalcé los çapatos. Pues entrava en un cerco[14], mejor que yo y con más esfuerço; aunque yo tenía farto buena fama, más que agora, que por mis pecados todo se olvidó con su muerte. ¿Qué más quieres, sino que los mesmos diablos la havían miedo? Atemorizados y espantados los tenía con las crudas bozes que les dava. Assí era ella dellos conoscida como tú en tu casa; tumbando venian unos sobre otros a su llamado. No le osavan dezir mentira, según la fuerça con que los apremiava. Después que la perdí, jamás les oý verdad.

PÁR.—No la medre Dios más esta vieja, que ella me da plazer con estos loores de sus palabras.

CEL.—¿Qué dizes, mi honrrado Pármeno, mi hijo y más que hijo?

---

* cayaras

[14] "figura circular, u demostración supersticiosa, para invocar los demonios, y hacer sus conjuros los hechiceros o nigrománticos"; Cf. Aut (1737; s.v. *cerco*, ac. 3). En efecto, el invocador se colocaba en medio de un círculo, generalmente trazado con carbón, para llamar a los demonios y conjurarlos; el aparato de las invocaciones variaba con el lugar y la época.

PÁR.—Digo que ¿cómo tenía esa ventaja mi madre, pues las palabras que ella y tú dezíades eran todas una?

CEL.—¿Cómo? ¿Y deso te maravillas? ¿No sabes que dize el refrán que mucho va de Pedro a Pedro? Aquella gracia de mi comadre no alcançávamos todas. ¿No as visto en los oficios unos buenos y otros mejores? Assí era tu madre, que Dios aya, la prima de nuestro oficio, y por tal era de todo el mundo conocida y querida; assí de cavalleros como clérigos, casados, viejos, moços y niños. Pues, ¿moças y donzellas? Así rogavan a Dios por su vida como de sus mesmos padres. Con todos tenía que hazer, con todos fablava. Si salíamos por la calle, quantos topávamos eran sus ahijados: que fue su principal oficio partera diez y seys años. Así que, aunque tú no sabías sus secretos, por la tierna edad que avías, agora es razón que lo sepas, pues ella es finada y tú hombre.

PÁR.—Dime, señora, quando la justicia te mandó prender, estando yo en tu casa, ¿teníades mucho conocimiento?

CEL.—¿Si teníamos me dizes como por burla? Juntas lo hizimos, juntas nos sintieron, juntas nos prendieron y acusaron, juntas nos dieron la pena essa vez; le creo que fue la primera. Pero muy pequeño eras tú. Yo me espanto como te acuerdas, que es la cosa que más olvidada está en la cibdad. Cosas son que pasan por el mundo. Cada día verás quien peque y pague si sales a esse mercado.

PÁR.—Verdad es; pero del pecado lo peor es la perseverencia. Que assí como el primer movimiento no es en mano del hombre[15], assí el primer yerro: donde dizen que quien yerra y se enmienda... etc[16].

CEL.—Lastimásteme, don loquillo. ¿A las verdades nos andamos? Pues espera, que yo te tocaré donde te duela.

PÁR.—¿Qué dizes, madre?

CEL.—Hijo, digo que, sin aquella, prendieron quatro vezes a tu madre, que Dios aya, sola. Y aun la una le levantaron que era bruxa, porque la hallaron de noche con unas candelillas

---

[15] Pármeno hace alusión aquí a un precepto teológico que exoneraba de enjuiciamiento a aquellos actos hechos sin reflexión, catalogados como no humanos por no haber tenido la razón participación alguna en ellos; Cf. Cejador (1913/1968: 242).

[16] "Quien yerra y se enmienda, a Dios se encomienda"; el texto demuestra que el refrán era ya muy popular para entonces, pero no está recogido en colecciones antiguas.

cogiendo[17] tierra de una encruzijada, y la tovieron medio día en
una escalera en la plaça, puesto uno como rocadero pintado en la
cabeça. Pero cosas son que passan. Algo han de sofrir los
hombres en este triste mundo para sustentar sus vidas *y honrras*.
Y mira que tan poco lo tuvo con su buen seso, que ni por esso dexó dende adelante de usar mejor su oficio. Esto ha venido por lo
que dezías de perseverar en lo que una vez se yerra. En todo tenía
gracia: que en Dios y en mi conciencia, aun en aquella escalera
estava y parecía que a todos los de baxo no tenía en una blanca,
según su meneo y presencia. Assí que los que algo son como ella,
y saben y valen, son los que más presto yerran. Verás quién fue
Virgilio y qué tanto supo: mas ya havrás oýdo cómo estovo en un
cesto colgado de una torre, mirándole toda Roma[18]. Pero por eso
no dexó de ser honrrado ni perdió el nombre de Virgilio.

PÁR.—Verdad es lo que dizes, pero esso no fue por justicia.

CEL.—¡Calla, bovo! Poco sabes de achaque de yglesia, y
quánto es mejor por mano de justicia, que de otra manera,
Sabíalo mejor el cura, que Dios aya, que viniéndola a consolar,
dixo que la Sancta Escritura tenía que bienaventurados eran los
que padescían persecusión por la justicia, que aquellos poseerían
el reyno de los cielos[19]. Mira si es mucho passar algo en este
mundo por gozar de la gloria del otro. Y más que, según todos
dezían, a tuerto y a sin razón, y con falsos testigos y rezios
tormentos, la hizieron aquella vez confessar lo que no era. Pero
con su buen esfuerço, y como el coraçón abezado a sofrir haze las
cosas más leves de lo que son, todo lo tuvo en nada. Que mill
vezes le oýa dezir: si me quebré el pie, fue por bien, porque soy
más conoscida que antes. Assí que todo esto pasó tu buena
madre acá; devemos creer que le dará Dios buen pago allá, si es
verdad lo que nuestro cura nos dixo, y con esto me consuelo.

[17] B 1499 trae *cogendo*, que parece error evidente, a menos que estemos ante
una forma etimológica; las formas diptongadas están ampliamente documentadas
desde el siglo XIII.

[18] Cf. estas palabras de Celestina con el siguiente pasaje del *Corbacho* (I,17):
"¿Quién vido Vergilyo, un ombre de tanta acucia e çiençia, qual nunca de mágica
arte ni çiençia otro cualquier tal se sopo nin se vido nin se falló, segund por sus
fechos podrás leer, oýr e veer, que estuvo en Roma colgado de una torre a una
ventana, a vista de todo el pueblo romano, sólo por dezir e porfiar que su saber era
tan grande, que muger en el mundo non le podría engañar?"; *Vid.* la nota 30
del acto I.

[19] La alusión es a San Mateo (V,10): "Beati qui persecutionem patiuntur propter
iustitiam, quoniam ipsorum est regnum coelorum"; Cf. Cejador (1913/1968: 244) y
Lida de Malkiel (1962: 512).

Pues séme tú, como ella, amigo verdadero, y trabaja por ser bueno, pues tienes a quien parezcas. Que lo que tu padre dexó, a buen seguro lo tienes.

PÁR.—Bien lo creo, madre. Pero querría saber qué tanto es.

CEL.—No puede ser agora. Verná tu tiempo, como te dixe, para que lo sepas y lo *ayas.

PÁR.—Agora dexemos los muertos y las herencias, que si poco me dexaron, poco hallaré. Hablemos en los presentes negocios; que nos va más que en traer los passados a la memoria. Bien se te acordará no ha mucho que me prometiste que me arías haver a Areúsa, quando en mi casa te dixe cómo moría por sus amores.

CEL.—Si te lo prometí no lo he olvidado, ni creas que he perdido con los años la memoria. Que más de tres xaques ha rescebido de mí sobre ello en tu absencia. Yo creo que estará bien madura. Que esto es lo menos que yo por ti tengo que hazer.

PÁR.—Yo ya desconfiava de la poder alcançar, porque jamás podía acabar con ella que me esperasse a poderle dezir una palabra. Y como dizen, mala señal es de amor huyr y bolver la cara, sentía en mí grande desfuzia[20] desto.

CEL.—No tengo en mucho tu desconfiança no me conosciendo ni sabiendo, como agora, que tienes tan de tu mano la maestra destas labores. Pues agora verás quánto por mi causa vales, quánto con las tales puedo, quánto sé en casos de amor. Anda passo. ¿Ves aquí su puerta? Entremos quedo, no nos sientan sus vezinas. Atiende y espera debaxo desta escalera. Sobiré yo a ver qué se podrá fazer sobre lo fablado, y por ventura haremos más que tú ni yo traemos pensado.

ARE.—¿Quién anda aý? ¿Quién sube a tal hora en mi cámara?

CEL.—Quien no te quiere mal, cierto, quien nunca da passo que no piense en tu provecho; quien tiene más memoria de ti que de sí mesma; una enamorada tuya, aunque vieja.

ARE.—¡Valalá el diablo a esta vieja! ¡Con qué viene, como huestantigua[21], a tal hora! Tía señora, ¿qué buena venida es esta tan tarde? Ya me desnudava para acostar.

---

* oyas
[20] 'desconfianza'; Cf. Aut (1737: s.v. *fucia*). Está formado sobre *fuzia* (< lat. *fiduciam*) que significó 'fe, confianza'; ya era término anticuado para *Autoridades*.
[21] 'fantasma, aparición'; Cejador (1913/1968: 247) cita el siguiente pasaje de las *Guerras de Granada* (4): "Estantiguas llama el vulgo español a semejantes apa-

CEL.—¿Con las gallinas, hija? Así se hará la hazienda. ¡Andar!
¡Passe! Otro es el que ha de llorar las necessidades, que no tú.
Yerva pasce quien lo cumple. Tal vida quienquiera se la quería.

ARE.—¡Jesú! Quiérome tornar a vestir, que he frío.

CEL.—No harás, por mi vida; sino éntrate en la cama, que
desde allí hablaremos.

ARE.—Assí goze de mí, pues que lo he bien menester, que me
siento mala oy todo el día. Assí que necesidad más que vicio, me
fizo tomar con tiempo las sávanas por faldetas.

CEL.—Pues no estés asentada; acuéstate y métete debaxo de la
ropa, que paresces serena[22].

ARE.—Bien me dizes, señora tía.

CEL.—¡Ay, como huele toda la ropa en bulléndote! ¡A osadas,
que está todo a punto! Siempre me pagué de tus cosas y hechos,
de tu limpieza y atavío. ¡Fresca que estás! ¡Bendígate Dios! ¡Qué
sávanas y colcha! ¡Qué almoadas y qué blancura! Tal sea mi
vejez, qual todo me parece. ¡Perla de oro! verás si te quiere bien
quien te visita a tales horas. Déxame mirarte toda a mi voluntad,
que me huelgo.

ARE.—¡Passo, madre! No llegues a mí, que me fazes coxquillas y provócasme a reýr, y la risa acreciéntame el dolor.

CEL.—¿Qué dolor, mis amores? ¿Búrlaste, por mi vida,
comigo?

ARE.—Mal gozo vea de mí si burlo, sino que ha quatro horas
que muero de la madre, que la tengo *sobida* en los pechos, que me
quiere sacar del mundo[23]. Que no soy tan viciosa como piensas.

---

riencias o fantasmas, que el vaho de la tierra, cuando el sol sale o se pone, forma
en el aire bajo, como se ven en el alto las nubes formadas en varias figuras y
semejanzas".

[22] 'sirena'; suponía Cejador (1913/1968: 248) que la comparación con la sirena se
le ocurrió a la vieja porque Areúsa tenía medio cuerpo metido entre las sábanas.

[23] El mal de la madre al que se refiere Areúsa debió ser sólo una inflamación de
matriz, aunque la joven haga referencia a un desplazamiento de la misma, cosa que
también es posible, pero es asunto muy delicado que requiere —en la mayoría de los
casos— intervención quirúrgica. Ciertamente no es el caso de la meretriz que al
siguiente día, y a pesar de una noche *ajetreada*, se encuentra completamente
restablecida. Rojas sigue aquí viejas y pintorescas creencias sobre la matriz
desplazada; Gilman (1972: 433) recuerda, a propósito del mal de madre, el "matrix
de proprio loco tollitur" que se lee en el *De secretis mulierum et virorum*, atribuido
a Alberto Magno, y del que Rojas poseía un ejemplar; recuérdese que el *De secretis*
es una mezcla de astrología, superstición y doctrinas tradicionales.

CEL.—Pues dame lugar, tentaré. Que aún algo sé yo deste mal, por mi pecado. Que cada una se tiene o ha tenido su madre y sus çoçobras della.

ARE.—Más arriba la siento, sobre el estómago.

CEL.—¡Bendígate Dios y señor sant Miguel, ángel! ¡Y qué gorda y fresca estás! ¡Qué pechos y qué gentileza! Por hermosa te tenía hasta agora, viendo lo que todos podían ver; pero agora te digo que no ay en la cibdad tres cuerpos tales como el tuyo, en quanto yo conozco. No paresce que hayas quince años. ¡O quien fuera hombre y tanta parte alcançara de ti para gozar tal vista! Por Dios, pecado ganas en no dar parte destas gracias a todos los que bien te quieren; no te las dio Dios para que pasasen en balde por la frescor de tu juventud, debaxo de seys dobles de paño y lienço. Cata que no seas avarienta de lo que poco te costó. No atesores tu gentileza[24], pues es de su natura tan comunicable como el dinero. No seas el perro del ortolano. Y pues tú no puedes de ti propia gozar, goze quien puede[25]. Que no creas que en balde fueste criada; que quando nasce ella, nasce él y, quando él, ella. Ninguna cosa ay criada al mundo superflua[26] ni que con acordada razón no proveyesse della natura. Mira que es pecado fatigar y dar pena a los hombres podiéndolos remediar.

ARE.—Alábame agora, madre, y no me quiere ninguno. Dame algún remedio para mi mal y no estés burlando de mí.

CEL.—Deste tan común dolor todas somos ¡mal pecado! maestras. Lo que he visto a muchas fazer, y lo que a mí siempre

---

[24] B 1499 trae *gentiliza*, que pudiera ser un simple error de impresión, pero también pudiera tratarse de una forma etimológica; los textos contemporáneos de *La Celestina* traen como norma léxica: *gentileza*.

[25] Cejador (1913/1968: 250) y Castro Guisasola (1924: 68) creen que los argumentos de persuasión usados por Celestina con Areúsa (fugacidad de la juventud, exhortación a gozar y dejar gozar de ella) derivan del *Arte de amar*, de Ovidio (III, 59-62, 79 y ss.); Pero Lida de Malkiel (1962: 541) piensa que el orden de los argumentos y el desarrollo del segundo más parecen derivar de los consejos de Dipsas en la elegía ovidiana (I,8, vv. 49 y ss.); el tema también está en *Amores* (II, 2, vv. 11 y ss.). Lida de Malkiel apunta que es posible que se trate de un recuerdo de todos estos textos en conjunto, pues *La Celestina* no coincide textualmente con ninguno.

[26] Castro Guisasola (1924: 33) piensa que aunque el lugar ya se encuentra en Platón (*De legibus*), fue Aristóteles quien logró darle amplia difusión, pues lo repite en varias de sus obras: *De Caelo* (I,4); *De generat. anim.* (II,4); la *Política* (I,3), etc.

aprovecha, te diré. Porque como las calidades de las personas son diversas, assí las melezinas hazen diversas sus operaciones y diferentes. Todo olor fuerte es bueno: assí como poleo, ruda, axiensos, humo de plumas de perdiz, de romero, de moxquete, de encienso. Recebido con mucha diligencia, aprovecha y afloxa el dolor y buelve poco a poco la madre a su lugar. Pero otra cosa hallava yo siempre mejor que todas, y esta no te quiero dezir, pues tan santa te me hazes.

ARE.—¿Qué, por mi vida, madre? ¿Vesme penada, y encúbresme la salud?

CEL.—¡Anda, que bien me entiendes! ¡No te hagas bova!

ARE.—¡Ya, ya! ¡Mala landre me mate, si te entendía! Pero ¿qué quieres que haga? Sabes que se partió ayer aquel mi amigo con su capitán a la guerra. ¿Havía de fazerle ruyndad?

CEL.—¡Verás y qué daño y qué gran ruyndad!

ARE.—Por cierto, sí sería. Que me da todo lo que he menester, tiéneme honrrada, favóreceme y trátame como si fuesse su señora.

CEL.—Pero aunque esso sea, mientra no parieres, nunca te faltará este mal y dolor que agora, de lo qual él deve ser causa. *Y si no crees en dolor, cree en color, y verás lo que viene de su sola compañía.*

ARE.—No es sino mi mala dicha, maldición mala que mis padres me echaron. Que no está ya por provar todo esso. Pero dexemos esso, que es tarde, y dime a qué fue tu buena venida.

CEL.—Ya sabes lo que de Pármeno te ove dicho. Quéxasseme que aun verle no le quieres. No sé por qué, sino porque sabes que le quiero yo bien y le tengo por hijo. Pues, por cierto, de otra manera miro yo tus cosas, que hasta tus vezinas me parescen bien, y se me alegra el coracón cada vez que las veo, porque sé que hablan contigo.

ARE.—¿No vives, tía señora, engañada?

CEL.—No lo sé. A las obras creo[27], que las palabras de balde las venden dondequiera. Pero el amor nunca se paga sino con puro amor, y a las obras con obras. Ya sabes el debdo que ay entre ti y Elicia, la qual tiene Sempronio en mi casa. Pármeno y él son compañeros, sirven a este señor que tú conoces, y por quien tanto favor podrás tener. No niegues lo que tan poco fazer te cuesta. Vosotras, parientas; ellos, compañeros: mira cómo viene

---

[27] Según Lida de Malkiel (1962: 512), en estas palabras de Celestina hay un recuerdo de San Juan (X,38). De ser cierto, no cabe duda que el recuerdo es lejano.

mejor medido que lo queremos. Aquí viene comigo. Verás si quieres que suba.

ARE.—¡Amarga de mí! ¿Y si nos ha oýdo?

CEL.—No, que abaxo queda. Quiérole hazer subir. Resciba tanta gracia que le conozcas y hables, y muestres buena cara. Y si tal te paresciere, goze él de ti y tú dél. Que aunque él gane mucho, tú no pierdes nada.

ARE.—Bien tengo, señora, conoscimiento cómo todas tus razones, éstas y las passadas, se endereçan en mi provecho. Pero, ¿cómo quieres que haga tal cosa, que tengo a quien dar cuenta, como has oýdo, y si soy sentida matarme ha? Tengo vezinas embidiosas; luego lo dirán. Assí que, aunque no aya más mal de perderle, será más que ganaré en agradar al que me mandas.

CEL.—Eso que temes yo lo proveý primero, que muy passo entramos.

ARE.—No lo digo por esta noche, sino por otras muchas.

CEL.—¿Cómo? ¿Y dessas eres? ¿Dessa manera te tratas? Nunca tú harás casa con sobrado. Absente le has miedo, ¿qué harías si estoviesse en la cibdad? En dicha me cabe, que jamás cesso dar consejos a bovos, y todavía ay quien yerre. Pero no me maravillo, que es grande el mundo y pocos los esperimentados. ¡Ay ay, hija! Si viesses el saber de tu prima, y qué tanto le ha aprovechado mi criança y consejos, y qué gran maestra está. Y aun ¡que no se halla ella mal con mis castigos! Que uno en la cama y otro en la puerta, y otro, que sospira por ella en su casa, se precia de tener. Y con todos cumple, y a todos muestra buena cara; y todos piensan que son muy queridos, y cada uno piensa que no ay otro, y que él solo es privado, y él solo es el que le da lo que ha menester[28]. ¿Y tú piensas que con dos que tengas, que las tablas de la cama lo han de descobrir? ¿De una sola gotera te mantienes? ¡No te sobrarán muchos manjares! ¡No quiero arrendar tus esgamoches![29] Nunca uno me agradó, nunca

---

[28] Lida de Malkiel (1962: 555) no cree que la condena abstracta de la fidelidad de las terceras de la comedia romana tenga nada que ver con este parlamento de la alcahueta; también rechaza la fuente propuesta por Castro Guisasola [(1924: 68)] —los versos 591 y ss. del *Arte de amar*— y se inclina definitivamente al *Roman de la Rose.* Cree que ambas situaciones son las mismas, y que además, la viva lengua familiar y el empleo del mismo símil del ratón, no parecen hablar en favor de una simple coincidencia.

[29] *escamocho,* 'lo que sobra en los platos de carne y huessos roídos'; Cf. Aut (1737: s.v. *escamocho*).

en uno puse toda mi afición. Más pueden dos, y más quatro, y más dan y más tienen, y más ay en qué escoger. No ay cosa más perdida, hija, que el mur que no sabe sino un horado. Si aquel le tapan, no havrá donde se esconda del gato. Quien no tiene sino un ojo ¡mira a quanto peligro anda! Una alma sola ni canta ni llora; un solo acto no haze hábito; un frayle solo, pocas vezes le encontrarás por la calle; una perdiz sola, por maravilla buela mayormente en verano; *un manjar solo continuo, presto pone hastío; una golondrina no haze verano; un testigo solo no es entera fe; quien sola una ropa tiene, presto la envegece.*¿Qué quieres hija, de este *número de uno? Más inconvenietes te diré dél que años tengo a cuestas. Ten siquiera dos, que es compañía loable y tal qual es éste: *como tienes dos orejas, dos pies y dos manos, dos sávanas en la cama; como dos camisas para remudar. Y si más quisieres, mejor te yrá, que mientra más moros, más ganancia; que honrra sin provecho, no es sino como anillo en el dedo. Y pues entramos no caben en un saco, acoge la ganancia.* Sube, hijo, Pármeno.

ARE.—¡No suba! ¡Landre me mate! Que me fino de empacho, que no le conozco. Siempre hove vergüença dél.

CEL.—Aquí estó yo que te la quitaré, y cobriré, y hablaré por entramos; que otro tan empachado es él.

PÁR.—Señora, Dios salve tu graciosa presencia.

ARE.—Gentilhombre, buena sea tu venida.

CEL.—Llégate acá, asno. ¿Adónde te vas allá assentar al rincón? No seas *empachado, que al hombre vergonçoso el diablo le traxo a palacio. Oýdme entrambos lo que digo. Ya sabes tú, Pármeno amigo, lo que te prometí; y tú, hija mía, lo que te tengo rogado. Dexada aparte la dificultad con que me lo has concedido[30], pocas razones son necessarias, porque el tiempo no lo padece. El ha siempre vivido penado por ti. Pues viendo su pena, sé que no le querrás matar, y aun conozco que él te parece tal, que no será malo para quedarse acá esta noche en casa.

ARE.—Por mi vida, madre, que tal no se haga. ¡Jesú! No me lo mandes.

PÁR.—Madre mía, por amor de Dios, que no salga yo de aquí

---

* unmero
* emachado

[30] B 1499 lee: *has concedido aparte,* que es evidente error tipográfico; *aparte* debe ir colocado inmediatamente después de *Dexada* en el renglón superior. Cf. la nota 23 de la *Introducción,* a propósito de la forma de trabajar del interpolador.

sin buen concierto; que me ha muerto de amores su vista. Ofréscele quanto mi padre te dexó para mí, dile que le daré quanto tengo. ¡Ea! díselo, que me parece que no me quiere mirar.

ARE.—¿Qué te dize esse señor a la oreja? ¿Piensa que tengo de fazer nada de lo que pides?

CEL.—No dize, hija, sino que se huelga mucho de tu amistad, porque eres persona tan honrrada y en quien cualquier beneficio cabrá bien. Y assimismo que, pues esto por mi intercessión se haze, que él me promete daquí adelante ser muy amigo de Sempronio, y venir en todo lo que quisiere contra su amo en un negocio que traemos entre mamos. ¿Es verdad, Pármeno? ¿Prométeslo assí como digo?

PÁR.—Sí prometo sin dubda.

CEL.—¡Ha, don ruyn! ¡Palabra te tengo! ¡A buen tiempo te así! Llégate acá, negligente, vergonçoso, que quiero ver para quánto eres ante que me vaya. Retóçala en esta cama.

ARE.—No será él tan descortés que entre en lo vedado sin licencia.

CEL.—¿En cortesías y licencias estás? No espero más aquí yo, fiadora que tú amanezcas sin dolor y él sin color. Mas como es un putillo, *gallillo, barbiponiente, entiendo que en tres noches no se le demude la cresta. Destos me mandavan a mí comer en mi tiempo los médicos de mi tierra, quando tenía mejores dientes.

ARE.—*Ay, señor mío, no me trates de tal manera; ten mesura por cortesía; mira las canas de aquella vieja honrrada que están presentes; quítate allá, que no soy de aquellas que piensas; no soy de las que públicamente están a vender sus cuerpos por dinero. Assi goze de mí, de casa me salga si, fasta que Celestina mi tía sea yda, a mi ropa tocas.*

CEL.—¿Qué es eso, Areúsa? ¿Qué son estas estrañezas y esquivedad, estas novedades y retraymiento? Paresce, hija, que no sé yo qué cosa es esto, que nunca vi estar un hombre con una muger juntos y que jamás passé por ello ni gozé de lo que gozas y que no sé lo que passan y lo que dizen y hazen. ¡Guay de quien tal oye como yo! Pues avísote, de tanto; que fuy errada como tú y tuve amigos; pero nunca el viejo ni la vieja echava de mi lado, ni su consejo en público ni en mis secretos[31]. Para la muerte que a

---

* galillo

[31] Parece existir bastante analogía entre estas palabras de Celestina y el *Proverbio* II de Santillana: "Faz que seas enclinado/ a conseio/ e non excludas al vieio/ de tu lado"; Cf. Castro Guisasola (1924: 169).

*Dios devo, mas quisiera una gran bofetada en mitad de mi cara.
Paresce que ayer nascí, según tu encubrimiento. Por hazerte a ti
honesta, me hazes a mí necia y vergonçosa, y de poco secreto y
sin esperiencia; y me amenguas en mi officio por alçar a ti en el
tuyo. Pues de cossario a cossario no se pierden sino los barriles.
Más te alabo yo detrás, que tú te estimas delante.*

ARE.—*Madre, si erré aya perdón. Y llégate más acá, y él haga
lo que quisiere. Que más quiero tener a ti contenta que no a mí;
antes me quebraré un ojo que enojarte.*

CEL.—*No tengo ya enojo; pero dígotelo para adelante.*
Quedaos a Dios, *que* voyme **sola*, que me hazéys dentera con
vuestro besar y retoçar; que aun el sabor en las enzías me quedó,
no le perdí con las muelas.

PÁR.—Madre, ¿mandas que te acompañe?

CEL.—Sería quitar a un sancto para poner en otro. Acompá-
ñeos Dios, *que* no he temor que me fuerçen en
la calle.

ELI.—El perro ladra. ¿Si viene este diablo de vieja?

CEL.—Tha, tha, *tha.*

ELI.—¿Quién es? ¿Quién llama?

CEL.—Báxame abrir, fija.

ELI.—¿Estas son tus venidas? Andar de noche es tu plazer.
¿Por qué lo hazes? ¿Que larga estada fue este, *madre*? Nunca
sales para bolver a casa. Por costumbre lo tienes: cumpliendo
con uno, dexas ciento descontentos. Que has sido oy buscada del
padre de la desposada, que llevaste el día de Pasqua al racionero;
que la quiere casar daquí a tres días y es menester que la
remedies, pues que se lo prometiste, para que no sienta su marido
la falta de la virginidad.

CEL.—No me acuerdo, hija, por quien dizes.

ELI.—¿Cómo no te acuerdas? Desacordada eres, cierto.
¡O, cómo caduca la memoria! Pues, por cierto, tú me dixiste,
quando la levavas, que la avías renovado siete vezes.

CEL.—No te maravilles, hija; quien en muchas partes derrama
su memoria, en ninguna la puede tener. pero dime si tornará.

ELI.—¡Mirá si tornará! Tiénete dado una manilla de oro en
prendas de tu trabajo ¿y no havía de venir?

CEL.—¿La de la manilla es? Ya sé por quién dizes. ¿Por qué tú
no tomavas aparejo y començavas a hazer algo? Pues en aquellas

* solo

tales te havías de abezar y provar, de quantas vezes me lo as visto hazer. Si no, aý te estarás toda tu vida, fecha bestia sin oficio ni renta. Y quando seas de mi edad, llorarás la folgura de agora, que la mocedad ociosa acarrea la vejez arrepentida y trabajosa. Hazíalo yo mejor quando tu abuela, que Dios aya, me mostrava este oficio; que a cabo de un *año, sabía más que ella.

ELI.—No me maravillo, que muchas vezes, como dizen, al maestro sobrepuja el buen discípulo. Y no va esto sino en la gana con que se aprende. Ninguna sciencia es bien empleada en el que no le tiene afición. Yo le tengo a este oficio odio; tú mueres tras ello.

CEL.—Tú te lo dirás todo. Pobre vejez quieres. ¿Piensas que nunca has de salir de mi lado?

ELI.—Por Dios, dexemos enojo, y al tiempo el consejo. Ayamos mucho plazer. Mientra oy toviéremos de comer, no pensemos en mañana. También se muere el que mucho allega como el que pobremente vive[32], y el dotor como el pastor, y el Papa como el sacristán, y el señor como el siervo, y el de alto linaje como el axo, y tú con este oficio como yo sin ninguno. No havemos de vivir para siempre. Gozemos y holguemos, que la vejez pocos la veen, y de los que la veen, ninguno murió de hambre. *No quiero en este mundo, sino día y victo[33] y parte en paraýso. Aunque los* [ricos][34] *tienen mejor aparejo para ganar la gloria que quien poco tiene. No ay ninguno contento, no ay quien diga: harto tengo; no ay ninguno que no trocasse mi plazer por sus dineros. Dexemos cuydados agenos y* acostémonos, que es hora. *Que más me engordará un buen sueño sin temor, que quanto thesoro ay en Venecia.*

---

* ayo
[32] Según Castro Guisasola (1924: 158) esta sentencia está tomada de los *Proverbios en rimo del sabio Salomón:* "Non fie en este mundo ca la vida es muy breve: también se muere el rico como el que mucho deve"
[33] *victo* (< lat. *victus*), alimento, vitualla'; *día y victo* era una expresión hecha que valía por 'sustento de cada día'; Cf. Correas (1924: 282)
[34] P 1514 no trae la palabra, pero está en las demás ediciones de la *Tragico-media.*

VIII

ARGUMENTO DEL OTAVO AUTO

La mañana viene. Despierta Pármeno; despedido de Areúsa, va para casa de Calisto, su señor. Falló a la puerta a Sempronio. Conciertan su amistad. Van juntos a la cámara de Calisto. Hállanle hablando consigo mesmo. Levantado, va a la yglesia.

PÁR.—¿Amanece, o qué es esto, que tanta claridad está en esta cámara?

ARE.—¡Qué amanecer! Duerme, señor, que aun agora nos acostamos. No he yo pegado bien los ojos, ¿ya havía de ser de día? Abre, por Dios, essa ventana de tu cabecera y verlo has.

PÁR.—En mi seso estó yo, señora, que es de día claro, en ver entrar luz entre las puertas. ¡O traydor de mí! ¡En qué gran falta he caýdo con mi amo! De mucha pena soy digno. ¡O qué tarde que es!

ARE.—¿Tarde?

PÁR.—Y muy tarde.

ARE.—Pues assí goze de mi alma, no se me ha quitado el mal de la madre. No sé como pueda ser.

PÁR.—Pues, ¿qué quieres, mi vida?

ARE.—Que hablemos en mi mal.

PÁR.—Señora mía, si lo hablado no basta, lo que más es necessario me perdona, porque es ya mediodía. Si voy más tarde, no seré bien recebido de mi amo. Yo verné mañana y quantas vezes después mandares. Que por esso hizo Dios un día tras otro, porque lo que el uno no bastasse, se cumpliesse en otro. Y aun porque más nos veamos, reciba de ti esta gracia, que te vayas oy a las doze del día a comer con nosotros a su casa de Celestina.

ARE.—Que me plaze de buen grado. Ve con Dios, junta tras ti la puerta.

PÁR.—A Dios te quedes.

¡O plazer singular! ¡O singular alegría! ¿Quál hombre es
ni ha sido más bienaventurado que yo? ¿Quál más dichoso y
bienandante? ¡Qué un tan excelente don sea por mí posseído y
quan presto pedido, tan presto alcançado! Por cierto, si las
trayciones desta vieja con mi coraçón yo pudiesse sofrir, de
rodillas havía de andar a la complazer. ¿Con qué pagaré yo esto?
¡O alto Dios! ¿A quien contaría yo este gozo? ¿A quién descobriría tan gran secreto? ¿A quién daré parte de mi gloria?
Bien me dezía la vieja que de ninguna prosperidad es buena la
posesión sin compañía. El plazer no comunicado no es plazer.
¿Quién sentiría esta mi dicha como yo la siento? A Sempronio
veo a la puerta de casa. Mucho ha madrugado. Trabajo tengo
con mi amo, si es salido fuera. No será, que no es acostumbrado;
pero como agora no anda en su seso, no me maravillo que aya
pervertido su costumbre.

SEM.—Pármeno hermano, si yo supiesse aquella tierra donde
se gana el sueldo durmiendo[1], mucho haría por yr allá, que no
daría ventaja a ninguno: tanto ganaría como otro cualquiera. ¿Y
cómo, holgazán, descuydado, fuese para no tornar? No sé qué
crea de tu tardança, sino que te quedaste a escallentar la vieja esta
*noche o a rascarle los pies, como quando chiquito.

PÁR.—¡O Sempronio, amigo y más que hermano! Por Dios,
no corrumpas mi plazer, no mezcles tu yra con mi sofrimiento,
no rebuelvas tu descontentamiento con mi descanso, no agües
con tan turbia agua el claro liquor del pensamiento que trayo, no
enturvies con tus embidiosos castigos y odiosas reprehensiones
mi plazer. Recíbeme con alegría, y contarte he maravillas de mi
buena andança passada.

SEM.—Dilo, dilo. ¿Es algo de Melibea? ¿Hasla visto?

PÁR.—¡Qué de Melibea! Es de otra que yo más quiero y aun
tal que, si no estoy engañado, puede vivir con ella en gracia y
hermosura. Sí, que no se encerró el mundo y todas sus gracias en
ella.

SEM.—¿Qué es esto, devariado? Reýrme quería, sino que no
puedo. ¿Ya todos amamos? El mundo se va a perder. Calisto a

---

[1] Castro Guisasola (1924: 150) apunta la coincidencia casi literal de este pasaje de
La Celestina con uno de la *Crónica General* de Alfonso el Sabio: "... Don Mayneth,
si yo supiesse aquella tierra o dan soldadas para dormir... yrme ya allá a morar"; el
fragmento es del capítulo VII, donde se prosifica el antiguo *Mainete*.
 * nocho

Melibea, yo a Elicia, tú de embidia has buscado con quien perder esse poco de seso que tienes.

PÁR.—Luego, ¿locura es amar *y yo soy loco y sin seso? Pues si la locura fuesse dolores, en cada casa avría bozes.*

SEM.—Según tu opinión, sí es. Que yo te he oýdo dar consejos vanos a Calisto y contradezir a Celestina en quanto habla; y por impedir mi provecho y el suyo huelgas de no gozar tu parte. Pues a las manos me has venido donde te podré dañar, y lo haré.

PÁR.—No es, Sempronio, verdadera fuerça ni poderío dañar y empecer[2]; mas aprovechar y guarecer; y muy mayor quererlo hazer. Yo siempre te tuve por hermano. No se cumpla, por Dios, en ti lo que se dize: que pequeña causa desparte conformes amigos. Muy mal me tratas; no sé dónde nazca este rencor. *No me indignes, Sempronio, con tan lastimeras razones. Cata que es muy rara la paciencia que agudo baldón no penetre y traspasse.*

SEM.—No digo mal en esto, sino que se eche otra sardina para el moço de cavallos[3]; pues tú tienes amiga.

PÁR.—Estás enojado. Quiérote sofrir, aunque más mal me trates, *pues dizen que ninguna humana passión es perpetua ni durable*[4].

SEM.—Más mal tratas tú a Calisto, aconsejando a él lo que para ti huyes, diziendo que se aparte de amar a Melibea, hecho tablilla de mesón, que para sí no tiene abrigo y dale a todos[5]. ¡O Pármeno! Agora podrás ver quán fácile cosa es reprehender vida agena, y quán duro guardar cada qual la suya. No digas más, pues tú eres testigo. Y daquí adelante veremos cómo te has, pues ya tienes tu escudilla como cada qual. Si tú mi amigo fueras, en la necessidad que de ti tuve me havías de favorecer, y ayudar a

---

[2] Según Deyermond (1961: 144), la sentencia está tomada del *Index* de las obra de Petrarca: "Posse nocere non est vera magnitudo nec verum robur" (*Epistolae sine titulo,* 2 F).

[3] Correas (1924: 140) trae el refrán: "Echa otra sardina. que otro ruin viene", documentado por Santillana en el mismo siglo XV; se utilizaba para indicar, con valor negativo, que alguien más llegaba al grupo. Lo que Sempronio quiere decir es que como ya Calisto, él y ahora Pármeno tienen amiga, tocará al mozo de caballos conseguir la suya; la expresión es aquí irónica.

[4] Esta interpolación y parte de la inmediata anterior ("Cata que es... traspasse") han sido tomadas del *Index* de las obras de Petrarca: "Rara patientia est quam non penetret acutum convitium" (*Contra Medicum*, IV, II E in fin), y "Nulla passionum humanarum est perpetua" (*De Rebus familiaribus*, 114 L); Cf. Deyermond (1961: 44).

[5] Un refrán recogido por Correas (1924: 413) explica por sí solo las palabras de Sempronio: "Tablilla de mesón, que a los otros aloja y ella se queda al sereno sola".

Celestina en mi provecho, que no fincar un clavo de malicia a cada palabra. Sabe que como la hez de la taverna despide a los borrachos, así la adversidad o necessidad al fingido amigo[6]: luego se descubre el falso metal, dorado por encima.

PÁR.—Oýdo lo havía dezir, y por esperiencia lo veo: nunca venir plazer sin contraria çoçobra en esta triste vida. A los alegres, serenos y claros soles, nublados escuros y pluvias vemos suceder; a los solazes y plazeres, dolores y muertes los acupan; a las risas y deleytes, llantos y lloros y passiones mortales los siguen; finalmente, a mucho descanso y sosiego, mucho pesar y tristeza[7]. ¿Quién pudiera tan alegre venir como yo agora? ¿Quién tan triste recebimiento padescer? ¿Quién verse como yo me vi, con tanta gloria alcançada con mi querida Areúsa? ¿Quién caer della, siendo tan mal tratado tan presto, como yo de ti.? Que no me has dado lugar a poderte dezir quánto soy tuyo, quánto te he de favorecer en todo, quánto soy arepiso[8] de lo passado, quántos consejos y castigos buenos he recebido de Celestina, en tu favor y provecho y de todos; como, pues este juego de nuestro amo y Melibea está entre las manos, podemos agora medrar, o nunca.

SEM.—Bien me agradan tus palabras, si tales toviesses las obras, a las qualas espero para averte de creer. Pero, por Dios, me digas qué es esso que dixiste de Areúsa. ¡Paresce que conozcas tú a Areúsa, su prima de Elicia!

PÁR.—¿Pues qué es todo el plazer que traygo, sino haverla alcançado?

SEM.—¡Cómo se lo dice el bovo! ¡De risa no puede hablar! ¿A qué llamas haverla alcançado? ¿Estava a alguna ventana, o qué es esso?

---

[6] Se trata de un préstamo del *Index* de las obras de Petrarca: "Adversitas simulatorem abigit: faex potorem" (*De Remediis*, I, 50 F in fin); Cf. Deyermmond (1961: 40).

[7] Cejador (1913/1968: II, 13) señaló que todo este pasaje era imitación del *De Remediis* (I, 17 C 5-8), pero Deyermond (1961: 59-60) no encuentra otra reminiscencia que las palabras (*nublados* y *suceder* (*nubilus* e *insequitur*), y subraya que la idea general de estas palabras de Pármeno es un lugar común en todas las discusiones sobre la fortuna. En todo caso, habría mayor paralelismo con la égloga octava del *Bucolicum Carmen*: "... non una per omnes/ Est hominis fortuna dies: nunc mane quietum:/ Turpida lux sequitur: nunc matutina serenus/ Nubila vesper agit". Deyermond cree que las posibilidades de préstamo de Petrarca son aquí mucho mayores y, aunque se muestra precavido, señala que así parece indicarlo el hecho de la coincidencia extra de *serenos*, sin olvidar que ya Rojas ha acudido al *Carmen* en el acto anterior.

[8] 'arrepentido'; Cf. Cejador (1913/1968: II, 13).

PÁR.—A ponerla en duda si queda preñada o no.

SEM.—Espantado me tienes. Mucho puede el continuo trabajo; una continua gotera horaca una piedra.

PÁR.—Verás qué tan continuo, que ayer lo pensé, ya la tengo por mía.

SEM.—¡La vieja anda por aý!

PÁR.—¿En qué lo vees?

SEM.—Que ella me havía dicho que te quería mucho y que te la haría haver. Dichoso fuiste; no hiziste sino llegar y recabdar. Por esto dizen, más vale a quien Dios ayuda que quien mucho madruga. Pero tal padrino toviste...

PÁR.—Di madrina, que es más cierto. Así que, quien a buen árbol se arrima[9]... Tarde fuy, pero temprano recabdé. ¡O hermano! ¿Qué te contaría de sus gracias de aquella muger, de su habla y hermosura de cuerpo? Pero quede para más oportunidad.

SEM.—¿Puede ser sino prima de Elicia? No me dirás tanto, quanto estotra no tenga más. Todo te lo creo. Pero ¿qué te cuesta? ¿Hásle dado algo?

PÁR.—No, cierto. Mas, aunque hoviera, era bienempleado: de todo bien es capaz. En tanto son las tales tenidas quanto caras son compradas; tanto valen quanto cuestan. Nunca mucho costó poco[10], sino a mí esta señora[11]. A comer la combidé para casa de Celestina, y si te plaze, vamos todos allá.

SEM.—¿Quién, hermano?

PÁR.—Tú y ella, y allá está la vieja y Elicia. Averemos plazer.

SEM.—¡O Dios, y cómo me as alegrado! Franco eres, nunca te faltaré. Como te tengo por hombre, como creo que Dios te ha de hazer bien, todo el enojo que de tus passadas fablas tenía se me ha tornado en amor. No dudo ya tu confederación con nosotros

---

[9] "Quien a buen árbol se arrima, buena sombra le cobija"; el texto de *La Celestina* demuestra la popularidad del refrán para entonces, pero no se encuentra en los repertorios antiguos; así aparece en el *Quijote*.

[10] Para Cejador se trata de un refrán popular, de los tantos que inserta Rojas en la obra (Correas: 241): "Nunca mucho costó poco"; pero Lida de Malkiel (1962: 268) cree que es préstamo del *Diálogo del Viejo, el Amor y la Hermosa*, atribuido a Cota por las grandes semejanzas con su *Diálogo entre el Amor y un Viejo*: "Nunca mucho costó poco/ ni jamás lo bueno es caro.../ tanto vale quanto cuesta", c. 39.

[11] Para Lida de Malkiel (1962: 430) estos parlamentos de los criados proceden del *Poliodorus*, de las palabras de la vieja Calímaca: "nam parum quem oblectat si quam primum amat tam cito potiatur; sin assiduis molestiis, precibus, lacrimis, muneribus consequeris, quasi maximo compararis pretio, magis te oblectaveris"

ser la que deve. Abraçarte quiero. Seamos como hermanos,
¡vaya el diablo para ruyn! Sea lo pasado questión de Sant Juan, y
assí paz para todo el año[12]. Que las yras de los amigos siempre
suelen ser reintegración del amor[13]. Comamos y holguemos, que
nuestro amo ayunará por todos.

PÁR.—¿Y qué haze el desesperado?

SEM.—Allí está tendido en el estrado cabo[14] la cama, donde le
dexaste anoche: que ni ha dormido ni está despierto. Si allá
entro, ronca; si me salgo, canta o devanea. No le tomo tiento si
con aquello pena o descansa.

PÁR.—¿Qué dizes? ¿Y nunca me ha llamado, ni ha tenido
memoria de mí?

SEM.—No se acuerda de sí, ¿acordarse ha de ti?

PÁR.—Aun hasta en esto me ha corrido buen tiempo. Pues
que assí es, mientra recuerda[15], quiero embiar la comida, que la
adrecen.

SEM.—¿Qué has pensado embiar para que aquellas loquillas te
tengan por hombre complido, bien criado y franco?

PÁR.—En casa llena, presto se adereça cena. De lo que ay en la
despensa basta para no caer en falta: pan blanco, vino de
Monviedro, un pernil de toçino, y más seys pares de pollos, que
traxeron estotro día los renteros de nuestro amo. Que si los
pidiere, haréle creer que los ha comido. Y las tórtolas que mandó
para oy guardar, diré que se hedían. Tú serás testigo. Ternemos
manera cómo a él no haga mal lo que dellas comiere, y nuestra
mesa esté como es razón. Y allá hablaremos largamente en su
daño y nuestro provecho, con la vieja, cerca destos amores.

SEM.—¡Más, dolores! Que por fe tengo que de muerto o loco

---

[12] Según Ruiz y Bravo-Villasante (1967), el mozo se refiere "a la época en que se
ajustan los mozos y criados, que hacia el norte es por San Miguel, el 29 de
septiembre, y hacia el sur es por San Juan, el 24 de junio, coincidiendo con el
principio del verano y del otoño y con la terminación de las labores agrícolas y
ganaderas más pesadas". Según los autores, el refrán que cita Pármeno todavía
subsiste en la mitad sur de España, junto a "San Juan de los cuidados, cuando los
mozos dejan sus amos y los amos toman criados"; el propósito de Ruiz y Bravo-
Villasante es insistir sobre el carácter meridional de la ciudad donde se desarrolla la
acción de *La Celestina*; recuérdese que, para ellos, se trata de Talavera.

[13] Tomado del *Index* de las obras de Petrarca: "Amantium irae amoris integratio
est" (*De Rebus familiaribus*, 75 B); Cf. Deyermond (1961: 143).

[14] *cabo*, 'junto, cerca, inmediato'; coexiste con *cabe*, aunque es forma arcaica,
Vid. Aut (1737: s.v. *cabe*).

[15] Aquí con el sentido antiguo de 'despertar'.

no escapa desta vez. Pues que assí es, despacha, subamos a ver qué faze.

CAL.—   En gran peligro me veo:
                en mi muerte no ay tardança,
                pues que me pide el deseo
                lo que me niega esperança[16].

PÁR.—Escucha, escucha, Sempronio. Trobando está nuestro amo.

SEM.—¡O hideputa el trobador! El gran Antipater Sidonio, el gran poeta Ovidio, los quales de improviso se les venían las razones metrificadas a la boca[17]. ¡Sí, sí desos es! ¡Trobará el diablo! Está devaneando entre sueños.

CAL.—   Coraçón, bien se te emplea
                que *penes y vivas triste,
                pues tan presto te venciste
                del amor de Melibea.

PÁR.—¿No digo yo que troba?
CAL.—¿Quién fabla en la sala? ¡Moços!
PÁR.—¿Señor?
CAL.—¿Es muy noche? ¿Es hora de acostar?
PÁR.—¡Más ya es señor, tarde para levantar!
CAL.—¿Qué dizes, loco? ¿Toda la noche es passada?
PÁR.—Y aun harta parte del día.

---

[16] Se trata del calco de una estrofa de Diego de Quiñones (*Cancionero General* de Hernando del Castillo: 280):

> En gran peligro me veo
> qu'en mi muerte no ay tardança.
> porque me pide el desseo
> lo que me niega esperança

Cf. Castro Guisasola (1924: 182).

[17] Según Castro Guisasola (1924: 67), las palabras de Pármeno parecen provenir de la elegía 10 del libro IV de *Las Tristes* ovidianas: "Sponte sua carmen numeros veniebat ad aptos,/ Et quod tentabam dicere versus erat?"; Castro Guisasola, al señalar el préstamo de idea, recuerda también que este rasgo autobiográfico de Ovidio era asunto conocido en el siglo XV, y trae como ejemplos el *Proemio al Condestable de Portugal*, de Santillana, y la *Glosa sobre las Trezientas de Mena*, cap. XLI, de Hernán Núñez. Deyermond (1961: 144) cree, por su parte, que estamos ante otro préstamo del *Index* de las obras de Petrarca: "Antipater Sidonius tam exercitati ingenii fuit ut versus hexametros aliosque diversorum generum ex improviso copiose diceret (*Rebus mem.* II, ii, 20).
* penas

CAL.—Di, Sempronio, ¿miente este desvariado que me haze creer que es de día?

SEM.—Olvida, señor, un poco a Melibea, y verás la claridad. Que con la mucha que en su gesto contemplas no puedes ver de encandelado, como perdiz con la calderuela[18].

CAL.—Agora lo creo, que tañen a missa. Daca mis ropas, yré a la Madalena[19]; rogaré a Dios aderece a Celestina y ponga en coraçón a Melibea mi remedio, o dé fin en breve a mis tristes días.

SEM.—No te fatigues tanto, no lo quieras todo en una hora. Que no es de discretos desear con grande eficacia lo que puede tristemente acabar. Si tú pides que se concluya en un día lo que en un año sería harto, no es mucha tu vida.

CAL.—¿Quieres dezir que soy como el moço del escudero gallego?[20]

SEM.—No mande Dios que tal cosa yo diga, que eres mi señor. Y demás desto, sé que como me galardonas el buen consejo me castigarías lo mal hablado. Verdad es que nunca es ygual la alabança del servicio o buena habla, que la reprehesión y pena de lo mal hecho o hablado.

CAL.—No sé quien te abezó tanta filosofía, Sempronio.

SEM.—Señor, no es todo blanco aquello que de negro no tiene semejança, *ni es todo oro quanto amarillo reluze.* Tus acelerados deseos, no medidos por razón, hazen parecer claros mis consejos. Qusieras tú ayer que te traxeran, a la primera habla, amanojada[21] y embuelta en su cordón a Melibea, como si hovieras embiado a otra cualquier mercaduría a la plaça, en

---

[18] encandilar: 'deslumbrar con la luz del candil o vela de noche, poniéndola de repente delante de los ojos del que nos viene al encuentro'; Cf. Aut (1737: s.v. *encandilar*). Aquí Sempronio hace referencia a una forma de cazar ciertos pájaros, poniendo la luz debajo de una calderuela. Cf. Cejador (1913/1968: II, 19), y las objeciones de Corominas (1954: s.v. *candela*).

[19] Este, como otros detalles topográficos de la ciudad, ha servido a algunos críticos para identificar el escenario real de *La Celestina*; Cf. Morales (1950), para quien es una clara alusión a Talavera, y Criado de Val (1963), que se inclina por Toledo; pero hay muchas otras iglesias de la Magdalena en varias ciudades españolas. ¿No podría tratarse aquí de una alusión al hecho de ser la Magdalena patrona de los enamorados?

[20] O'Kane (1950) ha explicado que Rojas no sólo incorpora a la obra refranes de manera simple, sino que, como en este caso, nos brinda en perfecta armonía, adaptación, alusión y desarrollo psicológico. El refrán en el que piensa Calisto es "...el mozo del escudero gallego, que andaba todo el año descalzo y por un día quería matar al zapatero"; *Vid.* Correas (1924: 105).

[21] amanojada: 'en manojo'.

que no hoviera mas trabajo de llegar y pagalla. Da, señor, alivio al coraçón, que en poco espacio de tiempo no cabe gran bienaventurança[22]. Un solo golpe no derriba un roble. Apercíbete con sofrimiento, porque la providencia es cosa loable y el apercibimiento resiste el fuerte combate.

CAL.—Bien has dicho, si la qualidad de mi mal lo consintiesse.

SEM.—¿Para qué, señor, es el seso, si la voluntad priva [a] la razón?

CAL.—¡O loco, loco! Dize el sano al doliente: Dios te dé salud. No quiero consejo, ni esperarte más razones, que más avivas y enciendes las flamas que me consumen. Yo me voy solo a missa, y no tornaré a casa fasta que me llaméys pidiéndome las albricias de mi gozo con la buena venida de Celestina. Ni comeré hasta entonce[23], aunque primero sean los cavallos de Febo apacentados en aquellos verdes prados que suelen, quando han dado fin a su jornada.

SEM.—Dexa, señor, essos rodeos, dexa essas poesías, que no es fabla conveniente la que a todos no es común, la que todos no participan, la que pocos entienden. Di: aunque se ponga el sol, y sabrán todos lo que dizes[24]. Y come alguna conserva, con que tanto espacio de tiempo te sostengas.

CAL.—Sempronio, mi fiel criado, mi buen consejero, mi leal servidor, sea como a ti te paresce. Porque cierto tengo, según tu limpieça de servicio, quieres tanto mi vida como la tuya.

SEM.—¿Créeslo tú, Pármeno? Bien sé que no lo jurarías. Acuérdate, si fueres por conserva, apañes un bote para aquella

---

[22] Se trata de un préstamo del *De Remediis utriusque fortunae* de Petrarca: "parvo temporis in spacio non stat magna foelicitas" (I, I E 11): Cf. Deyermond (1961: 58).

[23] Según Lida de Malkiel (1962: 17) se trata de una derivación de la Glosa a la *Coronación*, c. 25.

[24] Estas palabras del criado han recibido diversas interpretaciones: Menéndez Pidal (1950: 171) creía que se trataba de la manifestación de un nuevo gusto que venía a imperar en el lenguaje literario, y las interpretaba como censura a la huera erudición del señor por parte de Sempronio; pero como bien indica Lida de Malkiel, mal podría Sempronio convertirse en crítico de lo que continuamente profesa; Sàmona (1953: 219 y ss.) ve en ellas una burla al lenguaje retórico del amo, mientras Gilman (1956: 35) piensa que la censura no ha de interpretarse como manifiesto literario ni como burla al lenguaje de Calisto, sino como crítica a su conducta. Cf. Lida de Malkiel (1962: 342-43). Por su parte, Berndt (1963: 40-41) ve una muestra de la ironía con que Rojas pinta a su protagonista.

gentezilla[25], que nos va más, y a buen entendedor... En la bragueta cabrá.

CAL.—¿Qué dizes, Sempronio?

SEM.—Dixe, señor, a Pármeno que fuesse por una tajada de diacitrón[26].

PÁR.—Hela aquí, señor.

CAL.—Daca.

SEM.—Verás qué engullir haze el diablo. Entero lo quería tragar por más apriesa hazer.

CAL.—El alma me ha tornado. Quedaos con Dios, hijos. Esperad la vieja, e yd por buenas albricias.

PÁR.—¡Allá yrás con el diablo tú y malos años! ¡Y en tal hora comiesses el diacitrón como Apuleyo el veneno, que le convertió en asno!

[25] Para Ruiz y Bravo-Villasante (1967) estamos ante otra prueba que apunta a Talavera como escenario de la obra; según los autores sólo puede tratarse de una ciudad de interior, pues se habla de conservas, lo que indica que no es posible hallar pescado fresco. (!)

[26] *diacitrón*: 'corteza de la cidra confitada y cubierta'; *Vid.* Aut (1737: s.v. *diacitrón*).

IX

ARGUMENTO DEL NOVENO AUTO

Sempronio y Pármeno van a casa de Celestina, entre sí hablando.
Llegados allá, hallan a Elicia y Areúsa. Pónense a comer. Entre comer
riñe Elicia con Sempronio. Levántase de la mesa. Tórnanla apaciguar.
Estando ellos todos entre sí razonando viene Lucrecia, criada de
Melibea, llamar a Celestina, que vaya a estar con Melibea.

SEM.—Baxa, Pármeno, nuestras capas y espadas, si te parece
que es hora que vamos a comer.

PÁR.—Vamos presto. Ya creo que se quexarán de nuestra
tardança. No por essa calle, sino por estotra, porque nos entremos por la yglesia y veremos si oviere acabado Celestina sus
devociones: llevarla hemos de camino.

SEM.—A donosa hora ha de estar rezando.

PÁR.—No se puede dezir sin tiempo fecho lo que en todo
tiempo se puede fazer[1].

SEM.—Verdad es; pero mal conoces a Celestina. Quando ella
tiene que hazer, no se acuerda de Dios ni cura de santidades.
Quando ay que roer en casa, sanos están los santos; quando va a
la yglesia con sus cuentas en la mano, no sobra el comer en casa.
Aunque ella te crió, mejor conozco yo sus propiedades que tú. Lo
que en sus cuentas reza es los virgos que tiene a cargo, y quántos enamorados ay en la cibdad, y quántas moças tiene encomendadas, y qué despenseros *le dan ración y quál mejor, y
cómo les llaman por nombre, porque quando los encontrare no
hable como estraña,* y qué canónigo es más moço y franco.
Quando menea los labios es fengir mentiras, ordenar cautelas

---

[1] Es un calco del *Index* de las obras de Petrarca: "Non fit ante tempus quod in
omni fieri potest (*De Remediis*, II, 48 B): Deyermond (1961: 145).

para haver dinero: por aquí le entraré, esto me responderá,
estotro replicaré². Assí vive esta que nosotros mucho honrramos.

PÁR.—Mas que esso sé yo; sino porque te enojaste estotro día
no quiero hablar; quando lo dixe a Calisto.

SEM.—Aunque lo sepamos para nuestro provecho, no lo
publiquemos para nuestro daño. Saberlo nuestro amo es echa-
lla por quien es y no curar della. Dexándola, verná forçado otra,
de cuyo trabajo no esperemos parte, como desta, que de grado *o
por fuerça nos dará de lo que le diere.

PÁR.—Bien has dicho. Calla, que está abierta su puerta. En
casa está. Llama antes que entres, que por ventura estarán
embueltas³ y no querrán ser assí vistas.

SEM.—Entra, no cures, que todos somos de casa. Ya ponen la
mesa.

CEL.—¡O *mis enamorados*, mis perlas de oro! ¡Tal me venga el
año, qual me parece vuestra venida!

PÁR.—¡Qué palabras tiene la noble! Bien ves, hermano, estos
halagos fengidos.

SEM.—Déxala, que deso vive. Que no sé quién diablos le
mostró tanta ruyndad.

PÁR.—La necessidad y pobreza, la fambre. Que no ay mejor
maestra en el mundo, no ay mejor despertadora y avivadora de
ingenios⁴. ¿Quién mostró a las picaças y papagayos imitar

---

² Lida de Malkiel (1962: 521) piensa que este fragmento refleje probablemente
las frases del *Phormio* —vv. 319 y ss.— donde el protagonista prepara la ofensiva
contra el *durus pater*.
* y
³ La expresión de Pármeno parece hacer referencia al hecho de que aún las mu-
chachas no estén vestidas y arregladas. *Envuelto* es para Aut (1737: s.v. *envuelto*),
como para nosotros, participio de *envolver (se)*, y puede aludir a vestir alguna
prenda, pues trae un ejemplo del *Quijote* que reza: "Los enlutados iban (...) envuel-
tos en sus faldamentos y lobas". Quizá el mozo se preocupa por si las chicas estuvie-
sen todavía en una especie de *loba* o bata de estar en casa. Para *Autoridades*, la *loba*
es 'cierto género de vestidura talar, que oy usan los eclesiásticos y estudiantes; la
qual empieza por un alzacuello que ciñe el pescuezo, y ensanchándose después hasta lo último de los hombros, cae perpendicularmente hasta los pies. Tiene una
abertura por delante, y dos a los lados para sacar los brazos'; Cf. s.v. *loba*.
⁴ Menéndez Pelayo señaló aquí una reminiscencia del prólogo de las *Sátiras* de
Persio (V, 8-11): "Quis expedivit psittaco suum 'chaere'/ Picasque docuit verba
nostra conari?/ Magister artis ingenique largitor/ Venter, negatas artifex sequi
voces". Castro Guisasola (1924: 79) especifica que el recuerdo de este manosea-
dísimo fragmento de Persio, sólo toca a la última frase de Rojas, pues lo demás
pertenece a refranes populares.

nuestra propia habla con sus harpadas lenguas[5], nuestro órgano y boz, sino ésta?

CEL.—¡Mochachas! ¡Mochachas! ¡Bovas! Andad acá baxo, presto, que están aquí dos hombres que me quieren forçar.

ELI.—¡Mas nunca acá vinieran! ¡Y mucho combidar con tiempo! Que ha tres horas que está aquí mi prima. Este perezoso de Sempronio havrá sido causa de la tardança, que no ha ojos por do verme.

SEM.—Calla, mi señora, mi vida, mis amores. Que quien a otro sirve no es libre. Assí que sujeción me relieva de culpa. No ayamos enojo, assentemonos a comer.

ELI.—¡Assí! ¡Para assentar a comer, muy diligente! ¡A mesa puesta con tus manos lavadas y poca vergüença!

SEM.—Después reñiremos; comamos agora. Asiéntate, madre Celestina, tú primero.

CEL.—Assentaos vosotros, mis hijos, que harto lugar ay para todos, a Dios gracias: tanto nos diessen del paraýso quando allá vamos. Poneos en orden, cada uno cabo la suya; yo, que estoy sola, porné cabo mí este jarro y taça, que no es más mi vida de quanto con ello hablo. Después que me fui faziendo vieja, no sé mejor oficio a la mesa que escanciar. Porque quien la miel trata, siempre se le pega dello. Pues de noche en invierno no ay tal escallentador de cama. Que con dos jarrillos destos que beva quando me quiero acostar, no siento frío en toda la noche. Desto aforro todos mis vestidos, quando viene la Navidad; esto me callenta la sangre; esto me sostiene continuo en un ser; esto me faze andar siempre alegre; esto me para fresca; desto vea yo sobrado en casa, que nunca temeré el mal año. Que un cortezón de pan ratonado me basta para tres días. *Esto quita la tristeza del coraçón más que el oro ni el coral; esto da esfuerço al moço y al viejo fuerça; pone color al descolorido, coraje al covarde, al floxo diligencia, conforta los celebros, saca el frío del estómago, quita el hedor del anélito, haze impotentes los fríos, haze suffrir los afanes de las labranças a los cansados segadores, haze sudar*

---

[5] Según Cejador (1913/1968: II, 27), *arpar la voz* es 'quebrarla, modularla, cortarla cantando'; se trata de *arpar*, 'arañar, rasgar'. Lida de Malkiel (1950a) piensa que "Rojas se proponía subrayar la dificultad, vencida por la urgencia del hambre, y para eso venía muy a su propósito contraponer la dificultad de lo imitado y el éxito de la imitación con lo imperfecto del instrumento usado: la lengua roma, que no tiene punta —en palabras de Aristóteles— falta de un trozo, desgarrada, arpada. Así, pues, Rojas aplicó en su sentido recto y castizo el participio de *arpar*..."

toda agua mala, sana el romadizo y las muelas, sostiene sin heder en la mar, lo qual no haze el agua. Más propriedades te diría dello que todos tenéys cabellos. Assí que no sé quien no se goze en mentarlo. No tiene sino una tacha, que lo bueno vale caro y lo malo haze daño. Assí que con lo que sana el hígado enferma la bolsa. Pero todavía con mi fatiga busco lo mejor para esso poco que bevo. Una sola dozena de vezes a cada comida, no me harán passar de allí, salvo si no soy combidada, como agora.

PÁR.—*Madre, pues tres vezes dizen que es bueno y honesto todos los que escrivieron.*

CEL.—*Hijos, estará corrupta la letra: por treze, tres.*

SEM.—*Tía señora, a todos nos sabe bien, comiendo y hablando. Porque después no havrá tiempo para entender en los amores deste perdido de nuestro amo y de aquella graciosa y gentil Melibea.*

ELI.—*¡Apártateme allá, dessabrido, enojoso! ¡Mal provecho te haga lo que comes! ¡Tal comida me has dado! Por mi alma, revesar[6] quiero quanto tengo en el cuerpo, de asco de oýrte llamar aquella gentil. ¡Mirad quién gentil! ¡Jesú, Jesú! ¡Y qué hastío y enojo es ver tu poca vergüença! ¿A quién gentil? ¡Mal me haga Dios si ella lo es, ni tiene parte dello, sino que ay ojos que de lagaña se agradan! Santiguarme quiero de tu necedad y poco conocimiento. ¡O quién estoviesse de gana para disputar contigo su hermosura y gentileza! ¿Gentil? ¿Gentil es Melibea? Entonce lo es, entonce acertarán, quando andan a pares los diez mandamientos. Aquella hermosura por una moneda se compra de la tienda. Por cierto, que conozco yo en la calle donde ella vive quatro donzellas, en quien Dios más repartió su gracia que no en Melibea. Que si algo tiene de hermosura es por buenos atavíos que trae. Poneldos en un palo, también dirés que es gentil. Por mi vida que no lo digo por alabarme; mas que creo que soy tan hermosa como vuestra Melibea[7].*

---

[6] 'devolver, vomitar'; Cf. Corominas (1954: s.v. *verter*).

[7] Cejador (1913/1968: II, 31) fue el primero en emparentar esta escena de envidia protagonizada por Elicia con un par de pasajes del *Corbacho* (Parte II, cáps. 2 y sobre todo 4), y anotar de paso el verso lapidario de Juan Ruiz: "Ante ella non alabes otra de parescer" que el pobre Sempronio acaba de incumplir. Castro Guisasola (1924: 175) subraya, además, la semejanza de los giros, modismos y palabras de la mujer envidiosa de Alfonso Martínez y de Rojas; entre ambas expresiones hay un estrecho paralelo en detalles y pormenores y hasta se introduce "un mismo refrán, traído con la misma intención y en las mismas circunstancias".

ARE.—Pues no la has tú visto como yo, hermana mía. Dios me lo demande, si en ayunas la topasses, si aquel día pudieses comer de asco. Todo el año se está encerrada con mudas de mill suziedades. Por una vez que aya de salir donde pueda ser vista, enviste su cara con hiel y miel, con unas *tostadas e higos passados* y con otras cosas, que por reverencia de la mesa dexo de dezir. Las riquezas las hazen a estas hermosas y ser alabadas, que no las gracias de su cuerpo. Que assí goze de mí, unas tetas tiene, para ser donzella, como si tres vezes hoviesse parido: no parecen sino dos grandes calabaças. El vientre no se le [he] visto; pero, juzgando por lo otro, creo que le tiene tan floxo como vieja de cincuenta años. No sé qué se ha visto Calisto, porque dexa de amar otras que más ligeramente podría haver, y con quién más él holgasse; *sino que el gusto dañado muchas veces juzga por dulce lo amargo.*

SEM.—Hermana, paréceme aquí que cada bohonero alaba sus agujas, que el contrario desso se suena por la cibdad.

ARE.—Ninguna cosa es más lexos de verdad que la vulgar opinión[8]. Nunca alegre vivirás si por voluntad de muchos te riges[9]. Porque estas son conclusiones verdaderas, que qualquier cosa que el vulgo piensa es vanidad; lo que fabla, falsedad; lo que reprueva es bondad; lo que aprueva, maldad[10]. Y pues este es su más cierto uso y costumbre, no juzgues la bondad y hermosura de Melibea por esso ser la que afirmas.

SEM.—Señora, el vulgo parlero no perdona las tachas de sus señores[11]; y así yo creo que, si alguna toviesse Melibea, ya sería descubierta de los que con ella mas que con nosotros tratan. Y

Este autor hace referencia al "Ojos ay que de lagaña se agrandan" del *Corbacho*, que Elicia repite en la escena: "ay ojos que de lagaña se agrandan". La fuente no parece discutible.

[8] Se trata de un préstamo del *De Remediis* (1, 12 B 8-9): "Nihil est a virtute vel a veritate remotius quam vulgaris opinio"; Cf. Deyermond (1961: 59).

[9] Deyermond (1961: 145) ha detectado que se trata de un calco del *Index* de las obras de Petrarca: "Numquam laetus eris si vulgo te regendum tradideris" (*Rebus fam.* 15 E).

[10] Tomado también del *Index* de las obras de Petrarca: "Vulgus quicquid cogitat vanum est: quicquid loquitur falsum est: quicquid improbat malum est: quicquid praedicat infame est et quicquid agit stultum est" (*De Remediis*, 1, 11 D in fin); Cf. Deyermond (1961: 145).

[11] Sigue Rojas con los ojos puestos en Petrarca, esta vez, en el texto del *De Remediis* (1, 42 B 10): "Non parcit regum maculis vulgus loquax"; Cf. Deyermond (1961: 59).

aunque lo que dizes concediesse, Calisto es cavallero, Melibea fijadalgo: assí que los nacidos por linaje *escogido búscanse unos a otros. Por ende no es de maravillar que ame antes a ésta que a otra.

ARE.—Ruyn sea quien por ruyn se tiene. Las obras hazen linaje, que al fin todos somos hijos de Adán y Eva. Procure de ser cada uno bueno por sí, y no vaya buscar en la nobleza de sus pasados la virtud[12]

CEL.—Hijos, por mi vida, que cessen essas razones de enojo. Y tú, Elicia, que te tornes a la mesa y dexes essos enojos.

ELI.—¡Con tal que mala pro me hiziesse! ¡Con tal que reben-tasse comiéndolo! ¿Havía yo de comer con esse malvado, que en mi cara me ha porfiado que es más gentil su andrajo de Melibea que yo?

SEM.—Calla, mi vida, que tú la comparaste. Toda compara-ción es odiosa[13], tú tienes la culpa y no yo.

ARE.—Ven, hermana, a comer. No hagas agora esse plazer a estos locos porfiados; si no, levantarme he yo de la mesa.

ELI.—Necessidad de complazerte me haze contentar a esse enemigo mío y usar de virtud con todos.

SEM.—¡He! ¡he! ¡he!

ELI.—¿De qué te ríes? ¡De mala cancre sea comida essa boca desgraciada, enojoso!

CEL.—No le respondas, hijo; si no, nunca acabaremos. Enten-damos en lo que faze nuestro caso. Dezidme, ¿cómo quedó Calisto? ¿Cómo lo dexaste? ¿Cómo os pudistes entramos descabullir dél?

PÁR.—Allá fue a la maldición, echando fuego, desesperado, perdido, medio loco, a missa a la Magdalena, a rogar a Dios que te dé gracia que puedas bien roer los huessos destos pollos, y protestando no bolver a casa hasta oýr que eres venida con Melibea en tu arremango[14]. Tu saya y manto, y aun mi sayo,

---

* escogidos
[12] Las palabras de Areúsa parecen ser reminiscencia de los versos de Mena: "Quien no faze la nobleza/ y en sus pasados la busca..." de los *Pecados mortales*, c. 16. Cf. Castro Guisasola (1924: 163).
[13] Del *Index* de las obras de Petrarca parece venir esta sentencia: "Comparationes non carent odio" (*Rebus mem*. III, ii 44 D); Cf. Deyermond (1961: 144).
[14] De *arremangar*; 'levantarse las mangas o faldas'; Cf. Aut (1737: s.v. *arremango*). Un arremango es el mismo enfaldo, o rollo que se hace con las faldas'; Cf. la ac. 2.

cierto está; lo otro, vaya y venga. El quándo lo dará no lo sé.
CEL.—Sea quando fuere. Buenas son mangas passada la
pasqua. Todo aquello alegra que con poco trabajo se gana,
mayormente viniendo de parte donde tan poca mella haze, de
hombre tan rico, que con los salvados de su casa podría yo salir
de lazería, según lo mucho le sobra. No les duele a los tales lo que
gastan y según la causa por que lo dan; no sienten con el
embevecimiento del amor, no les pena, no veen, no oyen. Lo qual
yo juzgo por otros que he conocido, menos apassionados y
metidos en este fuego de amor que a Calisto veo. Que ni comen ni
beven, ni ríen ni lloran, ni duermen ni velan, ni hablan ni callan,
ni penan ni descansan, ni están contentos ni se quexan, según la
perplexidad de aquella dulce y fiera llaga de sus coraçones. Y si
alguna cosa destas la natural necessidad les fuerça a hazer, están
en el acto tan olvidados, que comiendo se olvida la mano de
llevar la vianda a la boca. Pues si con ellos hablan, jamás
conviniente respuesta buelven. Allí tienen los cuerpos; con sus
amigas los coraçones y sentidos[15]. Mucha fuerça tiene el amor:
no sólo la tierra, mas aun las mares traspassa, según su poder.
Ygual mando tiene en todo género de hombres; todas las
dificultades quiebra. Ansiosa cosa es, temorosa y solícita; todas
las cosas mira en derredor[16]. Assí que, si vosotros buenos
enamorados havés sido, juzgarés yo dezir verdad.
SEM.—Señora, en todo concedo en tu razón, que aquí está
quien me causó algún tiempo andar otro fecho Calisto, perdido
el sentido, cansado el cuerpo, la cabeça vana, los días *mal*
dormiendo, las noches todas belando, dando alboradas, haziendo momos, saltando paredes, poniendo cada día la vida al
tablero, esperando toros, corriendo cavallos, tirando barra,

---

[15] Para Lida de Malkiel (1962: 556) este pasaje es un eco del *Roman de la Rose*:
"Or t'avendra maintes feiees/ Qu'en pensant t'entroblieras.../ Senz piez, senz
mains, senz doiz croler,/Senz iauz movoir e senz parler.../ Apres est droiz qu'il te
soveigne/ Que t'amie t'est trop lontaigne;/ Lors diras: Deus! con sui mauvais/
Quant la ou mes cuers est ne vais!..." Sin embargo, sobre los amantes embebecidos,
también ve cierto paralelo con unas frases del *Sermón de amores* (p. 108), de Diego
de San Pedro.
[16] Se trata de un préstamo directo de varias entradas del *Index* de las obras de
Petrarca: "Amoris mira et magna potentia", "Quod par imperium habet in omne
hominum genus", "Amor omnes difficultates frangit", "Volucer est amor: non
terras: sed coelum transit et maria", y "Amor anxia res est: credula: timida: sollicita:
omnia circumspiciens: et vana etiam ac secura formidans" (*Epistolae*: 37 A, 47 B,
54 B, 89 V y 96 A); Cf. Deyermond (1961: 146).

echando lança, cansando amigos, quebrando espadas, haziendo escalas, vistiendo armas y otros mill actos de enamorado, haziendo coplas, pintando motes, sacando invenciones. Pero todo lo doy por bien empleado, pues tal joya gané.

ELI.—¡Mucho piensas que me tienes ganada! Pues hágote cierto que no as tu buelto la cabeça, quando está en casa otro que más quiero, más gracioso que tú, y aun que no anda buscando cómo me dar enojo; a cabo de un año que me vienes a ver, tarde y con mal.

CEL.—Hijo, déxala dezir, que devanea. Mientra más desso le oyeres, más se confirma en su amor. Todo es porque havés aquí alabado a Melibea. No sabe en otra cosa que os lo pagar, sino en dezir esso; y creo que no vee la hora de haver comido para lo que yo me sé. Pues esotra su prima yo me la conozco. Gozá vuestras frescas mocedades, que quien tiempo tiene y mejor le espera, tiempo viene que se arrepiente. Como yo hago agora por algunas horas que dexé perder quando moça, quando me preciava[n], quando me querían. Que ya, ¡mal pecado!, caducado he, nadie no me quiere. ¡Que sabe Dios mi buen deseo! Besaos y abraçaos, que a mí no me queda otra cosa sino gozarme de vello. Mientra a la mesa estáys, de la cinta arriba todo se perdona. Quando seáys aparte, no quiero poner tassa, pues que el rey no la pone. Que yo sé por las mochachas que nunca de importunos os acusen y la vieja Celestina mascará de dentera con sus botas enzías las migajas de los manteles. Bendígaos Dios, ¡cómo lo reýs y holgáys, putillos, loquillos, traviesos! ¡En esto avía de parar el nublado de las questioncillas que avés tenido! ¡Mirá no derribés la mesa!

ELI.—Madre, a la puerta llaman. ¡El solaz es derramado!

CEL.—Mira, hija, quién es; por ventura será quien lo acreciente y allegue.

ELI.—O la voz me engaña, o es mi prima Lucrecia.

CEL.—Abrela, y entre ella, y buenos años. Que aun a ella algo se le entiende desto que aquí hablamos; aunque su mucho encerramiento le impide el gozo de su mocedad.

ARE.—Assí goze de mí, que es verdad, que estas que sirven a señoras ni gozan deleyte ni conocen los dulces premios de amor. *Nunca tratan con parientes, con yguales a quien pueden hablar tú por tú, con quien digan: "¿Qué cenaste?" "¿Estás preñada?" "¿Quántas gallinas crías?" "Llévame a merendar a tu casa"; "Muéstrame tu enamorado"; "¿Quánto ha que no te vido?" "¿Cómo te va con él?" "¿Quién son tus vezinas?" y otras cosas de* *ygualdad semejantes. ¡O tía! ¡ Y qué duro nombre y qué grave y sobervio es señora contino en la boca!*[17] Por esto me vivo sobre mí, desde que me sé conocer. Que jamás me precié de llamarme de otric, sino mía; mayormente destas señoras que agora se usan. Gástase con ellas lo mejor del tiempo, y con una saya rota de las que ellas desechan pagan servicio de diez años. Denostadas, mal tratadas las traen, contino sojuzgadas, que hablar delante dellas no osan. Y quando veen cerca el tiempo de la obligación de casallas, levántanles un caramillo, que se echan con el moço o con el hijo, o pídenles celos del marido, o que mete hombres en casa, o que hurtó la taça o perdió el anillo; danles un ciento de açotes y échanlas la puerta fuera, las haldas en la cabeça, diziendo "¡Allá yrás, ladrona, puta! No destruyrás mi casa y honrra." Assí que esperan galardón, sacan baldón; esperan salir casadas, salen amenguadas; esperan vestidos y joyas de boda, salen desnudas y desnostadas. Estos son sus premios, estos son sus beneficios y pagos. Oblíganseles a dar marido, quítanles el vestido. La mejor honrra que en sus casas tienen es andar fechas callejeras, de dueña en dueña, con sus mensajes acuestas. Nunca oyen su nombre propio de la boca dellas, sino "puta acá", "puta acullá" "¿A dó vas, tiñosa?" "¿Qué heziste, vellaca?" "¿Por qué comiste esto, golosa?" "¿Cómo fregaste la *sartén, puerca?" "¿Por qué no limpiaste el manto, suzia?" "¿Cómo dixiste esto, necia?" "¿Quién perdió el plato, desaliñada?" "¿Cómo faltó el paño de manos, ladrona? A tu rufián lo avrás dado." "Ven acá, mala muger, la gallina havada no paresce: pues búscala presto, si no, en la primera blanca de tu soldada la contaré." Y tras esto, mill chapinazos y pellizcos, palos y açotes. No ay quien las sepa contentar, no quien pueda sofrillas. Su plazer es dar vozes, su gloria es reñir. De lo mejor fecho, menos contentamiento muestran. Por esto, madre, he quesido más vivir en mi pequeña casa, esenta y señora, que no en sus ricos palacios sojuzgada y cativa.

CEL.—En tu seso has estado, bien sabes lo que hazes. Que los sabios dizen, que vale más una migaja de pan con paz que toda la casa llena de viandas con rencilla[18]. Mas agora cesse esta razón, que entra Lucrecia.

---

[17] Préstamo del *Index* de las obras de Petrarca: "Dominus durum superbumque et grave nomen est" (*De Remediis*, I, 85 C); *Vid.* Deyermond (1961: 146).

* serten

[18] Según Lida de Malkiel (1962: 512), estamos ante un eco de los *Proverbios* (XVII, I): "Melior est bucella sicra cum gaudio quam domus victimis plena cum iurgio."

Luc.—Buena pro os haga, tía, y la compañía. Dios bendiga tanta gente y tan honrrada.

Cel.—¿Tanta, hija? ¿Por mucha has ésta? Bien parece que no me conociste en mi prosperidad, oy ha veynte años. ¡Ay! ¡Quien me vido y quien me vee agora[19], no sé cómo no quiebra su coraçón de dolor! Yo ví, mi amor, [a] esta mesa donde agora están tus primas assentadas, nueve moças de tus días, que la mayor no passava de deziocho años y ninguna havía menor de catorze. Mundo es, passe, ande su rueda, rodee sus alcaduzes, unos llenos, otros vazíos. Ley es de fortuna que ninguna cosa en un ser mucho tiempo permanesce: su orden es mudanças[20]. No puedo dezir sin lágrimas la mucha honrra que entonces tenía; aunque por mis pecados y mala dicha poco a poco ha venido en diminución. Como declinavan mis días, assí se diminuýa y menguava mi provecho. Proverbio es antigo, que quanto al mundo es o crece o descrece. Todo tiene sus límites, todo tiene sus grados. Mi honrra llegó a la cumbre, según quien yo era; de necessidad es que desmengüe y abaxe. Cerca ando de mi fin. En esto veo que me queda poca vida. *Pero bien sé que sobí para decender, florescí para secarme, gozé para entristecerme, nascí para bivir, biví para crecer, crecí para envejecer, envejecí para morirme[21]. Y pues esto antes de agora me consta, sofriré con menos pena mi mal; aunque del todo no pueda despedir el sentimiento, como sea de carne sentible formada.*

Luc.—Trabajo tenías, madre, con tantas moças, que es ganado muy trabajoso de guardar.

Cel.—¿Trabajo, mi amor? Antes descanso y alivio. Todas me obedescían, todas me honrravan, de todas era acatada, ninguna salía de mi querer, lo que yo dezía era lo bueno, a cada qual dava su cobro[22]. No escogían más de lo que yo les mandava: coxo o tuerto o manco, aquel havían por sano que más dinero me dava.

---

[19] Castro Guisasola (1924: 54) cree ver en estas palabras influencia de la *Mostellaria* plautina (I, 3), pero no debió ser, así pues Plauto es un autor casi desconocido para la Edad Media española.

[20] Aunque con dudas, Castro Guisasola (1924: 151) advierte la posible fuente de esta máxima en el texto del *Tristán de Leonís:* "... la variada fortuna que nunca está en sosiego, que siempre haze mudanças" (cap. I, 1).

[21] Eco del texto de las *Epistolae* de Petrarca (2 D 10-11): "Scio me ascendere ut descendam: virere ut arescam: ut senescam adolescere: vivere ut moriar"; Deyermond (1961: 76).

[22] Aquí con el sentido antiguo de 'seguro u seguridad y resguardo'; Cf. Aut (1737: s.v. *cobro*, ac. 3), para quien el término era ya arcaico.

Mío era el provecho, suyo el afán. Pues servidores, ¡no tenía por su causa dellas! *Cavalleros *viejos y moços, abades de todas dignidades, desde obispos hasta sacristānes. En entrando por la yglesia, vía derrocar bonetes en mi honor, como si yo fuera una *duquesa. El que menos avía que negociar comigo por más ruyn se tenía. De media legua que me viessen, daxavan las Horas: uno a uno, dos a dos, venían a donde yo estava, a ver si mandava algo, a preguntarme cada uno por la suya. Que hombre havía que, estando diziendo missa, en viéndome *entrar se turbava, que no fazía ni dezía cosa a derechas. Unos me llamavan se-ñora, otros tía, otros enamorada, otros vieja honrrada. Allí se concertavan sus venidas a mi casa, allí las ydas a la suya, allí se me ofrecían dineros, allí promesas, allí otras dádivas, besando el cabo de mi manto, y aun algunos en la cara, por me tener más contenta. Agora hame traýdo la fortuna a tal estado que me digas: "¡Buena pro hagan las çapatas!"

SEM.—Espantados nos tienes con tales cosas como nos cuen-tas de essa religiosa gente y benditas coronas. ¡Sí, que no serían todos!.

CEL.—No, hijo, ni Dios lo mande que yo tal cosa levante. Que muchos viejos devotos havía con quien yo poco medrava, y aun que no me podían ver; pero creo que de embidia de los otros que me hablavan. Como la clerezía era grande, havía de todos: unos muy castos, otros que tenían cargo de mantener a las de mi oficio. Y aun todavía creo que no faltan. Y embiavan sus escuderos y moços a que me acompañassen, y apenas era llegada a mi casa quando entravan por mi puerta muchos pollos y gallinas, ansarones, anadones, perdizes, tórtolas, perniles de tocino, tortas de trigo, lechones. Cada qual, como lo recebía de aquellos diezmos de Dios, assí lo venían luego a registrar, para que comiese yo y aquellas sus devotas. Pues, ¿vino? ¡No me sobrava! ¡De lo mejor que se bevía en la cibdad! Venido de diversas partes: de Monviedro, de Luque, de Toro, de Madrigal, de Sant Martín y de otros muchos lugares; y tantos que aunque tengo la diferencia de los gustos y sabor en la boca, no tengo la diversidad de sus tierras en la memoria. Que harto es que una vieja, como yo, en oliendo qualquiera vino, diga de donde és.

* cavelleros
* vejos
* dequesa
* enttar

Pues, otros curas sin renta... no era ofrecido el bodigo, quando, en besando el filigrés la estola, era del primer boleo en mi casa. Espessos como piedras a tablado, entravan mochachos cargados de provisiones por mi puerta. No sé cómo puedo vivir, cayendo de tal estado.

ARE.—Por Dios, pues somos venidas a haver plazer, no llores, madre, ni te fatigues; que Dios lo remediará todo.

CEL.—Harto tengo, hija, que llorar, acordándome *de tan alegre tiempo y tal vida, como yo tenía, y quán servida era de todo el mundo. Que jamás hovo fruta nueva, de que yo primero no gozasse, que otros supiessen si era nascida. En mi casa se havía de hallar si para alguna preñada se buscasse.

SEM.—Madre, ningund provecho trae la memoria del buen tiempo, si cobrar no se puede; antes tristeza; como a ti agora, que nos has sacado el plazer dentre las manos. Alcese la mesa. Yrnos hemos a holgar, y tú darás respuesta a essa donzella que aquí es venida

CEL.—Hija Lucrecia, dexadas estas razones, querría que me dixiesses a qué fue agora tu buena venida.

LUC.—Por cierto, ya se me havía olvidado mi principal demanda y mensaje, con la memoria de esse tan alegre tiempo como has contado y assí me estuviera un año sin comer, escuchándote y pensando en aquella vida buena, que aquellas moças gozarían, que me parece y semeja que estó yo agora en ella. Mi venida, señora, es lo que tú sabrás: pedirte el ceñidero y, demás desto, te ruega mi señora sea de ti visitada y muy presto, porque se siente muy fatigada de desmayos y dolor del coraçón.

CEL.—Hija, destos dolorcillos tales más es el ruydo que las nuezes. Maravillada estoy sentirse el coraçón muger tan moça.

LUC.—¡Assí te arrastren[23], traydora! ¿Tú no sabes qué es? Haze la vieja falsa sus hechizos y vasse; después házese de nuevas.

CEL.—¿Qué dizes, hija?

LUC.—Madre, que vamos presto y me dés el cordón.

CEL.—Vamos, que yo le llevo.

---

* a

[23] Lucrecia se refiere a la 'pena (...) que dan al condenado a muerte por delito atroz: ser arrastrado y llevado assí a la horca o al patíbulo'; Cf. Covarrubias (1611: s.v. *arrastrar*).

X

ARGUMENTO DEL DECIMO AUTO

Mientra andan Celestina y Lucrecia por [el] camino, está hablando Melibea consigo misma. Llegan a la puerta. Entra Lucrecia primero. Haze entrar a Celestina. Melibea, después de muchas razones, descubre a Celestina arder en amor de Calisto. Veen venir a Alisa, madre de Melibea. Despídense den uno. Pregunta Alisa a Melibea de los negocios de Celestina. Defendióle su mucha conversación.

MEL.—¡O lastimada de mí! ¡O mal proveýda donzella! ¿Y no me fuera mejor conceder su petición y demanda ayer a Celestina, quando de parte de aquel señor, cuya vista me cativó, me fue rogado, y contentarle a él y sanar a mí, que no venir por fuerça a descobrir mi llaga, quando no me sea agradecido, quando ya desconfiando de mi buena respuesta, aya puesto sus ojos en amor de otra? ¡Quánta más ventaja toviera mi prometimiento rogado que mi ofrecimiento forçoso! ¡O mi fiel criada Lucrecia! ¿Qué dirás de mí? ¿Qué pensarás de mi seso quando me veas publicar lo que a ti jamás he quesido descobrir? ¡Cómo te espantarás del rompimiento de mi honestidad y vergüença, que siempre como encerrada donzella, acostumbré tener! No sé si avrás barruntado de dónde procede mi dolor. ¡O, si ya veniesses con aquella medianera de mi salud! ¡O soberano Dios! A ti, que todos los atribulados llaman, los apassionados piden remedio, los llagados medicina; a ti, que los cielos, mar y tierra, con los infernales centros obedecen; a ti, el qual todas las cosas a los hombres sojuzgaste, humilmente suplico des a mi herido *cora-

* coroçon

çón sofrimiento y paciencia, con que mi terrible passión pueda disimular[1]. No se desdore aquella hoja de castidad que tengo assentada sobre este amoroso desseo, publicando ser otro mi dolor que no el que me atormenta. Pero, ¿cómo lo podré hazer, lastimándome tan cruelmente el ponçoñoso bocado, que la vista de su presencia de aquel cavallero me dio? ¡O género femíneo, encogido y frágile! ¿Por qué no fue también a las hembras concedido poder descobrir su congoxoso y ardiente amor, como a los varones? Que ni Calisto viviera quexoso, ni yo penada[2].

LUC.—Tía, detente un poquito cabo esta puerta. Entraré a ver con quién está hablando mi señora. Entra, entra, que consigo lo ha.

MEL.—Lucrecia, echa essa antepuerta. ¡O vieja sabia y honrrada, tú seas bienvenida! ¿Qué te parece, cómo ha querido[3] mi dicha y la fortuna ha rodeado que yo tuviesse de tu saber necessidad, para que tan presto me hoviesses de pagar en la misma moneda el beneficio que por ti me fue demandado para esse gentilhombre, que curavas con la virtud de mi cordón?

CEL.—¿Qué es, señora, tu mal, que assí muestra las señas de su tormento en las coloradas colores de tu gesto?

MEL.—Madre mía, que me comen este coraçón serpientes *dentro de mi cuerpo.

CEL.—Bien está. Assí lo quería yo. Tu me pagarás, doña loca, la sobra de tu yra.

MEL.—¿Qué dizes? ¿Has sentido *en verme alguna causa donde mi mal proceda?

---

[1] Berndt (1963: 56-57) señala que también Fiammetta invocala la ayuda de Dios para poder disimular su pasión por Pánfilo: "O Iddio, che vedi tutte le cose, potró io temperare l'ardente mio disio?", (p. 147).

[2] El temor que expresa Melibea de haber sido muy esquiva con Calisto, su inquietud por que ahora el enamorado la desdeñe y las consideraciones acerca del juicio de su madre recuerdan el soliloquio de Climestra en el *Poliodorus* (199 y ss., 202); Cf. Lida de Malkiel (1962: 46). Antes (1956: 423) y en contra de la opinión de Menéndez Pelayo, Lida de Malkiel había defendido que el monólogo de la heroína en la *Philogenia* era también una de las fuentes de éste de Melibea; Rojas lo había leído en un ejemplar de la *Margarita poética*, de Alberto Eyb, que lo recoge. Gilman (1972: 431-2), por su parte, aunque reconoce que Rojas poseyó un ejemplar de la antología de Eyb (está en el inventario del testamento), asegura que el bachiller nunca lo usó para *La Celestina*.

[3] B 1499 lee: *como que ha sido.*

* dentro

* eu

CEL.—No me as, señora, declarado la calidad del mal.
¿Quieres que adevine la causa? Lo que yo digo es que rescibo
mucha pena de ver triste tu graciosa presencia.

MEL.—Vieja honrrada, alégramela tú, que grandes nuevas me
han dado de tu saber.

CEL.—Señora, el sabidor sólo es Dios; pero como, para salud
y remedio de las enfermedades fueron repartidas las gracias en
las gentes de hallar las melezinas, dellas por esperiencia, dellas
por arte, dellas por natural instinto, alguna partezica alcanzó a
esta pobre vieja, de la qual al presente podrás ser servida.

MEL.—¡O qué gracioso y agradable me es oýrte! Saludable
es al enfermo la alegre cara del que le visita. Parésceme que veo
mi coraçón entre tus manos fecho pedaços. El qual, si tú quisiesses, con muy poco trabajo juntarías con la virtud de tu lengua. No de otra manera que quandô vio en sueños aquel grande
Alexandre, rey de Macedonia, en la boca del dragón, la saludable raýz con que sanó a su criado Tolomeo del bocado de la bívo-
ra⁴. Pues, por amor de Dios, te despojes para muy diligente entender en mi mal. y me des algún remedio.

CEL.—Gran parte de la salud es dessearla, por lo qual creo
menos peligroso ser tu dolor. Pero para yo dar, mediante Dios,
congrua y saludable melezina, es necessario saber de ti tres cosas.
La primera, a qué parte de tu cuerpo más declina y aquexa el
sentimiento. Otra, si es nuevamente por ti sentido, porque más
presto se curan las tiernas enfermedades en sus principios, que
quando han hecho curso en la perseveración de su oficio; mejor
se doman los animales en su primera edad, que quando ya es su
cuero endurecido para venir mansos a la melena⁵; mejor crescen
las plantas que tiernas y nuevas se trasponen, que las que
frutificando ya se mudan; muy mejor se despide el nuevo pecado
que aquel que por costumbre antigua cometemos cada día. La
tercera, si procede de algún cruel pensamiento que asentó en
aquel lugar. Y esto sabido, verás obrar mi cura. Por ende, cumple que al médico, como al confessor, se hable toda verdad abiertamente.

⁴ Eco del *Index* de las obras de Petrarca: "Quod Alexandro per visum draco
radicem in ore gerens apparuit; qua inventa et Ptolemaeum familiarem suum vene-
nata aspide percussum et alios multos de eadem peste liberavit" (*Rebus mem.*,
IV, iii, 22 B); Cf. Deyermond (1961: 143).

⁵ B 1499 trae *melezina*; el error es muy claro puesto que el autor hace referencia a
un conocido refrán: *venir a la melena*: 'amansar, domesticar'. *Vid.* Correas (1924:
615): 'sujetarse (a obediencia)'.

MEL.—Amiga Celestina, muger sabia y maestra grande, mucho has abierto el camino por donde mi mal te pueda especificar. Por cierto, tú lo pides como muger bien esperta en curar tales enfermedades. Mi mal es de coraçón, la ysquierda teta es su aposentamiento[6], tiende sus rayos a todas partes. Lo segundo, es nuevamente nacido en mi cuerpo. Que no pensé jamás que podía dolor privar el seso, como éste haze. Túrbame la cara, quítame el comer, no puedo dormir, ningún género de risa querría ver. La causa o pensamiento, que es la final cosa por ti preguntada de mi mal, ésta no sabré dezir. Porque ni muerte de debdo, ni pérdida de temporales bienes, ni sobresalto de visión, ni sueño desvariado, ni otra cosa puedo sentir que fuesse salvo la alteración que tú me causaste, con la demanda que sospeché de parte de aquel cavallero Calisto, quando me pediste la oración.

CEL.—¿Cómo, señora? ¿Tan mal hombre es aquél? ¿Tan mal nombre es el suyo, que en sólo ser nombrado trae consigo ponçoña su sonido? No creas que sea essa la causa de tu sentimiento, antes otra que yo barrunto. Y pues que assí es, si tú licencia me das, yo, señora, te la diré.

MEL.—¿Cómo, Celestina? ¿Qué es esse nuevo salario que pides? ¿De licencia tienes tu necesidad para me dar la salud? ¿Quál físico jamás pidió tal seguro para curar al paciente? Di, di, que siempre la tienes de mí, tal que mi honrra no dañes con tus palabras.

CEL.—Véote, señora, por una parte quexar el dolor; por otra, temer la melezina. Tu temor me pone miedo; el miedo, silencio; el silencio, tregua entre tu llaga y mi melezina. Assí que será causa que ni tu dolor cesse ni mi venida aproveche.

MEL.—Quanto más dilatas la cura tanto más [me] acrecientas y multiplicas la pena y passión. O tus melezinas son de polvos de infamia y licor de corrupción, conficionados con otro más crudo dolor que el que de parte del paciente se siente, o no es ninguno tu saber. Porque si lo uno o lo otro no abastasse, qualquiera remedio otro darías sin temor, pues te pido le muestres, quedando libre mi honrra.

CEL.—Señora, no tengas por nuevo ser más fuerte de sofrir al herido la ardiente trementina, y los ásperos puntos que lastiman

---

[6] Lida de Malkiel (1962: 446) apunta un par de recuerdos de la *Fiammetta* en estos parlamentos de Melibea ("que comen este coraçón sierpes dentro de mi cuerpo", "mi mal es de coraçón, la ysquierda teta es su aposentamiento"): "una nascosa serpe... parve che sotto la sinistra mammella me trafigesse", I.

lo llagado y doblan la passión, que no la primera lisión, que dio sobre sano. Pues si tú quieres ser sana y que te descubra la punta de mi sotil aguja sin temor, haz para tus manos y pies una ligadura de sosiego, para tus ojos una cobertura de piedad, para tu lengua un freno de silencio[7], para tus oýdos unos algodones de sofrimiento y paciencia, y verás obrar a la antigua maestra destas llagas.

MEL.—¡O cómo me muero con tu dilatar! Di, por Dios, lo que quisieres, haz lo que supieres, que no podrá ser tu remedio tan áspero que yguale con mi pena y tormento. Agora toque en mi honrra, agora dañe mi fama, agora lastime mi cuerpo, aunque sea romper mis carnes para sacar mi dolorido coraçón, te doy mi fe ser segura y, si siento alivio, bien galardonada.

LUC.—El seso tiene perdido mi señora. Gran mal es éste. Cativádola ha esta fechizera.

CEL.—Nunca me ha de faltar un diablo acá y acullá; escapóme Dios de Pármeno, tópome con Lucrecia.

MEL.—¿Qué dizes, amada maestra? ¿Qué te fablava essa moça?

CEL.—No le oý nada. *Pero diga lo que dixere, sabe que no ay cosa más contraria en las grandes curas, delante los animosos çurujanos, que los flacos coraçones, los quales con su gran lástima, con sus doloriosas hablas, con sus sentibles meneos, ponen temor al enfermo, fazen que desconfíe de la salud, y al médico enojan y turban, y la turbación altera la mano, rige sin orden la aguja, por donde se puede conocer claro,* que es muy necessario para tu salud que no esté persona delante y assí que la deves mandar salir. Y tú, hija Lucrecia, perdona.

MEL.—Salte fuera presto.

LUC.—¡Ya, ya! ¡Todo es perdido! Ya me salgo, señora.

CEL.—También me da osadía tu gran pena, como ver que con tu sospecha has ya tragado alguna parte de mi cura; pero todavía es necessario traer más clara melezina, y más saludable descanso de casa de aquel cavallero Calisto.

MEL.—Calla, por Dios, madre. No traygan de su casa cosa para mi provecho, ni le nombres aquí.

CEL.—Sufre, señora, con paciencia, que es el primer punto y principal. No se quiebre; si no, todo nuestro trabajo es perdido.

---

[7] B 1499: *sosiego*, que sin duda es error tipográfico; se ha repetido, por distracción, el término *sosiego* del renglón superior; *silencio* en otras ediciones primeras.

Tu llaga es grande, tiene necessidad de áspera cura. Y lo duro con duro se ablanda más eficacemente. Y dizen los sabios que la cura del lastimero médico dexa mayor señal[8], y que nunca peligro sin peligro se vence[9]. Ten paciencia[10], que pocas vezes lo molesto sin molestia se cura. Y un clavo con otro se espele, y un dolor con otro[11]. No concibas odio ni desamor, ni consientas a tu lengua dezir mal de persona tan virtuosa como Calisto, que si conoscido fuesse...

MEL.—¡O por Dios, que me matas! ¿Y no te tengo dicho que no me alabes esse hombre ni me le nombres en bueno ni en malo?

CEL.—Señora, éste es otro y segundo punto: si tú con tu mal sofrimiento no consientes, poco aprovechará mi venida; y si, como prometiste, lo sufres, tú quedarás sana y sin debda, y Calisto sin quexa y pagado. Primero te avisé de mi cura y desta invisible aguja que sin llegar a ti, sientes en solo mentarla en mi boca.

MEL.—Tantas vezes me nombrarás esse tu cavallero que ni mi promesa baste, ni la fe que te di, a sofrir tus dichos. ¿De qué ha de quedar pagado? ¿Qué le devo yo a él? ¿Qué le soy a cargo? ¿Qué ha hecho por mí? ¿Qué necessario es él aquí para el propósito de mi mal? Más agradable me sería que rasgases mis carnes y sacasses mi coraçón, que no traer essas palabras aquí.

CEL.—Sin te romper las vestiduras se lançó en tu pecho el amor; no rasgaré yo tus carnes para le curar.

MEL.—¿Cómo dizes que llaman a este mi dolor, que assí se ha enseñoreado en lo mejor de mi cuerpo?

CEL.—Amor dulce.

MEL.—Esso me declara qué es, que en solo oýrlo me alegro.

CEL.—Es un fuego escondido, una agradable llaga, un sabroso veneno, una dulce amargura, una delectable dolencia, un alegre tormento, una dulce y fiera herida, una blanda muerte[12].

---

[8] Tomado del *De Remediis* de Petrarca: "Dura duris efficacius leniuntur: et saepe medici mollioris deformior est cicatrix" (II, 43 B 1-2); Cf. Deyermond (1961: 61).

[9] Sigue el influjo de Petrarca, pero esta vez del *Index* de sus obras: "Periculum numquam sine periculo vincitur" (*Rebus men.*, III, ii, 60 AB); *Vid.* Deyermond (1961: 144).

[10] B 1499 lee *temperancia*, y lo repiten T 1500 y S 1501, pero el resto de las ediciones antiguas trae *ten paciencia*; *Vid.* Herriott (1964: 48) para *collatio*.

[11] Se trata de un préstamo del *De Remediis*: "Dolor dolore: clavus clavo pellitur ut antiquo dicitur proverbio: Vix molestum aliquid sine molestia curatur" (II, 84 C 5-6); Cf. Deyermond (1961: 62).

[12] Nuevamente el *De Remediis* de Petrarca: "Est enim amor latens ignis: gratum

MEL.—¡Ay, mezquina de mí! Que si verdad es tu relación, dudosa será mi salud. Porque, según la contrariedad que essos nombres entre sí muestran, lo que al uno fuere provechoso acarreará al otro más passión.

CEL.—No desconfíe, señora, tu noble juventud de salud, que, quando al alto Dios da la llaga, tras ella embía el remedio. Mayormente, que sé yo al mundo nascida una flor que de todo esto te delibre.

MEL.—¿Cómo se llama?

CEL.—No te lo oso dezir.

MEL.—Di, no temas.

CEL.—Calisto[13]. ¡O por Dios, señora Melibea! ¿Qué poco esfuerço es éste? ¿Qué descaescimiento? ¡O mezquina yo! ¡Alça la cabeça! ¡O malaventurada vieja! ¿En esto han de parar mis passos? Si muere, matarme han; aunque viva, seré sentida, que ya no podrá sofrirse de no publicar su mal y mi cura. Señora mía Melibea, ángel mío, ¿qué has sentido? ¿Qué es de tu habla graciosa? ¿Qué es de tu color alegre? Abre tus claros ojos.

---

vulnus: sapidum venenum: dulcis amaritudo: delectabilis morbus: iucundum supplicium: blanda mors" (I, 69 A 2-3): Cf. Deyermond (1961: 58).

[13] Lida de Malkiel (1962: 433-38) cree en la existencia de alguna conexión entre este pasaje y uno muy semejante del *Hipólito* de Eurípides: en ambos casos las enamoradas evitan el nombre del enamorado y se sobresaltan cuando los interlocutores (la nodriza y Celestina) lo pronuncian; acuciados por él, llegan a la confesión. Ambas se detienen para pedir la definición del amor y en ambos casos las ancianas lo definen por contrarios. Señala también Lida de Malkiel que tanto en el *Hipólito* como en *La Celestina* la pintura de las enamoradas es semejante: deseosas y temerosas de curar, y todo mediante las mismas imágenes de enfermedad y remedio. La única gran diferencia entre las dos escenas es que, mientras la nodriza menciona el nombre de Hipólito por casualidad, Celestina maneja el de Calisto con toda intención y deliberado propósito. En principio parece difícil aceptar influencia directa de Eurípides en Rojas, pero no es asunto imposible. Por una parte, en esta escena de Rojas no hay influencia del *Hippolytus* de Séneca, que además procede de otra tragedia de Eurípides donde no hay tal escena; por otra, la imitación de Ovidio en las fábulas de Biblis y de Mirra está a mucha distancia de *La Celestina*. Lida de Malkiel, respondiendo al rechazo que hace Castro Guisasola (1924: 18) de una posible influencia de Eurípides, trae a colación una edición de cuatro de sus tragedias —el *Hipólito* entre ellas— hecha en Florencia en 1496-1498. Recuerda la señora Lida de Malkiel que todas estas fechas de ediciones son en sí precarias, pues nada nos asegura que aunque se trate de datación fidedigna sean en verdad las primeras, y recuerda la influencia de la *Argonáutica* de Valerio Flacco en Chaucer, cuando suponemos que la obra no se descubre hasta 16 años después de su muerte, y que un eco del *Pro Archia* aparece en el *Libro infinido* de don Juan Manuel, es decir, antes de que Petrarca lo descubriera.

¡Lucrecia! ¡Lucrecia! ¡Entra presto acá! Verás amortescida a tu señora entre mis manos. Baxa *presto por un jarro de agua.

MEL.—Passo, passo, que yo me esforçaré. No escandalizes la casa.

CEL.—¡O cuytada de mí! No te descaezcas, señora, háblame como sueles.

MEL.—Y muy mejor. Calla, no me fatigues.

CEL.—Pues ¿qué me mandas que faga, perla graciosa? ¿Qué ha sido este tu sentimiento? Creo que se van quebrando mis puntos.

MEL.—Quebróse mi honestidad, quebróse mi empacho, afloxó mi mucha vergüença y, como muy naturales, como muy domésticos, no pudieron tan livianamente despedirse de mi cara, que no llevassen consigo su color por algún poco de espacio, mi fuerça, mi lengua y gran parte de mi sentido. ¡O! pues ya, mi nueva maestra, mi fiel secretaria, lo que tú tan abiertamente conoces, en vano trabajo por te lo encubrir. Muchos y muchos días son passados que esse noble cavallero me habló en amor. Tanto me fue entonces su habla enojosa quanto, después que tú me le tornaste a nombrar, alegre. Cerrado han tus puntos mi llaga, venida soy en tu querer. En mi cordón le llevaste enbuelta la posesión de mi libertad. Su dolor de muelas era mi mayor tormento, su pena era la mayor mía. Alabo y loo tu buen sofrimiento, tu cuerda osadía, tu liberal trabajo, tus solícitos y fieles passos, tu agradable habla, tu buen saber, tu demasiada solicitud, tu provechosa importunidad. Mucho te debe esse señor, y más yo, que jamás pudieron mis reproches aflacar tu esfuerço y perseverar, cofiando en tu mucha astucia. Antes, como fiel servidora, quando más denostada, más diligente; quando más disfavor, más esfuerço; quando peor respuesta, mejor cara; quando yo más ayrada, tú más humilde. Pospuesto todo temor, has sacado de mi pecho lo que jamás a ti ni a otro pensé descobrir.

CEL.—Amiga y señora mía, no te maravilles, porque estos fines, con efecto me dan osadía a sofrir los ásperos y escropulosos desvíos de las encerradas donzellas como tú. Verdad es que ante que me determinasse, assí por el camino como en tu casa, estuve en grandes dubdas si te descobriría mi petición. Visto el gran poder de tu padre, temía; mirando la gentileza de Calisto, osava; vista tu discreción, me recelava; mirando tu virtud y humanidad, [me] esforçava. En lo uno

* preste

fallava el miedo, y en lo otro la seguridad[14]. Y pues assí, señora, as quesido descubrir la gran merced que nos has hecho, declara tu voluntad, echa tus secretos en mi regaço, pon en mis manos el concierto deste concierto. Yo daré forma cómo tu desseo y el de Calisto sean en breve cumplidos.

MEL.—¡O mi Calisto y mi señor! ¡Mi dulce y suave alegría! Si tu coraçón siente lo que agora el mío, maravillada estoy cómo la absencia te consiente vivir. ¡O mi madre y mi señora!, haz de manera cómo luego le pueda ver, si mi vida quieres.

CEL.—Ver y hablar.

MEL.—¿Hablar? Es impossible.

CEL.—Ninguna cosa, a los hombres que quieren hazerla, es impossible.

MEL.—Dime cómo.

CEL.—Yo lo tengo pensado, yo te lo diré: por entre las puertas de tu casa.

MEL.—¿Quándo?

CEL.—Esta noche.

MEL.—Gloriosa me serás si lo ordenas. Di a qué hora.

CEL.—A las doze.

MEL.—Pues ve, mi señora, mi leal amiga, y fabla con aquel señor, y que venga muy paso y dallí se dará concierto, según su voluntad, a la hora que has ordenado.

CEL.—Adiós, que viene hazia acá tu madre.

MEL.—Amiga Lucrecia y mi *leal criada* y fiel secretaria, ya has visto cómo no ha sido más en mi mano. Cativóme el amor de aquel *cavallero. Ruégote, por Dios, se cubra con secreto sello, porque yo goze de tan suave amor. Tú serás de mí tenida en aquel lugar que merece tu fiel servicio.

LUC.—*Señora, mucho antes de agora tengo sentida tu llaga y calado tu desseo. Hame fuertemente dolido tu perdición. Quanto más tú me querías encobrir y celar el fuego que te quemava, tanto más sus llamas se manifestavan en la color de tu cara, en el poco sossiego del coraçón, en el meneo de tus miembros, en comer sin gana, en el no dormir. Assí que contino te se caýan, como de*

---

[14] Castro Guisasola (1924: 184) afirma que no caben dudas de que este pasaje está inspirado en la *Cárcel de amor*, de Diego de San Pedro: "Primero que me determinase, estuve en grandes dubdas. Vista vuestra discreción, temía; mirada vuestra virtud, osava. En lo uno hallava el miedo, y en lo otro buscava la seguridad".

* cavollero

entre las manos, señales muy claras de pena. Pero como en los tiempos que la voluntad reyna en los señores o desmedido apetito, cumple a los servidores obedecer con diligencia corporal y no con artificiales consejos de lengua, sufría con pena, callava con temor, encobría con fieldad; de manera que fuera mejor el áspero consejo que la blanda lisonja. Pero, pues ya no tiene tu merced otro medio sino morir o amar, mucha razón es que se escoja por mejor aquello que en sí lo es[15] .

ALI.—¿En qué andas acá, vezina, cada día?

CEL.—Señora, faltó ayer un poco de hilado al peso y vínelo a cumplir, porque di mi palabra. Y traýdo, voyme. Quede Dios contigo.

ALI.—Y contigo vaya. Hija Melibea, ¿qué quería la vieja?

MEL.—Señora, venderme un poquito de solimán.

ALI.—Esso creo yo más que lo que la vieja ruyn dixo. Pensó que recibiría yo pena dello y mintióme. Guarte, hija, della, que es gran traydora. Que el sotil ladrón siempre rodea las ricas moradas. Sabe ésta con sus trayciones, con sus falsas mercadurías, mudar los propósitos castos. Daña la fama. A tres vezes que entra en una casa engendra sospecha.

LUC.—Tarde acuerda nuestra ama.

ALI.—Por amor mío, hija, que si acá tornare sin verla yo, que no ayas por bien su venida ni la recibas con plazer. Halle en ti onestidad en tu respuesta, y jamás bolverá. Que la verdadera virtud más se teme que espada.

MEL.—¿Dessas es? ¡Nunca más! Bien huelgo, señora, de ser avisada, por saber de quién me tengo de guardar.

---

[15] Berndt (1963: 58) señala el paralelo de estas palabras de la criada con las que Sosia dice a Lucrezia, su señora, en la *Historia de duobus amantibus*: "No sofriré yo tu muerte... Si tan deseperado furor en tu voluntad está arraygado, más quiero remediar la vida que la fama..." (p. 12).

XI

ARGUMENTO DEL ONZENO AUTO

Despedida Celestina de Melibea, va por la calle sola hablando. Vee a Sempronio y Pármeno que van a la Magdalena por su señor. Sempronio habla con Calisto. Sobreviene Celestina. Van a casa de Calisto. Declárale Celestina su mensaje y negocio recaudado con Melibea. Mientra ellos en essas razones están, Pármeno y Sempronio entre sí hablan. Despídese Celestina de Calisto, va para su casa, llama a la puerta. Elicia le viene abrir. Cenan y vanse a dormir.

CEL.—¡Ay Dios, si llegasse a mi casa con mi mucha alegría acuestas! A Pármeno y a Sempronio veo yr a la Magdalena. Tras ellos me voy, y si ay no estoviere Calisto, passaremos a su casa a pedirle las albricias de su gran gozo.

SEM.—Señor, mira que tu estada es dar a todo el mundo que dezir. Por Dios, que huygas de ser traýdo en lenguas, que al muy devoto llaman ypócrita. ¿Qué dirán sino que andas royendo los sanctos? Si passión tienes, súfrela en tu casa; no te sienta la tierra. No descubras tu pena a los estraños, pues está en manos el pandero que lo sabrá bien tañer.

CAL.—¿En qué manos?

SEM.—De Celestina.

CEL.—¿Qué nombráys a Celestina? ¿Qué dezís desta esclava de Calisto? Toda la calle del Arcidiano[1] vengo a más andar tras

---

[1] Foulché-Delbosc (1902) se preocupaba porque, con excepción de esta calle del Arcediano, todos los demás detalles topográficos señalaban —para él— a Toledo. Espinosa Maeso (1926), por su parte, defensor de la candidatura de Salamanca, observaba que en esa ciudad se encontraba una calle que pudo haberse llamado del Arcediano en los tiempos de Rojas. Morales (1950) ve aquí un testimonio más a favor de Talavera.

vosotros por alcançaros, y jamás he podido con mis luengas haldas.

CAL.—¡O joya del mundo, acorro de mis passiones, espejo de mi vista! El coraçón se me alegra en ver essa honrrada presencia, essa noble senetud. Dime ¿con qué vienes? ¿Qué nuevas traes, que te veo alegre y no sé en qué está mi vida?

CEL.—En mi lengua.

CAL.—¿Qué dizes, gloria y descanso mío? Declárame más lo dicho.

CEL.—Salgamos, señor, de la yglesia, y de aquí a casa te contaré algo con que te alegres de verdad.

PÁR.—Buena viene la vieja, hermano; recabdado deve haver.

SEM.—Escúchala.

CEL.—Todo este día, señor, he trabajado en tu negocio y he dexado perder otros en que harto me yva. Muchos tengo quexosos por tenerte a ti contento. Más he dexado de ganar que piensas. Pero todo vaya en buena hora; pues tan buen recabdo traygo, que te traygo muchas buenas palabras de Melibea, y la dexo a tu servicio.

CAL.—¿Qué es esto que oygo?

CEL.—Que es más tuya que de sí misma; más está a tu mandado y querer que de su padre Pleberio.

CAL.—Habla cortés, madre, no digas tal cosa, que dirán estos moços que estás loca. Melibea es mi señora, Melibea es mi Dios, Melibea es mi vida; yo, su cativo; yo, su siervo.

SEM.—Con tu desconfiança, señor, con tu poco preciarte, con tenerte en poco, hablas essas cosas con que atajas su razón. A todo el mundo turbas diziendo desconciertos. ¿De qué te santiguas? Dale algo por su trabajo: harás mejor, que esso esperan essas palabras.

CAL.—Bien has dicho. Madre mía, yo sé cierto que jamás ygualará tu trabajo y mi liviano galardón. En lugar de manto y *saya, porque no se dé parte a oficiales, toma esta cadenilla, ponla al *cuello y procede en tu razón y mi alegría.

PÁR.—¡Cadenilla la llama! ¿No lo oyes, Sempronio? No estima el gasto. Pues yo te certifico no diesse mi parte por medio marco de oro[2], por mal que la vieja lo reparta.

---

* seya
* cuella
[2] Lida de Malkiel (1962: 167), que muy atinadamente señala que en *La Celestina* las monedas aparecen con designación muy vaga, como corresponde a la intención

SEM.—Oýrte ha nuestro amo, ternemos en él que amansar y en ti que sanar, según está inchado de tu mucho murmurar. Por mi amor, hermano que oygas y calles, que por esso te dio Dios dos oýdos y una lengua sola.

PÁR.—¡Oyrá el diablo! Está colgado de la boca de la vieja, sordo y mudo y ciego, hecho personaje sin son, que aunque le diésemos higas[3], diría que alçavamos las manos a Dios, rogando por buen fin de sus amores.

SEM.—Calla, oye, escucha bien a Celestina. En mi alma, todo lo merece y más que le diese. Mucho dize.

CEL.—Calla, Calisto, para tan flaca vieja como yo, mucha franqueza usaste. pero como todo don o dádiva se juzgue grande o chica respecto del que lo da, no quiero traer a consequencia mi poco merecer, ante quien sobra en calidad y en quantidad. Mas medirse ha con tu magnificencia, ante quien no es nada. En pago de la qual te restituyo tu salud, que yva perdida; tu coraçón, que te faltava; tu seso, que se alterava. Melibea pena por ti más que tú por ella. Melibea te ama y dessea ver, Melibea piensa más horas en tu persona que en la suya, Melibea se llama tuya, y esto tiene por título de libertad, y con esto amansa el fuego que más que a ti la quema.

CAL.—Moços, ¿estó yo aquí? Moços, ¿oygo yo esto? Moços, mirá si estoy despierto. ¿Es de día o de noche? ¡O señor Dios, padre celestial! ¡Ruégote que esto no sea sueño! ¡Despierto, pues estoy! Si burlas, señora, de mí por me pagar en palabras, no temas, di verdad, que para lo que tú de mí has recebido más merecen tus passos.

CEL.—Nunca el coraçón lastimado de deseo toma la buena nueva por cierta ni la mala por dudosa[4]. Pero si burlo o si no,

---

de los autores de evitar todo particularismo local, indica que aquí Pármeno no se expresa en valor de moneda, "sino en un patrón de peso corriente en toda España y en gran parte de Europa".

[3] *higa*; "acción que se hace con la mano cerrando el puño, mostrando el dedo pulgar por entre el dedo índice y el de en medio, con la qual se señalaba a las personas infames y torpes, o se hacía burla y desprecio de ellas"; Cf. Aut (1737: s.v. *higa*, ac. 2).

[4] Las palabras de Celestina parecen copiar un pasaje del *Tractado que hizo Nicolás Núñez sobre el que Diego de San Pedro compuso de Leriano y Laureola, llamado 'Carcel de amor'*: "Juzga lo que dizes e mira quál estava, e verás que el coraçón lastimado nunca toma la buena nueva por cierta ni la mala por dudosa"; Cf. Castro Guisasola (1924: 185).

verlo has yendo esta noche, según el concierto dexo con ella, a su casa, en dando el relox doze, a la hablar por entre las puertas. De cuya boca sabrás más por entero mi solicitud y su desseo, y el amor que te tiene, y quién lo ha causado.

CAL.—Ya, ya. ¿Tal cosa espero? ¿Tal cosa es possible haver de passar por mí? Muerto soy de aquí allá, no soy capaz de tanta gloria, no merecedor de tan gran merced, no digno de fablar con tal señora de su voluntad y grado.

CEL.—Siempre lo oý dezir, que es más difícile de sofrir la próspera fortuna que la adversa: que la una no tiene sosiego y la otra (   )[5] tiene consuelo. ¿Cómo, señor Calisto, y no mirarías quién tú eres? ¿No mirarías el tiempo que has gastado en su servicio? ¿No mirarías a quién has puesto entremedias? Y asimismo que hasta agora siempre as estado dudoso de la alcançar y tenías sofrimiento. Agora que te certifico el fin de tu penar ¿quieres poner fin a tu vida? Mira, mira que está Celestina de tu parte, y que, aunque todo te faltasse lo que en un enamorado se requiere, te vendería por el más acabado galán del mundo, que [te] haría llanas las peñas para andar, que te faría las más crescidas aguas corrientes pasar sin mojarte. Mal conoces a quien das tu dinero.

CAL.—¡Cata, señora! ¿Qué me dizes? ¿Qué verná de su grado?

CEL.—Y aun de rodillas.

SEM.—No sea ruydo hechizo, que nos quieran tomar a manos a todos. Cata, madre, que assí se suelen dar las çaraças en pan embueltas porque no las sienta el gusto[6].

PÁR.—Nunca te oý dezir mejor cosa. Mucha sospecha me pone el presto conceder de aquella señora, y venir tan aýna en todo su querer de Celestina, engañando nuestra voluntad con sus palabras dulces y prestas por hurtar por otra parte, como hazen

[5] B 1499 lee: *y la otra no tiene consuelo*, que es error evidente, como queda demostrado por el cotejo con la fuente de este pasaje: "Quantum tamen ad id de quo agitur attinet, difficilius prosperae fortunae regimen existimo quam adversae... et haec quidem freno indiget, illa solatio"; se trata del prefacio del primer libro del *De Remediis*, como ya señaló Castro Guisasola (1924: 125). Deyermond (1961: 144) también encuentra en el *Index* de las obras de Petrarca, una entrada que satisface como fuente de la primera parte de estas palabras: "Fortunae prosperae regimen difficilius est quam adversae", que corresponde, naturalmente al dicho prefacio.

[6] Para Lida de Malkiel (1962: 268), se trata de un eco del *Diálogo del Viejo, el Amor y la Hermosa*, atribuido a Cota, donde se lee: "ya sé bien cómo se dan/ las zarazas con el pan/ por que el gusto no las sienta", c. 14dce.

los de Egito quando el signo nos catan en la mano[7]. *Pues alahé,
madre, con dulces palabras están muchas injurias vengadas. El
falso boyzuelo con su blando cencerrar trae las perdizes a la red[8];
el canto de la serena engaña los simples marineros con su dulçor[9].
Assí ésta, con su mansedumbre y concessión presta, querrá
tomar una manada de nosotros a su salvo; purgará su innocencia
con la honrra de Calisto y con nuestra muerte. Assí como
corderica mansa que mama su madre y la ajena, ella con su
segurar tomará la vengança de Calisto en todos nosotros; de
manera que con la mucha gente que tiene podrá caçar a padres e
hijos en una nidada, y tú estarte has rascando a tu fuego, diziendo "A salvo está el que repica"*

CAL.—¡Callad, locos, vellacos, sospechosos! Paresce que days
a entender que los ángeles sepan hazer mal. Sí, que Melibea ángel
dissimulado es que vive entre nosotros.

SEM.—¿Todavía te buelves a tus eregías? Escúchale, Pármeno.
No te pene nada, que si fuere trato doble él lo pagará, que
nosotros buenos pies tenemos.

CEL.—Señor, tú estás en lo cierto; vosotros cargados de
sospechas vanas. Yo he hecho todo lo que a mí era a cargo.
Alegre te dexo. Dios te libre y aderece. Pártome muy contenta. Si
fuere menester para esto o para más, allí estoy muy aparejada a
tu servicio.

PÁR.—¡Hi! ¡hi! ¡hi!

SEM.—¿De qué te ríes, por tu vida, Pármeno?

PÁR.—De la priessa que la vieja tiene por yrse. No vee la hora
que haver despegado[10] la cadena de casa. No puede creer que la
tenga en su poder, ni que se la han dado de verdad. No se halla
digna de tal don, tan poco como Calisto de Melibea.

SEM.—¿Qué quieres que haga una puta vieja alcahueta, que
sabe y entiende lo que nosotros nos callamos, y suele hazer siete

---

[7] También estas palabras de Pármeno provienen del *Diálogo del Viejo, el Amor
y la Hermosa*: "aunque, como los de Egito/ halagas el apetito/ por hurtar por otra
parte", c. 9hij; Cf. Lida de Malkiel (1962: 268). Los *de Egito* son 'los gitanos'.

[8] Castro Guisasola (1924: 166) cree que estas palabras están inspiradas en un
fragmento de los *Pecados mortales* (c. 57) de Juan de Mena: "Aunque con la
catadura/ mansa tú me contradizes/ del falso buey de perdizes/ as ypócrita figura;/
Pues tu piel y cobertura/ y cencerro simulado/ al punto de aver caçado/ se
convierte en su natura".

[9] Parece que estamos nuevamente ante el recuerdo de unos versos del *Diálogo*
atribuido a Cota: "huyamos desta serena/ que con el canto nos prende" (villancico
final); Cf. Lida de Malkiel (1962: 268).

[10] 'sacada de la casa, mediante venta'.

virgos por dos monedas, después de verse cargada de oro, sino ponerse en salvo con la possessión, con temor no se la tornen a tomar, después que ha complido de su parte aquello para que era menester? ¡Pues guárdese del diablo, que sobre el partir no le saquemos el alma!

CAL.—Dios vaya contigo, mi madre. Yo quiero dormir y reposar un rato para satisfazer a las passadas noches y complir con la por venir.

CEL.—Tha, tha.

ELI.—¿Quién llama?

CEL.—Abre, hija Elicia.

ELI.—¿Cómo vienes tan tarde? No lo deves hazer, que eres vieja. Tropeçarás donde caygas y mueras.

CEL.—No temo esso, que de día me aviso por donde venga de noche. *Que jamás me subo por poyo ni calçada, sino por medio de la calle. Porque, como dizen, no da passo seguro quien corre por el muro; y que aquel va más sano que anda por llano. Más quiero ensuziar mis çapatos con el lodo, que ensangrentar las tocas y los cantos. Pero* no te duele a ti en esse lugar.

ELI.—Pues ¿qué me ha de doler?

CEL.—Que se fue la companía que te dexé y quedaste sola.

ELI.—Son passadas quatro horas *después* ¿y haviaseme de acordar desso?

CEL.—Quanto más presto te dexaron, más con razón lo sentiste. Pero dexemos su yda y mi *tardança. Entendamos en cenar y dormir.

* dardança

XII

ARGUMENTO DEL DOZENO AUTO

Llegando media noche, Calisto, Sempronio y Pármeno armados, van para casa de Melibea. Lucrecia y Melibea están cabe la puerta, aguardando a Calisto. Viene Calisto. Háblale primero Lucrecia. Llama a Melibea. Apártase Lucrecia. Háblanse por entre las puertas Melibea y Calisto. Pármeno y Sempronio de su cabo departen. Oyen gentes por la calle, aperscíbense para huyr. Despídese Calisto de Melibea, dexando concertada la tornada para la noche siguiente. Pleberio, al son del ruydo que havía en la calle, despierta. Llama a su muger Alisa. Preguntan a Melibea quién da patadas en su cámara. Responde Melibea a su padre Pleberio fingiendo que tenía sed. Calisto, con sus criados, va para su casa hablando. Echase a dormir. Pármeno y Sempronio van a casa de Celestina. Demandan su parte de la ganancia. Dissimula Celestina. Vienen a reñir, échanle mano a Celestina, mátanla. Da vozes Elicia. Viene la justicia y préndelos amos.

CAL.—¿Moços, qué hora da el relox?

SEM.—Las diez.

CAL.—¡O cómo me descontenta el olvido en los moços! De mi mucho acuerdo[1] en esta noche y tu descuydar y olvido se haría una razonable memoria y cuydado. ¿Cómo, desatinado, sabiendo quánto me va, Sempronio, en ser diez o onze, me respondías a tiento lo que más aýna se te vino a la boca? ¡O cuytado de mí! Si por caso me hoviera dormido, y colgara mi pregunta de la respuesta de Sempronio para hazerme de onze diez y assí de doze onze, saliera Melibea, yo no fuera ydo,

---

[1] Léase 'insomnio'; de *acordar*, en el sentido antiguo de 'despertar'.

tornárase: ¡de manera, que ni mi mal hoviera fin ni mi desseo execución! No se dize en balde que mal ageno de pelo cuelga.

SEM.—Tanto yerro, señor, me parece, sabiendo, preguntar, como ignorando, responder. Mas este mi amo tiene gana de reñir y no sabe cómo.

PÁR.—Mejor sería, señor, que se gastasse esta hora que queda en adereçar armas, que en buscar questiones.

CAL.—¡*Bien me dize este necio! No quiero en tal tiempo recebir enojo. No quiero pensar en lo que pudiera venir, sino en lo que fue; no en el daño que resultara de su negligencia, sino en el provecho que vernà de mi solicitud. Quiero dar espacio a la yra, que o se me quitará o se me ablandará.* Descuelga, *Pármeno, mis coraças y armaos vosotros, y assí yremos a buen recaudo, porque como dizen: el hombre apercebido, medio combatido.*

PÁR.—Helas aquí, señor.

CAL.—Ayúdame aquí a vestirlas. Mira tú, Sempronio, si parece alguno por la calle.

SEM.—Señor, ninguna gente parece, y aunque la hoviesse, la mucha escuridad privaría el viso y conoscimiento a los que nos encontrasen.

CAL.—Pues andemos por esta calle, aunque se rodee alguna cosa, porque más encubiertos vamos. Las doze da ya: buena hora es.

PÁR.—Cerca estamos.

CAL.—A buen tiempo llegamos. Párate tú, Pármeno, a ver si es venida aquella señora por entre las puertas.

PÁR.—¿Yo señor? Nunca Dios mande que sea en dañar lo que no concerté. Mejor será que tu presencia sea su primer encuentro, porque viéndome a mí no se turbe de ver que de tantos es sabido lo que tan ocultamente quería hazer y con tanto temor faze, o porque quiçá pensará que la burlaste.

CAL.—¡O qué bien has dicho! La vida me has dado con tu sotil aviso. Pues no era más menester para me llevar muerto a casa, que bolverse ella por mi mala providencia. Yo me llego allá; quedaos vosotros en esse lugar.

PÁR.—¿Qué te paresce, Sempronio, cómo el necio de nuestro amo pensava tomarme por broquel para el encuentro del primer peligro? ¿Qué sé yo quién está tras las puertas cerradas? ¿Qué sé yo si ay *alguna* trayción? ¿Qué sé yo si Melibea anda porque le pague nuestro amo su mucho atrevimiento desta manera? Y *más,* aún no somos muy ciertos dezir verdad la vieja. No sepas fablar, Pármeno: ¡sacarte han el alma sin saber quién! No seas lisongero, como tu amo quiere, y jamás llorarás duelos agenos. No tomes en lo que te cumple el consejo de Celestina y hallarte as ascuras. Andate aý con tus consejos y amonestaciones fieles: ¡darte han de palos! No buelvas la hoja, y quedarte has a buenas noches[2]. Quiero hazer cuenta que hoy me nascí, pues de tal peligro me escapé.

SEM.—Passo, passo, Pármeno. No saltes ni hagas esse bollicio de plazer, que darás causa a que seas sentido.

PÁR.—Calla, hermano, que no me hallo de alegría. ¡Cómo le hize creer que por lo que a él cumplía dexava de yr, y era por mi seguridad! ¿Quién supiera assí rodear su provecho como yo? Muchas cosas me verás hazer, si estás daquí adelante atento, que no las sientan todas personas, assí con Calisto como con quantos en este negocio suyo se entremetieren. Porque soy cierto que esta donzella ha de ser para él cevo de anzuelo o carne de buytrera, que suelen pagar bien el escote los que a comerla vienen.

SEM.—Anda, no te penen a tí essas sospechas, aunque salgan verdaderas. Apercíbete: a la primer voz que oyeres, tomar calças de Villadiego.

PÁR.—Leýdo has *donde yo: en un coraçón estamos. Calças traygo, y aun borzeguíes de esso ligeros que tú dizes, para mejor huyr que otro. Plázeme que me has, hermano, avisado de lo que yo no hiziera de vergüença de ti. Que nuestro amo, si es sentido, no temo que se escapará de manos de esta gente de Pleberio, para podernos después demandar cómo lo hezimos e incusarnos el huyr.

SEM.—¡O Pármeno amigo! ¡Quán alegre y provechosa es la conformidad en los compañeros! Aunque por otra cosa no nos fuera buena Celestina, era harta la utilidad que por su causa nos ha venido.

PÁR.—Ninguno podrá negar lo que por sí se muestra. Manifiesto es que, con vergüença el uno del otro, por no ser odiosamente acusado de covarde, esperáramos aquí la muerte con nuestro amo, no siendo más de él merecedor della.

SEM.—Salido deve aver Melibea. Escucha, que hablan quedito.

PÁR.—¡O cómo temo que no sea ella, sino alguno que finja su voz!

---

[2] 'quedarte abandonado'; Cf. Cejador (1913/1968: II, 79).
* dende

SEM.—Dios nos libre de traydores, no nos ayan tomado la calle por do tenemos que huyr; que de otra cosa no tengo temor.

CAL.—Este bullicio más de una persona le haze. Quiero hablar, sea quien fuere. ¡Ce, señora mía!

LUC.—La voz de Calisto es ésta. Quiero llegar. ¿Quién habla? ¿Quién está fuera?

CAL.—Aquel que viene a cumplir tu mandado.

LUC.—¿Por qué no llegas, señora? Llega sin temor acá, que aquel cavallero está aquí.

MEL.—¡Loca, habla passo! Mira bien si es él.

LUC.—Allégate, señora, que sí es, que yo le conozco en la voz.

CAL.—Cierto soy burlado; no era Melibea la que me habló. Bullicio oygo, ¡perdido soy! Pues viva o muera, que no he de yr de aquí.

MEL.—Vete, Lucrecia, acostar un poco. ¡Ce, señor! ¿Cómo es tu nombre? ¿Quién es el que te mandó aý venir?

CAL.—Es la que tiene merecimiento de mandar a todo el mundo, la que dignamente servir yo no merezco. No tema tu merced de se descobrir a este cativo de tu gentileza; que el dulce sonido de tu habla, que jamás de mis oýdos se cae, me certifica ser tú mi señora Melibea. Yo soy tu siervo Calisto.

MEL.—La sobrada osadía de tus mensajes me ha forçado a haverte de hablar, señor Calisto. Que haviendo havido de mí la passada respuesta a tus razones, no sé qué piensas más sacar de mi amor, de lo que entonces te mostré. Desvía estos vanos y locos pensamientos de ti, porque mi honrra y persona estén, sin detrimento de mala sospecha, seguras. A esto fue aquí mi venida, a dar concierto en tu despedida y mi reposo. No quieras poner mi fama en la balança de las lenguas maldezientes.

CAL.—A los coraçones aparejados con apercibimiento rezio contra las adversidades, ninguna puede venir que passe de claro en claro la fuerça de su muro. Pero el triste que, desarmado y sin proveer los engaños y celadas, se vino a meter por las puertas de tu seguridad, qualquiera cosa que en contrario vea es razón que me atormente y passe, rompiendo todos los almazenes en que la dulze nueva estava aposentada. ¡O malaventurado Calisto! ¡O quán burlado has sido de tus sirvientes! ¡O engañosa muger Celestina! ¡Dexárasme acabar de morir y no tornarás a vivificar mi esperança, para que tuviese más que gastar el fuego que ya me aquexa! ¿Por qué falsaste la palabra desta mi señora? ¿Por qué has assí dado con tu lengua causa a mi desesperación? ¿A qué me mandaste aquí venir, para que me fuese mostrado el disfavor, el entredicho, la desconfiança, el odio, por la mesma boca desta que tiene las llaves de mi perdicion y gloria! ¡O enemiga! ¿Y tú no me dixiste que esta mi señora me era favorable? ¿No me dixiste que de su grado mandava venir este su cativo al presente lugar, no para me desterrar nuevamente de su presencia, pero para *alçar el destierro, ya por otro su mandamiento puesto ante de agora? ¿En quién fallaré yo fe? ¿Adónde ay verdad? ¿Quién carece de engaño? ¿Adónde no moran falsarios? ¿Quién es claro enemigo? ¿Quién es verdadero amigo? ¿Dónde no se fabrican trayciones? ¿Quién osó darme tan cruda esperança de perdición?

MEL.—Cesen, señor mío, tus verdaderas querellas; que ni mi coraçón basta para lo sofrir, ni mis ojos para lo dissimular. Tú lloras de tristeza, juzgándome cruel; yo lloro de plazer, viéndote tan fiel ¡O mi señor y mi bien todo! ¡Quánto más alegre me fuera poder ver tu haz que oýr tu voz! Pero, pues no se puede al presente más fazer, toma la firma y sello de las razones que te embié escritas en la lengua de aquella solícita mensajera. Todo lo que te dixo confirmo, todo lo he por bueno. Limpia, señor, tus *ojos, ordena de mí a tu voluntad.

CAL.—¡O señora mía, esperança de mi gloria, descanso y alivio de mi pena, alegría de mi coraçón! ¿Qué lengua será bastante para te dar yguales gracias a la sobrada e incomparable merced que en este punto, de tanta congoxa para mí, me has quesido hazer, en querer que un tan flaco e indigno hombre pueda gozar de tu suavísimo amor? Del qual, aunque muy desseoso, siempre me juzgava indigno, mirando *tu grandeza. considerando tu estado, remirando tu perfeción, contemplando tu gentileza, acatando mi poco merescer y tu alto merescimiento, tus estremadas gracias, tus loadas y manifiestas virtudes. Pues, ¡o alto Dios!, ¿cómo te podré ser ingrato, que tan milagrosamente has obrado comigo tus singulares maravillas? ¡O quántos días antes de agora passados, me fue venido este pensamiento a mi coraçón, y por impossible le rechaçava de mi memoria, hasta que ya los rayos ylustrantes de tu claro gesto dieron luz en mis ojos, encendieron mi coraçón, despertaron mi lengua, estendieron mi merecer, acortaron mi covardía, destorcieron mi encogimiento, doblaron mis fuerças, desadormescieron mis pies y manos, finalmente me dieron tal osadía, que me han trýdo

* alcançar
* ojo
* ru

con su *mucho poder a este sublimado estado en que agora me veo, oyendo de grado tu suave voz. La qual, si ante de agora no conociese, y no sintiese tus saludables olores, no podría creer que careciesen de engaño tus palabras. Pero, como soy cierto de tu limpieza de *sangre y fechos, me estoy remirando si soy yo Calisto, a quien tanto bien se le haze.

MEL.—Señor Calisto, tu mucho merecer, tus estremadas gracias, tu alto nascimiento han obrado que, después que de ti hove entera noticia, ningún momento de mi coraçón te partiesses. Y aunque muchos días he pugnado por lo dissimular, no he podido tanto que, en tornándome aquella muger tu dulce nombre a la memoria, no descubriesse mi desseo y viniesse a este lugar y tiempo, donde te suplico ordenes y dispongas de mi persona segund querrás. Las puertas impiden nuestro gozo, las quales yo maldigo, y sus fuertes cerrojos y mis flacas fuerças, que ni tú estarías quexoso ni yo descontenta.

CAL.—¿Cómo, señora mía, y mandas que consienta a un palo impedir nuestro gozo? Nunca yo pensé que demás de tu voluntad lo pudiera cosa estorvar. ¡O molestas y enojosas puertas! Ruego a Dios que tal huego os abrase como a mí da guerra; que con la tercia parte seríades en un punto quemadas. Pues, por Dios, señora mía, permite que llame a mis criados para que la quiebren[3].

PÁR.—¿No oyes, no oyes, Sempronio? A buscarnos quiere venir para que nos den mal año. No me agrada cosa esta venida. ¡En mal punto creo que se empeçaron estos amores! Yo no espero aquí más.

SEM.—Calla, calla, escucha, que ella no consiente que vamos allá.

MEL.—¿Quieres, amor mío, perderme a mí y dañar mi fama? No sueltes las riendas a la voluntad. La esperança es cierta, el tiempo breve, quanto tú ordenares. Y pues tú sientes tu pena senzilla y yo la de entramos, tú, tu solo dolor[4], yo el tuyo y el

---

* muchd
* sengre
[3] Parece haber aquí un recuerdo de Ovidio (*Amores* I, 6, 57): "Aut ego jam ferro ignique paratior ipse/Quam face sustineo tecta superba petam"; *Vid.* Castro Guisasola (1924: 72).
[4] B 1499 lee: *tu solo dolor* (también P 1514), pero el sentido exige la corrección; es error exitoso, pues lo encontramos en casi todas las ediciones antiguas; *Vid.* Herriott (1964: 158).

mío[5], conténtate con venir mañana a esta hora por las paredes de mi huerto. Que si agora quebrasses las crueles puertas, aunque al presente no fuéssemos sentidos, amanescería en casa de mi padre terrible sospecha de mi yerro. Y pues sabes que tanto mayor es el yerro quanto mayor es el que yerra[6], en un punto será por la cibdad publicado.

SEM.—¡En ora mala acá esta noche venimos! Aquí nos ha de amanescer, según el espacio que nuestro amo lo toma. Que, aunque más la dicha nos ayude, nos han en tanto tiempo de sentir de su casa o vezinos.

PÁR.—Ya ha dos horas que te requiero que nos vamos, que no faltará un achaque.

CAL.—¡O mi señora y mi bien todo! ¿Por qué llamas yerro aquello que por los sanctos de Dios me fue concedido? Rezando oy ante el altar de la Madalena, me vino con tu mensaje alegre aquella solícita muger.

PÁR.—¡Desvariar, Calisto, desvariar! Por fe tengo, hermano, que no es christiano. Lo que la vieja traydora con sus pestíferos hechizos ha rodeado y fecho, dize que los sanctos de Dios se lo han concedido e impetrado. Y con esta confiança quiere quebrar las puertas. Y no havrá dado el primer golpe quando sea sentido y tomado por los criados de su padre, que duermen cerca.

SEM.—Ya no temas, Pármeno, que harto desviados estamos. En sintiendo bullicio, el buen huir nos ha de valer. Déxale hazer, que si mal hiziere, él lo pagará.

PÁR.—Bien hablas, en mi coraçón estás. Assí se haga. Huygamos la muerte, que somos moços. *Que no querer morir ni matar no es covardía, sino buen natural. Estos escuderos de*

---

[5] Rodríguez Marín (1910: 42) encontró dos textos poéticos que coinciden muy estrechamente con lo que aquí desarrolla Melibea: uno de Cristóbal de Castillejo: "Y de pura compasión/ de veros sin alegría,/ se me quiebra el coraçón./ Vos sentís vuestra pasión,/ mas yo la vuestra y la mía"; el otro, el de una copla popular: "Cuando te veo con pena/ en mí no reina alegría;/ que, como te quiero tanto,/ siento la tuya y la mía". Lida de Malkiel (1962: 424), que cita a Rodríguez Marín, piensa que las palabras de Melibea prosifican con gran libertad un cantar popular del que no se conoce versión antigua y del cual los citados versos serían manifestaciones tardías. Se apoya en que más adelante (Acto XVI) Melibea parece hacer alusión a la endecha de la Niña de Gómez Arias (*Vid.* nota 9), y que en los versos de pie quebrado que canta reelabora la copla popular *La media noche es pasada*.

[6] Estamos ante un préstamo del *De Remediis*: "Et est omne peccatum eo maius quo et maior qui peccat et minor causa peccandi" (I, 42, B 7-8); Cf. Deyermond (1961: 59).

Pleberio son locos: no desean tanto comer ni dormir como questiones y ruydos. Pues más locura sería esperar pelea con enemigo, que no ama tanto la vitoria y vencimiento, como la continua guerra y contienda. ¡O si me viesses, hermano, como estó, plazer havrías! A medio lado, abiertas las piernas, el pie ysquierdo adelante puesto en huyda, las faldas, en la cinta, la adarga, arrollada y so el sobaco, porque no me enpache. ¡Qué, por Dios, que creo corriesse como un gamo, según el temor tengo destar aquí!

SEM.—Mejor estó yo, que tengo liado el broquel y el espada con las correas, porque no se me caygan al correr, y el caxquete en la capilla.

PÁR.—¿Y las piedras que trayas en ella?

SEM.—Todas las vertí por yr más liviano. Que harto tengo que llevar en estas coraças que me hiziste vestir por tu importunidad; que bien las reusava de traer, porque me parescían para huyr muy pesadas. ¡Escucha, escucha! ¿Oyes, Pármeno? ¡A malas andan! ¡Muertos somos! Bota presto, echa hacia casa *de Celestina, no nos atajen por nuestra casa.

PÁR.—¡Huye, huye, que corres poco! ¡O pecador de mí!, si nos han de alcançar dexa broquel y todo.

SEM.—¿Si han muerto ya a nuestro amo?

PÁR.—No sé, no me digas nada; corre y calla, que el menor cuydado mío es esse.

SEM.—¡Ce! ¡ce! ¡Pármeno! Torna, torna callando, que no es sino la gente del aguazil que passava haciendo estruendo por la otra calle.

PÁR.—Míralo bien. No te fíes en los ojos, que se antoja muchas veces uno por otro. No me avían dexado gota de sangre. Tragada tenía ya la muerte, que me parescía que me yvan dando en estas espaldas golpes. En mi vida me acuerdo haver tan gran temor ni verme en tal afrenta, aunque he andado por casas agenas farto tiempo y en lugares de harto trabajo. Que nueve años serví a los frayles de Guadalupe[7], que mill vezes nos apuñeávamos yo y otros. Pero nunca como esta *vez*[8] hove miedo de morir.

---

* da

[7] Según Valle Lersundi, se trata de un recuerdo personal de la infancia de Rojas, que con ellos hizo sus estudios primarios y secundarios; Cf. Gilman (1972: 217, n.).

[8] P 1514, igual que la mayoría de las ediciones antiguas de la *Tragicomedia.* —*Vid.* Herriott (1964: 161)— trae *esta vez* en lugar de *ésta.*

SEM.—Y yo ¿no serví al cura de Sant Miguel⁹ *y al mesonero de la plaça y a Mollejar¹⁰, el ortelano? Y también yo tenía mis questiones con los que tiravan piedras a los páxaros, que assentavan en un álamo grande que tenía, porque dañavan la ortaliza.* Pero guárdete Dios de verte con armas, que aquél es el verdadero temor. No en balde dizen: "Cargado de hierro y cargado de miedo." Buelve, buelve, que el aguazil es cierto¹¹.

MEL.—Señor Calisto, ¿qué es esso que en la calle suena? Parescen vozes de gente que van en huyda. Por Dios, mírate, que estás a peligro.

CAL.—Señora, no temas, que a buen seguro vengo. Los míos deven de ser, que son unos locos y desarman a quantos passan, y huyríales alguno.

MEL.—¿Son muchos los que traes?

CAL.—No, sino dos; pero aunque sean seys sus contrarios, no recebirán mucha pena para les quitar las armas y hazerlos huyr, según su esfuerço. Escogidos son, señora, que no vengo a lumbre de pajas. Si no fuesse por lo que a tu honrra toca, pedaços harían estas puertas. Y si sentidos fuéssemos, a ti y a mí librarían de toda la gente de tu padre.

---

⁹ Un nuevo detalle topográfico que para Morales (1950) identifica a Talavera, y para Criado de Val (1963) a Toledo. Valle Lersundi cree que tanto la iglesia de San Miguel como el resto del pasaje son recuerdos de la infancia de Rojas: el mesón, los enormes álamos, las huertas. En Puebla de Montalbán todavía se ven algunos álamos gigantes, las huertas, el viejo mesón del siglo XV, en la plaza principal, y los restos de la iglesia de San Miguel —una torre posterior al siglo XV— que recuerda el sitio de la iglesia antigua. Cf. Gilman (1972: 217, 219-220), quien refuerza las palabras del descendiente del bachiller.

¹⁰ Gilman (1966, 1972: 214-217) ha señalado que estamos ante un recuerdo autobiográfico de Rojas, que al intentar ampliar el parlamento del mozo en la *Tragicomedia* echó mano de algunos momentos de su infancia. Sin duda existió en el siglo XVI una *huerta de Mollegas*, como lo corroboran los documentos aducidos por Valle Lersundi y por Gilman, pero mientras algunos creen que el texto de *La Celestina* es un testimonio de la realidad, otros —Bataillon (1961: 143)— creen que fue la fama de la *Tragicomedia* la que motivó el bautizo de una huerta, probablemente de la familia de Rojas. Gilman insiste en que aunque los documentos en que se habla de la huerta en cuestión fueron escritos 86 años después de *La Celestina*, es importante subrayar que en ellos se consignan respuestas de hombres de 84 y 71 años respectivamente, y que por lo tanto, lo expuesto allí va mucho más atrás en la historia local. P 1514 trae *Mollejar*, que Gilman cree necesario cambiar a *Mollejas*, según se lee en los documentos aducidos.

¹¹ Russell (1957) señala que en esta escena Rojas paga tributo a una larga tradición humorística que explota la cobardía de los criados con rasgos de comedia.

MEL.—¡O por Dios, no se cometa tal cosa! Pero mucho plazer tengo que de tan fiel gente andes acompañado. Bien empleado es el pan que tan esforçados sirvientes comen. Por mi amor, señor, pues tal gracia la natura les quiso dar, sean de ti bien tratados y galardonados, porque en todo te guarden secreto. *Y quando sus osadias y atrevimientos les corregieres, a bueltas del cestigo mezcla favor, porque los ánimos esforçados no sean con encogimiento diminutos e yrritados en el osar a sus tiempos.*

PÁR.—¡Cé! ¡Cé! ¡señor, señor! Quítate presto dente, que viene mucha gente con hachas y serás visto y conoscido, que no hay donde te metas.

CAL.—¡O mezquino yo, y cómo es forçado, señora, partirme de ti! Por cierto, temor de la muerte no obrara tanto como el de tu honrra. Pues que assí es, los ángeles queden con tu presencia. Mi venida será, como ordenaste, por el huerto.

MEL.—Assí sea, y vaya Dios contigo.

PLE.—Señora muger, ¿duermes?

ALI.—Señor, no.

PLE.—¿No oyes bullicio en el retraimiento de tu hija?

ALI.—Sí oygo. ¡Melibea! ¡Melibea!

PLE.—No te oye; yo la llamaré más rezio. ¡Hija mía Melibea!

MEL.—¿Señor?

PLE.—¿Quién da patadas y haze bullicio en tu cámara?

MEL.—Señor, Lucrecia es, que salió por un jarro de agua para mí, que havía gran sed.

PLE.—Duerme, hija, que pensé que era otra cosa.

LUC.—Poco estruendo los despertó. Con gran pavor hablavan.

MEL.—No ay tan manso animal que con amor o temor de sus hijos no asperece[12]. Pues ¿qué harían si mi cierta salida supiessen?

CAL.—Cerrad essa puerta, hijos. Y tú, Pármeno, sube una vela arriba.

SEM.—Deves, señor, reposar y dormir esto que queda daquí al día.

CAL.—Plázeme, que bien lo he menester. ¿Qué te parece,

---

[12] Tomado del *Index* de las obras de Petrarca: "Nullum tam mite animal quod non amor sobolis ac metus exasperet" (XXX *De Remediis*, II Prefacio); Cf. Deyermond (1961: 40). *Asperece*, de esperezar, 'despertar, exitarse'; Cf. Corominas (1954: s.v. *pereza*).

Pármeno, de la vieja, que tú me desalabavas? ¿Qué obra ha salido de sus manos? ¿Qué fuera hecha sin ella?

PÁR.—Ni yo sentía tu gran pena ni conoscía la gentileza y merescimiento de Melibea, y assí no tengo culpa. Conoscía a Celestina y sus mañas. Avisávate como a señor; pero ya me parece que es otra. Todas las ha mudado.

CAL.—¿Y cómo mudado?

PÁR.—Tanto que si no lo oviesse visto no lo creería. Mas assí vivas tú como es verdad.

CAL.—¿Pues avés oýdo lo que con aquella mi señora he passado? ¿Qué hazíades? ¿Teníades temor?

SEM.—¿Temor, señor, o qué? Por cierto, todo el mundo no nos le hiziera tener. ¡Fallado avías los temerosos! Allí estovimos esperándote muy aparejados, y nuestras armas muy a mano.

CAL.—¿Avés dormido algún rato?

SEM.—¿Dormir, señor? ¡Dormilones son los moços! Nunca me asenté, ni aun junté, por Dios los pies, mirando a todas partes para, en sintiendo por qué, saltar presto y hazer todo lo que mis fuerças me ayudaran. pues Pármeno, que te parecía que no te servía hasta aquí de buena gana, assí se holgó, quando vido los de las hachas, como lobo quando siente polvo de ganado, pensando poder quitárleslas, hasta que vido que eran muchos.

CAL.—No te maravilles, que procede de su natural ser osado, y aunque no fuesse por mí, hazíalo porque no pueden los tales venir contra su uso, que aunque muda el pelo la raposa, su natural no despoja[13]. Por cierto, yo dixe a mi señora Melibea lo que en vosotros ay, y quán seguras tenía mis espaldas *con vuestra ayuda y guarda. Fijos, en mucho cargo os soy. Rogad a Dios por salud, que yo os galardonaré más complidamente vuestro buen servicio. Yd con Dios a reposar.

PÁR.—¿Adónde yremos, Sempronio? ¿A la cama a dormir, o a la cozina a almorzar?

SEM.—Ve tú donde quisieres; que antes que venga el día, quiero yo yr a Celestina a cobrar mi parte de la cadena, que es una puta vieja. No le quiero dar tiempo en que fabrique alguna ruyndad con que nos escluya.

PÁR.—Bien dizes, olvidado lo avía. Vamos entramos, y si en

---

[13] Cejador (1913/1968: II, 94) piensa en un refrán español, pero Deyermond (1961: 145) piensa en un préstamo del *Index* de las obras de Petrarca: "Vulpes pilum mutat sed non mores" (*Rebus mem.*, II, iii 36 A).

* cun

esso se pone, espantémosla de manera que le pese. Que sobre dinero no ay amistad.

SEM.—¡Ce! ¡ce! Calla, que duerme cabo esta ventanilla. Tha, tha, señora Celestina, ábrenos.

CEL.—¿Quién llama?

SEM.—Abre, que son tus hijos.

CEL.—No tengo yo hijos que anden a tal hora.

SEM.—Abrenos a Pármeno y Sempronio, que nos venimos acá almorzar contigo.

CEL.—¡O locos, traviesos! Entrad, entrad. ¿Cómo venís a tal hora, que ya amanesce? ¿Qué havés hecho? ¿Qué os ha passado? ¿Despidióse la esperança de Calisto, o vive todavía con ella, o cómo queda?

SEM.—¿Cómo, madre? Si por nosostros no fuera, ya andoviera su alma *buscando posada para siempre. Que si estimarse pudiesse a lo que de allí nos queda obligado, no sería su hazienda bastante a complir la debda, si verdad es lo que dizen, que la vida y persona es más digna y de más valor que otra cosa ninguna.

CEL.—¡Jesú! ¿Qué en tanta afrenta os havés visto? Cuéntamelo, por Dios.

SEM.—Mira qué tanta que, por mi vida, la sangre me hierve en el cuerpo en tornarlo a pensar.

CEL.—Reposa, por Dios, y dímelo.

PÁR.—Cosa larga le pides, según venimos alterados y cansados del enojo que havemos havido. Farías mejor aparejarnos a él y a mí de almorzar; quizá nos amansaría algo la alteración que traemos. Que cierto te digo que no quería yo topar hombre que paz quisiesse. Mi gloria sería agora hallar en quién vengar la yra que no pude en los que nos la causaron, por su mucho huyr.

CEL.—¡Landre me mate si no me espanto en verte tan fiero! Creo que burlas. Dímelo agora, Sempronio, tú, por mi vida: ¿qué os ha passado?

SEM.—Por Dios, sin seso vengo, desesperado; aunque para contigo por demás es no templar la yra y todo enojo, y mostrar otro semblante que con los hombres. Jamás me mostré poder mucho con los que poco pueden. Traygo, señora, todas las armas despedaçadas, el *broquel sin aro, la espada como sierra, el cax-

---

* bascando
* brequel

quete abollado en la capilla. Que no tengo con que salir un passo con mi amo quando menester me aya. Que quedó concertado de yr esta noche que viene a verse por el huerto. Pues ¿comprarlo de nuevo? No mando un maravedí en que caya muerto.

CEL.—Pídelo, fijo, a tu amo, pues en su servicio se gastó y quebró. Pues sabes que es persona que luego lo cumplirá, que no es de los que dizen: "Vive comigo y busca quien te mantenga." El es tan franco, que te dará para esso y para más.

SEM.—¡Ha! Trae también *Pármeno perdidas las suyas. A este cuento, en armas se le yrá su hazienda. ¿Cómo quieres que le sea tan importuno en pedirle más de lo que él de su propio grado haze, pues es arto? No digan por mí que dando un palmo pido quatro. Diónos las cient monedas, diónos después la cadena. A tres tales aguijones no terná cera en el oýdo. Caro le costaría este negocio. Contentémonos con lo razonable, no lo perdamos todo por querer más de la razón, que quien mucho abraça, poco suele apretar.

CEL.—¡Gracioso es el asno! Por mi vejez, que si sobre comer fuera, que dixera que havíamos todos cargado demasiado. ¿Estás en tu seso, Sempronio? ¿Qué tiene que hazer tu garlardón con mi salario, tu soldada con mis mercedes? ¿So yo obligada a soldar vuestras armas, a complir vuestras faltas? A osadas, que me maten, si no te has asido a una palabrilla que te dixe el otro día viniendo por la calle, que quanto yo tenía era tuyo; y que en quanto pudiesse con mis pocas fuerças, jamás te faltaría; y que, si Dios me diesse buena manderecha con tu amo, que tú no perderías nada. pues ya sabes, Sempronio, que estos ofrescimientos, estas palabras de buen amor, no obligan. No ha de ser oro quanto reluze; sino, más barato valdría. ¿Dime, estoy en tu coraçón, Sempronio? Verás si, aunque soy vieja, si acierto lo que tú puedes pensar. Tengo, hijo, en buena fe, más pesar que se me quiere salir esta alma de enojo. Di a esta loca de Elicia, como vine de tu casa, la cadenilla que traxe, para que se holgasse con ella, y no se puede acordar dónde la puso. Que en toda esta noche ella ni yo no avemos dormido sueño de pesar. No por su valor de la cadena, que no era mucho, pero por su mal cobro[14] della y de mi mala dicha. Entraron unos conocidos y familiares míos en aquella sazón aquí: temo no la ayan levado, diziendo: "Si

te vi, burléme... etc.[15]" Assí que, hijos, agora que quiero hablar
con entramos: si algo vuestro amo a mí me dio, devés mirar que
es mío; que de tu jubón de brocado no te pedí yo parte, ni la
quiero. Sirvamos todos, que a todos dará según viere que lo
merescen; que si me ha dado algo, dos vezes he puesto por él mi
vida al tablero. Más herramienta se me ha embotado en su
servicio que a vosotros, más materiales he gastado; pues avés de
pensar, hijos, que todo me cuesta dinero, y aun mi saber, que no
lo he alcançado holgando. De lo qual fuera buen testigo su
madre de Pármeno. Dios *aya su alma. Esto trabajé yo; a
vosotros se os deve essotro. Esto tengo yo por oficio y trabajo;
vosotros por recreación y deleyte. Pues assí, no avés vosotros de
aver ygual galardón de holgar que yo de penar. Pero aun con
todo lo que he dicho, no os despidáys, si mi cadena parece, de
sendos pares de calças de grana, que es el ábito que mejor en los
mancebos paresce. Y si no, recebid la *voluntad, que yo me
callaré con mi pérdida Y todo esto, de buen amor, porque
holgastes que hoviesse yo antes el provecho destos passos que no
otra. Y si no os contentardes, de vuestro daño farés.

SEM.—No es ésta la primera vez que yo he dicho quánto en
los viejos reyna este vicio de cobdicia. Quando pobre, franca;
quando rica, avarienta. Assí que aquiriendo cresce la cobdicia, y
la probreza cobdiciando, y ninguna cosa haze pobre al avariento
sino la riqueza[16]. ¡O Dios, y cómo cresce la necessidad con la
abundancia![17] ¡Quién la oyó esta vieja dezir que me llevasse yo
todo el provecho, si quisiesse, deste negocio, pensando que sería
poco! Agora que lo vee crescido, no quiere dar nada, por complir
el refrán de los niños,que dizen: "De lo poco, poco; de lo mucho,
nada."

PÁR.—Déte lo que te prometió, o tomémoslo todo. Harto te
dezía yo quién era esta vieja, si tú me creyeras.

CEL.—Si mucho enojo traés con vosotros, o con vuestro amo,
o armas, no lo quebréys en mí. Que bien sé dónde nasce esto, bien

---

[15] "Si te vi, burléme, si no te vi, calléme"; Cf. Correas (1924: 261), aunque su
versión difiere ligeramente.
  * ay
  * valuntad
[16] Es un eco del *De Remediis*: "Alioquim et quaerendo cupiditas crescit et
paupertas cupiendo: Ita fit ut nihil magis inopem faciat quam avari opes" (I, 36 B 2-
3); Cf. Deyermond (1961: 59).
[17] Se trata de un calco de una entrada del *Index* de las obras de Petrarca: "Cum
divitiis necessitas crescit" (*Rebus fam.*, 98 C); *Vid.* Deyermond (1961: 144).

sé y barrunto de qué pie coxqueáys. No, cierto, de la necessidad
que tenéys de lo que pedís, ni aun por la mucha cobdicia que lo
tenéys, sino pensando que os he de tener toda vuestra vida atados
y cativos con Elicia y Areúsa, sin quereros buscar otras.
Movéysme estas amenazas de dinero, ponéysme estos temores de
la partición. Pues callá, que quien éstas os supo acarrear os dará
otras diez, agora que ay más conoscimiento y más razón y más
merecido de vuestra parte. Y si sé complir lo que prometo en este
caso; dígalo Pármeno. Dilo, dilo, no ayas empacho de contar
cómo nos passó quando a la otra dolía la madre.

SEM.—*Yo dígole que se vaya y abáxasse las bragas; no ando
por lo que piensas. No entremetas burlas a nuestra demanda, que
con esse galgo no tomarás, si yo puedo, más liebres.* Déxate
comigo de razones. A perro viejo no cuz cuz. Danos las dos
partes por cuenta de quanto de Calisto has recebido, no quieras
que se descubra quién tú eres. A los otros, a los otros, con essos
halagos, vieja.

CEL.—¿Quién só yo, Sempronio? ¿Quitásteme de la putería?
Calla tu lengua, no amengües mis canas, que soy una vieja qual
Dios me hizo, no peor que todas. Vivo de mi oficio, como cada
qual oficial del suyo, muy limpiamente. A quien no me quiere no
le busco. De mi casa me vienen a sacar, en mi casa me ruegan. Si
bien o mal vivo, Dios es el testigo de mi coraçón. Y no pienses
con tu yra maltratarme, que justicia ay para todos: a todos es
ygual; tan bien seré oýda, aunque muger, como vosotros muy
peynados. Déxame en mi casa con mi fortuna. Y tú, Pármeno,
¿piensas que soy tu cativa por saber mis secretos y mi passada
vida, y los casos que nos acaescieron a mí y a la desdichada de tu
madre? Y aun assí me tratava ella quando Dios quería.

PÁR.—No me hinches las narizes con essas memorias; si no
embiart'e con nuevas a ella, donde mejor te puedas quexar.

CEL.—¡Elicia! ¡Elicia! Levántate dessa cama, daca mi manto
presto, que, por los sanctos de Dios, para aquella justicia me
vaya bramando como una loca. ¿Qué es esto? ¿Qué quieren dezir
tales amenazas en mi casa? ¿Con una oveja mansa tenés vosotros
manos y braveza? ¿Con una gallina atada? ¿Con una vieja de
sesenta años? ¡Allá, allá, con los hombres como vosotros!
¡Contra los que ciñen espada, mostrá vuestas yras; no contra
mi flaca rueca! *Señal es de gran covardía acometer a los menores
y a los que poco pueden. las suzias moxcas nunca pican sino los
bueyes magros y flacos; los guzques ladradores a los pobres
peregrinos aquexan con mayor ímpetu. Si aquella, que allí está*

en aquella cama, me oviesse a mí creýdo, jamás quedaría esta casa de noche sin varón, ni dormiríamos a lumbre de *pajas; pero por aguardarte, por serte fiel, padescemos esta soledad. Y como nos veys mugeres, habláys y pedís demasías. Lo qual, si hombre sintiéssedes en la posada, no haríades. Que como dizen: el duro adversario entibia las yras y *sañas[18].

SEM.—¡O vieja avarienta, garganta muerta de sed por dinero! ¿No serás contenta con la tercia parte de lo ganado?

CEL.—¿Qué tercia parte? Vete con Dios de mi casa tú. Y essotro no dé vozes, no allegue la vezindad. No me hagáys salir de seso, no queráys que salgan a plaza las cosas de Calisto y vuestras.

SEM.—Da vozes o gritos, que tú complirás lo que tú prometiste o se complirán oy tus días.

ELI.—Mete, por Dios, el espada. Tenle. Pármeno, tenle, no la mate esse desvariado.

CEL.—¡Justicia! ¡Justicia! ¡Señores vezinos! ¡Justicia, que me matan en mi casa estos rufianes!

SEM.—¿Rufianes, o qué? Esperá, doña hechizera, que yo te haré yr al infierno con cartas.

CEL.—¡Ay, que me ha muerto! ¡Ay, ay! ¡Confession, confessión!

PÁR.—Dale, dale, acábala, pues començaste, que nos sentirán. ¡Muera! ¡muera! De los enemigos, los menos.

CEL.—¡Confessión!

ELI.—¡O crueles enemigos! ¡En mal poder os veáys! ¡Y para quién tovistes manos! ¡Muerta es mi madre y mi bien todo!

SEM.—¡Huye, huye, Pármeno, que carga mucha gente! ¡Guarte, guarte, que viene el alguazil!

PÁR.—¡O pecador de mí! que no ay por dó nos vamos, que está tomada la puerta.

SEM.—Saltemos destas ventanas. No muramos en poder de justicia.

PÁR.—Salta, que tras ti voy.

---

* pajaas
* señas
[18] Todo este pasaje ("Señal es de gran... las yras y sañas") está inspirado en las *Epistolae* de Petrarca: "degeneris animi signum est insultare minoribus... Muscae macros stimulant boves... Pauperem peregrinum canis infestat... Da illi parem adversarium: confestim ardor iste tepuerit" (92 A 4-8, B I); Cf. Deyermond (1961: 77).

XIII

ARGUMENTO DEL XIII AUTO

Despertando Calisto de dormir está hablando consigo mismo. Dende un poco está llamando a tristan y a otros sus criados. Torna dormir Calisto. Pónese Tristán a la puerta. Viene Sosia llorando. Preguntado de Tristán. Sosia cuéntale la muerte de Sempronio y Pármeno. Van a dezir las nuevas a Calisto, el qual, sabiendo la verdad, faze grande lamentación.

CAL.—¡O cómo he dormido tan a mi plazer después de aquel açucarado rato, después de aquel angélico razonamiento! Gran reposo he tenido. El sosiego y descanso ¿proceden de mi alegría o causó el trabajo *corporal mi mucho dormir, o la gloria y plazer del ánimo? Y no me maravillo que lo uno y lo otro se juntassen a cerrar los candados de mis ojos, pues trabajé con el cuerpo y persona y holgué con el espíritu y sentido la passada noche. Muy cierto es que la tristeza acarrea pensamiento, y el mucho pensar impide el sueño, como a mí estos días es acaescido con la desconfiança, que tenía de la mayor gloria que ya poseo. ¡O señora y amor mío Melibea! ¿Qué piensas agora? ¿Si duermes o estás despierta? ¿Si piensas en mí o en otro? ¿Si éstas levantada o acostada? ¡O dichoso y bienandante Calisto, si verdad es que no ha sido sueño lo pasado! ¿Soñelo o no? ¿Fue fantaseado o passó en verdad?[1] Pues no estuve solo, mis criados me acompañaron.

---

* deespertado
* Sosias
* coporal
[1] Esta inseguridad de Calisto recuerda a Berndt (1963: 39) a las heroínas de la *Fiammetta* y de la *Historia* de Eneas Silvio: Fiammeta dice: "Oime! che cose sono

Dos eran; si ellos dizen que passó en verdad, creerlo he segund
derecho. Quiero mandarlos llamar para más firmar mi gozo.
¡Tristanico![2] ¡Moços! ¡Tristanico! Levanta de ay.

TRI.—Señor, levantado estoy.

CAL.—Corre, llama a Sempronio y a Pármeno.

TRI.—Ya voy, señor.

CAL.—   Duerme y descansa, penado,
                   desde agora,
                   pues te ama tu señora
                   de su grado.
                   Vença plazer al cuydado
                   y no le vea,
                   pues te ha fecho su privado
                   Melibea.

TRI.—Señor, no ay ningún moço en casa.

CAL.—Pues abre essas ventanas, verás qué hora es.

TRI.—Señor, bien de día.

CAL.—Pues tórnalas a cerrar y déxame dormir hasta que sea
hora de comer.

TRI.—Quiero baxarme a la puerta, porque duerma mi amo sin
que ninguno le impida, y a quantos le buscaren se le negaré. ¡O
qué grita suena en el mercado! ¿Qué es esto? Alguna justicia se
haze o madrugaron a correr toros. No sé qué me diga de tan
grandes vozes como se dan. De allá viene Sosia[3], el moço despuelas. El me dirá qué es esto. Desgreñado viene el vellaco. En
alguna taverna se deve haver rebolcado, y si mi amo le cae en el
rastro, mardarle ha dar dos mil palos, que aunque es algo loco, la
pena le hará cuerdo. Parece que viene llorando. ¿Qué es esto,
Sosia? ¿Por qué lloras? ¿De dó vienes?

SOS.—¡O malaventurado yo! ¡O qué pérdida tan grande! ¡O
desonrra de la casa de mi amo! ¡O qué mal día amanesció éste! ¡O
desdichados mancebos!

---

queste, che i miseri pensieri mi pongono davanti?"... "e tal fu che io affermai meco
medesima dicendo 'Ora pur non sogno io d'averlo nelle mie braccia" (págs. 60, 55);
Lucrezia: "O mi ánima, ¿téngote o sueño? ¿Es verdadero este deleite, o estó fuera de
sentido? No sueño, es verdad, cierto es lo que se trata" (p. 52 de la edición de
Foulché-Delbosc). También Castro Guisasola (1924: 147) y Lida de Malkiel (1962
391) habían señalado esta última reminiscencia.

[2] Según Menéndez Pelayo (1910/1961: 288) el nombre de Tristán llega a *La
Celestina* procedente del ciclo bretón.

[3] Sosia es nombre de personaje de la comedia latina; Cf. la nota 25 del acto II.

Tri.—*¿Que has? ¿Qué quexas?* ¿Por qué te matas? ¿Qué mal es éste?

Sos.—¡Sempronio y Pármeno...!

Tri.—¿Qué dizes, Sempronio y Pármeno? ¿Qué es esto, loco? Aclárate más, que me turbas.

Sos.—¡Nuestros compañeros, nuestros hermanos...!

Tri.—O tú estás borracho, o has perdido el seso, o traes alguna mala nueva. ¿No me dirás qué es esto? ¿Qué dices destos moços?

Sos.—Que quedan degollados en la plaça.

Tri.—¡O mala fortuna nuestra, si es verdad!⁴ *¿Vístelos cierto, o habláronte?*

Sos.—*Ya sin sentido yvan; pero el uno con harta difficultad, como me sintió que con lloro le mirava, hincó los ojos en mí, alçando las manos al cielo, quasi dando gracias a Dios y como preguntándome* [si] *sentía de su morir. Y en señal de triste despedida abaxó su cabeça con lágrimas en los ojos, dando bien a entender que no me avia de ver más hasta el día del gran jyzio.*

Tri.—*No sentiste bien; que sería preguntarte si estava presente Calisto. Y pues tan claras señas traes deste cruel dolor*, vamos presto con las tristes nuevas a nuestro amo.

Sos.—¡Señor! ¡Señor!

Cal.—¿Qué es esso, locos? ¿No os mandé que no me recordásedes?

Sos.—Recuerda y levanta, que si tú no buelves por los tuyos, de caýda vamos. Sempronio y Pármeno quedan descabeçados en la plaça, como públicos malhechores, con pregones que manifestavan su delito.

Cal.—¡O válasme Dios! ¿Y qué es esto que me dizes? No sé si te crea tan acelerada y triste nueva. ¿Vístelos tú?

Sos.—Yo los ví.

Cal.—Cata, mira qué dizes, que esta noche han estado comigo.

Según cree Castro Guisasola (1924: 89) y corrobora Lida de Malkiel (1962: 117) este pasaje parece inspirado en un parlamento del Sosia del *Adelphoe:* "Quis est? Quid trepidas? —Hei mihi! —Quid festinas, mi Geta? Animam recipe. —Prorsus... —Quid istuc prorsus ergo est? —Periimus! Actum est! —Obsecro te, quid sit. —Jam... —Quid jam, Geta? —Aeschinus... —Quid ergo is? —Alienus est ab nostra familia. —Hem. Perii!..." Claro que como especifica Lida de Malkiel, la identidad fundamental es la del diálogo, no tanto en las palabras, los sentimientos o las situaciones.

Sos.—Pues madrugaron a morir.

Cal.—¡O mis leales criados! ¡O mis grandes servidores! ¡O mis fieles secretarios y consejeros! ¿Puede ser tal cosa verdad? ¡O amenguado Calisto! Desonrrado quedas para toda tu vida. ¿Qué será de tí, muertos tal par de criados? Dime, por Dios, Sosia, ¿qué fue la causa? ¿Qué dezía el pregón? ¿Dónde los tomaron? ¿Qué justicia lo hizo?

Sos.—Señor, la causa de su muerte publicava el cruel verdugo a vozes, diziendo: "Manda la justicia que mueran los violentos matadores."

Cal.— ¿A quién mataron tan presto? ¿Qué puede ser esto? No ha quatro horas que de mí se despidieron. ¿Cómo se llamava el muerto?

Sos.—*Señor*, una muger era que sè llamava Celestina.

Cal.—¿Qué me dizes?

Sos.—Esto que oyes[5].

Cal.—Pues si esso es verdad, mátame tú a mí, yo te perdono; que más mal ay que viste ni puedes pensar si Celestina, la de la cuchillada, es la muerta.

Sos.—Ella mesma es. De más de treynta estocadas la vi llagada, tendida en su casa, llorándola una su criada.

Cal.—¡O tristes moços! ¿Cómo yvan? ¿Viéronte? ¿Habláronte?

Sos.—¡O señor! que si los vieras, quebraras el coraçón de dolor. El uno llevava todos los sesos de la cabeça de fuera, sin ningún sentido; el otro, quebrados entramos braços y la cara magullada. Todos llenos de sangre, que saltaron de unas ventanas muy altas por huyr del alguazil; y assí, casi muertos les cortaron las cabeças, que creo que ya no sintieron nada.

Cal.—Pues yo bien siento mi honrra[6]. Pluguiera a Dios que fuera yo ellos y perdiera la vida, y no la honrra, y no la esperança de conseguir mi començado propósito, que es lo que más en este caso desastrado siento. ¡O mi triste nombre y fama, cómo andas al tablero de boca en boca! ¡O mís secretos más secretos, quán

---

[5] Castro Guisasola (1924: 84) señala que son las mismísimas palabras que Davo dice a Geta en el *Formión* (I,2): "Quid narras? —Hoc quod audis".

[6] Singleton (1958: 279, n. 106) sugiere que quizá la lectura original de estas palabras de Calisto fuese *siento mi deshonrra*; se basa principalmente en que la traducción italiana de Ordónez —maneja la edición de 1514— dice: "io ben sento mia *vergogna*".

públicos andarés por las *plazas y mercados! ¿Qué será de mí?
¿Adónde yré? ¿Que salga allá?: a los muertos no puedo ya
remediar. ¿Que me esté aquí?: parescerá covardía. ¿Qué consejo
tomaré? Dime, Sosia, ¿qué era la causa por que la mataron?

Sos.—Señor, aquella su criada, dando vozes, llorando su
muerte, la publicava a quantos la querían oýr, diziendo que
porque no quiso partir con ellos una cadena de oro que tú le
diste.

CAL.—¡O día de congoxa! ¡O fuerte tribulación! ¡Y en qué
anda mi hazienda de mano en mano, y mi nombre de lengua en
lengua! Todo será público, quanto con ella y con ellos hablava,
quanto de mí sabían, el negocio en que andavan. No osaré salir
ante gentes. ¡O pecadores de mancebos, padecer por tan súpito
desastre! ¡O mi gozo, cómo te vas diminuiendo! Proverbio es
antigo, que de muy alto grandes caydas se dan. Mucho havía
anoche alcançado; mucho tengo oy perdido. Rara es la bonança
en el piélago[7]. Yo estava en título de alegre, si mi ventura quisiera
tener quedos los ondosos vientos de mi perdición. ¡O fortuna,
quánto y por quántas *partes me has combatido! Pues, por
más que sigas mi morada y seas contraria a mi persona, las adversidades con ygual ánimo se han de sofrir, y en ellas se prueva
el coraçón rezio o flaco[8]. No ay mejor toque para conoscer qué
quilates de virtud o esfuerço tiene el hombre. Pues por más
mal y daño que me venga, no dexaré de cumplir el mandado
de aquella por quien todo esto se ha causado. Que más me va
en conseguir la ganancia de la gloria que espero, que en la pérdida de morir los que murieron. Ellos eran sobrados y esfor-
zados: agora o en otro tiempo de pagar havían. La vieja era mala y falsa, según parece que hazía trato con ellos, y assí que ri-

---

* palzas.

[7] Es un eco del *Index* de las obras de Petrarca: "Ex alto graves lapsus: et rara
quies in pelago" (*De Remediis*, I, 17 C); Cf. Deyermond (1961: 142).

* pertes

[8] La expresión de Calisto recuerda a Castro Guisasola (1924: 151), a pesar de su
escepticismo básico hacia el *Tristán* como fuente de *La Celestina*, el cap. LXXXIII
de esta obra: "las adversidades son prueva de los flacos y fuertes coraçones"; sin
embargo, Juan de Flórez, en su *Grimalte y Gradissa*, también trae la sentencia: "que
las adversidades son prueva de flaquos y fuertes coraçones" (p. 391), aunque, como
comenta Deyermond (1961: 26) no hay evidencia de que Rojas conociera este texto.
En realidad se trata de un rastro más de Petrarca: "Adversa aequo animo sunt
toleranda", "In adversis animus probatur", rezan dos entradas del *Index* de las
obras de Petrarca (*Rebus fam.*, 19 AB, 42 in fin).

ñieron sobre la capa del justo. Permissión fue divina que assi acabasse en pago de muchos adulterios que por su intercessión o causa son cometidos. Quiero hazer adereçar a Sosia y a Tristanico. Yrán comigo este tan esperado camino. Llevarán escalas, que son muy altas las paredes. Mañana haré que vengo de fuera si pudiere vengar estas muertes; si no, purgaré[9] mi inocencia con mi fingida absencia *o me fingiré loco, por mejor gozar deste sabroso deleyte de mis amores, como hizo aquel gran capitán Ulixes por evitar la batalla troyana y holgar con Penélope su muger*[10].

[9] B 1499 trae *pagaré*, también en T 1500 y S 1501, pero todas las demás ediciones antiguas leen *purgaré*: Vid. Herriott (1964: 49) para *collatio*.

[10] La entrada de Ulises en el *Index* de las obras de Petrarca dice: "Ulyxes ut militiam subterfugeret et regnaret amentiam simulavit", que claramente no satisface como fuente de este pasaje de *La Celestina*: Deyermond (1961: 44-45) se inclina al texto mismo del *De Rebus memorandis*: "Ulyxes vero ut militiam subterfugeret et regnaret: atque Itachae viveret ociose cum parentibus cum uxore cum filio simulavit amentiam" (III, i 22).

XIV

ARGUMENTO DEL QUATORZENO AUTO[1]

Está Melibea muy affligida hablando con Lucrecia sobre la tardança de Calisto, el qual le avía hecho voto de venir en aquella noche a visitalla; lo qual cumplió, y con él vinieron Sosia y Tristán. Y después que cumplió su voluntad, bolvieron todos a la posada y Calisto se retrae en su palacio y quéxase por aver estado tan poca quantidad de tiempo con Melibea, y ruega a Febo que cierre sus rayos, para haver de restaurar su desseo.

MEL.—Mucho se tarda aquel cavallero que esperamos. ¿Qué crees tú o sospechas de su estada, Lucrecia?

LUC.—Señora, que tiene justo impedimiento y que no es en su mano venir más presto.

MEL.—Los ángeles sean en su guarda, su persona esté sin peligro, que su tardança no me es pena. Mas, cuytada, pienso muchas cosas que desde su casa acá le podrían acaecer. *¿Quién sabe si él, con voluntad de venir al prometido plazo, en la forma que los tales mancebos a las tales horas suelen andar, fue topado de los aguaziles noturnos y, sin le conocer, le han acometido, el qual, por se defender, los offendió o es dellos offendido? ¿O si por caso los ladradores perros con sus crueles dientes, que ninguna differencia saben hazer ni acatamiento de personas, le*

[1] El argumento de este acto XIV en la *Comedia* es como sigue: "Esperando Melibea la venida de Calisto en la huerta, habla con Lucrecia. Viene Calisto con dos criados suyos, Tristán y Sosia; pónenle el escala, sube por ella, y métese en la huerta onde halla a Melibea. Apártase Lucrecia; quedan los dos solos. Acabado su negocio, quiere salir Calisto; el qual por la escuridad de la noche erró la escala: cae y muere. Melibea, por las razones y lamientos de sus criados, sabe la desastrada muerte de su amado; amortesce. Lucrecia la consuela."

ayan mordido!.' ¿O si ha caýdo en alguna calçada o hoyo, donde
algún daño le viniesse? Más, ¡o mezquina de mí! qué son estos
inconvenientes que el concebido amor me pone delante, y los
atribulados ymaginamientos me acarrean. No plega a Dios que
ninguna destas cosas sea. antes esté quanto le plazerá sin verme[2].
Mas escucha, que passos suenan en la calle y aun parece que
hablan destotra parte del huerto.

SOS.—Arrima essa escalera. Tristán, que este es el mejor lugar,
aunque alto.

TRI.—Sube, señor. Yo yré contigo, porque no sabemos quién
está dentro. Hablando están.

CAL.—Quedaos, locos, que yo entraré solo, que a mi señora
oygo.

MEL.—Es tu sierva, es tu cativa, es la que más tu vida que la
suya estima[3]. ¡O mi señor! No saltes de tan alto, que me moriré en
verlo. Baxa, baxa poco a poco por el escala, no vengas con tanta
pressura.

CAL.—¡O angélica ymagen! ¡O preciosa perla, ante quien el
mundo es feo![4] ¡O mi señora y mi gloria! En mis braços te tengo y
no lo creo[5]. Mora en mi persona tanta turbación de plazer, que
me haze no sentir todo el gozo que poseo.

---

[2] Quizá en estas palabras de Melibea hayan influido, como sugiere Castro
Guisasola (1924: 175), las del Arcipreste de Talavera en la descripción del hombre
flemático (*Corbacho* III, 9), pues hay varios puntos coincidentes: temor a la justicia, a la noche, a los perros, a las caídas, Berndt (1963: 63-64) subraya el paralelo
que existe entre la preocupación de Melibea por la tardanza de Calisto y los peligros
que imagina para el amado, y una escena de la Fiammetta: "Or chi poute ancora sa-
pere se esso, da fortuna sospinto ad alcuno inabitato scoglio, quivi la morte fuggen-
do dell'acqua, quella della fame o delle rapaci bestie ha acquistata?... Chi non sa
ancora che il mare é pieno d'ensidie? Forse esso da inimiche mani preso, o da pirate,
é nell'altrui prigioni con ferri stretto e ritenuto... Dall'altra parte poi mi si parava
nella mente non essere per terra piu sicuro il suo cammino, e in quello similmente
mille accidenti possibili a ritenerlo vedea... forse negli agguati di ladroni é
incappato.e rubato, e ritenuto da loro..." (pág. 50).
[3] Berndt (1963: 56) encuentra aquí un recuerdo verbal de la *Historia de duobus
amantibus:* Lucrezia le pide a Eurialo que no se aleje de quien "más tu vida que la
suya estima" (p. 74), palabras que parece calcar Melibea.
[4] Cf. la nota 23 del cuarto acto; aquí, como allí, Rojas añade un encarecimiento
literario al popular *perla preciosa.* Si entonces acudió a Mena, ahora acude al
Diálogo del Viejo, el Amor y la Hermosa, donde se lee: "¡O divinal hermosura/ ante
quien el mundo es feo,/ ymagen...!"; Cf. Lida de Malkiel (1962: 267).
[5] Para Lida de Malkiel (1962: 391) se trata de un recuerdo de la *Historia* de Eneas
Silvio: "Vosne tango? vosne habeo? vosne manus incidistis meas?... teneo te an
somnio?".

MEL.—Señor mío, pues me fíe en tus manos, pues quise complir tu voluntad, no sea de peor condición por ser piadosa que si fuera esquiva y sin misericordia; no quieras perderme por tan breve deleyte y en tan poco espacio. Que las mal fechas cosas, después de *cometidas, más presto se *pueden reprehender que emendar. Goza de lo que yo gozo, que es ver y llegar a tu persona. No pidas ni tomes aquello que, tomado no será en tu mano bolver. Guarte, señor, de dañar lo que con todos los tesoros del mundo no se restaura.

CAL.—Señora, pues por conseguir esta merced toda mi vida he gastado, ¿qué sería, quando me la diesse[n], desechalla? Ni tú, señora, me lo mandarás, ni yo podría acabarlo comigo. No me pidas tal covardía. No es fazer tal cosa de ninguno que hombre sea, mayormente amando como yo. Nadando por este fuego de tu desseo toda mi vida, ¿no quieres que me arrime al dulce puerto a descansar de mis passados trabajos?[6]

MEL.—Por mi vida, que aunque hable tu lengua quanto quisiere, no obren las manos quanto pueden. Está quedo, señor mío. *Bástete, pues ya soy tuya, gozar de lo esterior, desto que es propio fruto de amadores; no me quieras robar el mayor don que la natura me ha dado. Cata que del buen pastor es propio tresquillar sus ovejas y ganado, pero no destruyrlo y estragarlo*[7].

CAL.—¿Para qué, señora? ¿Para que no esté queda mi passión? ¿Para penar de nuevo? ¿Para tornar el juego del comienço? Perdona, señora, a mis desvergonçadas manos, que jamás pensaron de tocar tu ropa con su indignidad y poco merecer; agora gozan de llegar a tu gentil cuerpo y lindas y delicadas carnes.

MEL.—Apártate allá, Lucrecia.

CAL.—¿Por qué, mi señora? Bien me huelgo que estén semejantes testigos de mi gloria.

---

* cometidos

* puedan

[6] Lida de Malkiel (1962: 393) piensa que estas palabras pueden provenir de la *Cárcel de amor* o de *Arnalte e Lucenda*; en esta última se lee: "... con mis pensamientos el navío de mis passiones a remar comencé. Pero como la tormenta de las ansias grande fuesse, nunca puerto de descanso fallé", sin embargo, ella misma se muestra un tanto escéptica con estas fuentes, pues reconoce que son tópicos de la literatura amorosa de la época.

[7] El eco pudiera ser el de una entrada del *Index* de las obras de Petrarca: "Pastoris boni est tondere pecus non deglutire"; Cf. Deyermond (1961: 44).

MEL.—Yo no los quiero de mi yerro. Si pensara que tan desmesuradamente te avías de haver comigo, no fiara mi persona de tu cruel conversación.

SOS.—Tristán, bien oyes lo que passa. ¡En qué términos anda el negocio!

TRI.—Oygo tanto, que juzgo a mi amo por el más bienaventurado hombre que nasció. Y por mi vida, que aunque soy mochacho, que diesse tan buena cuenta como mi amo.

SOS.—Para con tal joya quienquiera se ternía manos; pero con su pan se la coma, que bien caro le cuesta: dos moços entraron en la salsa destos amores.

TRI.—Ya los tiene olvidados. ¡Dexaos morir sirviendo a ruynes! ¡Hazed locuras en confiança de su defensión! Viviendo con el conde, que no matase el hombre, me dava mi madre por consejo. Veslos a ellos alegres y abraçados, y sus servidores, con harta mengua, degollados.

MEL.—¡O mi vida y mi señor! ¿Cómo has quisido que pierda el nombre y corona de virgen por tan breve deleyte?[8] ¡O pecadora de mí! ¡Madre, si de tal cosa fueses sabidora, cómo tomarías de grado tu muerte y me la darías a mí por fuerça! ¡Cómo serías cruel verdugo de tu propia sangre![9] ¡Cómo sería yo fin quexosa de tus días! ¡O mi padre honrrado, cómo he dañado tu fama y dado causa y lugar a quebrantar tu casa! ¡O traydora de mí, cómo no miré primero el gran yerro que seguía de tu entrada, el gran peligro que esperava!

SOS.—¡Ante quisiera yo oýrte esos miraglos! Todas sabés essa oración, después que no puede dexar de ser hecho. ¡Y el bovo de Calisto, que se lo escucha!

CAL.—Ya quiere amanecer. ¿Qué es esto? ¡No me paresce que ha una hora que estamos aquí y da el relox las tres!

MEL.—Señor, por Dios, pues ya todo queda por ti, pues ya soy tu dueña, pues ya no puedes negar mi amor, no me niegues tu vista de día, passando por mi puerta, de noche donde tú

---

[8] Es posible que sobre estas palabras hayan pesado los versos de Juan de Mena en los *Pecados mortales,* cc. 85-86: "¡O largo resentimiento, / triste fin, breve deleyte!/ ... Tira la tu pestilencia/ virtud a toda persona,/ a las vírgenes corona,/ y a las castas continencia"; Cf. Castro Guisasola (1924: 164).

[9] Según Castro Guisasola (1924: 184), se trata de un eco de las palabras de la *Cárcel de amor:* "no seas verdugo de tu misma sangre". Lida de Malkiel (1962: 393) piensa también en la *Estoria de dos amadores,* de Juan Rodríguez del Padrón. donde Liessa, encinta, pide merced al padre de Ardanlier que la amenaza de muerte. y sus palabras son: "No seas carnicero de tu propia sangre".

ordenares. *sea tu venida por este secreto lugar a la mesma ora, porque siempre te espere apercebida del gozo, con que quedo esperando las venideras noches*[10]. Y por el presente te ve con Dios, que no serás visto, que haze *muy* escuro; ni yo en casa sentida, que aun no amanesce[11].

CAL.—Moços, poné el escala.

SOS.—Señor, vesla aquí. Baxa.

MEL.—Lucrecia, vente acá, que estoy sola. Aquel señor mío es ydo. Comigo dexa su coraçón, consigo lleva el mío. ¿Asnos oýdo?

LUC.—No, señora, dormiendo he estado.

SOS.—*Tristán, devemos yr muy callando, porque suelen levantarse a esta hora los ricos, los cobdiciosos de temporales bienes, los devotos de templos, monesterios e yglesias, los enamorados como nuestro amo, los trabajadores de los campos y labranças, y los pastores que en este tiempo traen las ovejas a estos apriscos a ordeñar; y podría ser que cogiessen de pasada alguna razón, por do toda su honrra y la de Melibea se turbasse.*

TRI.—*¡O simple rascacavallos! ¡Dizes que callemos y nombras su nombre della! Bueno eres para adalid o para regir gente en tierra de moros de noche. Assí que, prohibiendo, permites; encubriendo, descubres; assegurando, offendes; callando, bozeas y pregonas; preguntando, respondes. Pues tan sotil y discreto eres, ¿no me dirás en qué mes cae Santa María de Agosto, porque sepamos si ay harta paja en casa que comas ogaño?*

CAL.—*Mis cuydados y los de vosotros no son todos unos. Entrad callando, no nos sientan en casa. Cerrad essa puerta y vamos a reposar, que yo me quiero sobir solo a mi cámara*[12]. *Yo me desarmaré. Id vosotros a vuestras camas.*

[10] Estas palabras de Melibea recuerdan a Berndt (1963: 62) otras que pronuncia Fiammetta a Pánfilo: "Signor mio, ecco tu te ne vai e in brive la tornata prometti; facciami di cio, se ti piace, la tua fede sicura, si que io, a me non parendomi invano pligliare le tue parole, di cio prenda, quasi como di futura fermezza, alcuno conforto aspettando" (p. 42).

[11] Wilson (1954: 347) estimó que el lenguaje de esta escena de despedida era el convencional exigido por la tradicional separación literaria, pero Lida de Malkiel (1962: 426) rechaza tal afirmación apoyada en una serie de circunstancias presentes aquí y ausentes de otros textos literarios, aun en los que cita Wilson: el enamorado señala lo avanzado del tiempo en prosaicas horas de reloj y se marcha sin despedirse y sin responder a los ofrecimientos de la dama. Para Lida de Malkiel la escena es justamente una réplica al tópico literario.

[12] Hay una coincidencia entre este momento de Calisto, en que se señala el descanso del enamorado, y otro del *Poliodorus* (p. 232): "parumper edormiam et

¡O mezquino yo! ¡Quánto me es agradable de mi natural la
*solitud y silencio y escuridad! No sé si lo causa que me vino a la
memoria la trayción que fize en me despartir de aquella señora,
que tanto amo, hasta que más fuera de día, o el dolor de mi
desonrra. ¡Ay, ay! que esto es. Esta herida es la que siento agora
que se ha resfriado, agora que está elada la sangre que ayer
hervía, agora que veo la mengua de mi casa, la falta de mi servicio, la perdición de mi patrimonio, la infamia que tiene mi
persona. De la muerte que de mis criados se ha seguido. ¿Qué
hize? ¿En qué me detuve? ¿Cómo me pude soffrir que no me
mostré luego presente, como hombre injuriado, vengador,
sobervio y acelerado de la manifiesta injusticia que me fue
hecha? ¡O mísera suavidad desta brevíssima vida! ¿Quién es de ti
tan cobdicioso que no quiera más morir luego, que gozar un año
de vida denostado y prorogarle con desonrra, corrompiendo la
buena fama de los passados? Mayormente que no ay hora cierta
ni limitada ni aun un solo momento. Deudores somos sin
tiempo, contino estamos obligados a pagar luego[13]. ¿Por qué no
salí a inquirir siquiera la verdad de la secreta causa de mi
manifiesta perdición? ¡O breve deleyte mundano! ¡Cómo duran
poco y cuestan mucho tus dulçores![14] No se compra tan caro el
arrepentir. ¡O triste yo! ¿Quándo se restaurará tan grande
pérdida? ¿Qué haré? ¿Qué consejo tomaré? ¿A quien descobri-
ré mi mengua? ¿Por qué lo celo a los otros mis servidores y parientes? Tresquílanme en concejo, y no lo saben en mi casa.
Salir quiero; pero si salgo para dezir que he estado presente, es
tarde; si absente, es temprano. Y para proveer amigos y criados
antiguos, parientes y allegados, es menester tiempo, y para
buscar armas y otros aparejos de vengança. ¡O cruel juez! ¡Y qué
mal pago me has dado del pan que de mi padre comiste! Yo
pensava que pudiera con tu favor matar mill hombres sin temor
de castigo, iniquo falsario, perseguidor de verdad, hombre de

---

quiescam; sic enim fessus sum atque somnolentus ut uidear quasi me sustinere non
posse"; ambos son ejemplos aislados en esta literatura. Cf. Lida de Malkiel (1962:
271).

* solicitud

[13] Tomado del *Index* de las obras de Petrarca: "Mortis nullum praefinitum est
tempus: sine termino debitores sumus" (*Rebus fam.*, 12 B); Cf. Deyermond
(1961: 146).

[14] Se trata de un préstamo textual de la *Historia* de Eneas Silvio: "Quid haec
amoris gaudia si tanti emuntur? Brevis illa voluptas est, dolores longissimi"; Cf.
Lida de Malkiel (1962: 392).

baxo suelo. Bien dirán por ti que te hizo alcalde mengua de hombres buenos. Miraras que tú y los que mataste, en servir a mis passados y a mí érades compañeros; mas quando el vil está rico, ni tiene pariente ni amigo. ¿Quién pensara que tú me avías de destruyr? No ay, cierto, cosa más empecible quel incogitado enemigo[15]. ¿Por qué quesiste que dixessen: del monte sale con que se arde, y que crié cuervo que me sacasse el ojo? Tú eres público delinquente y mataste a los que son privados. Y pues sabe que menor delicto es el privado que el público, menor su utilidad, según las leyes de Atenas disponen. Las quales no son escritas con sangre; antes muestran que es menos yerro no condenar los malhechores que punir los innocentes. ¡O quán peligroso es seguir justa causa delante injusto juez![16] Quanto más este excesso de mis criados, que no carescía de culpa. Pues mira, si mal has hecho, que ay sindicado en el cielo y en la tierra: assí que a Dios y al rey serás reo, y a mí capital enemigo. ¿Qué peccó el uno por lo que hizo el otro, que por sólo ser su compañero los mataste a entrambos? ¿Pero qué digo? ¿Con quién hablo? ¿Estoy en mi seso? ¿Qué es esto, Calisto? ¿Soñavas, duermes o velas? ¿Estás en pie o acostado? Cata que estás en tu cámara. ¿No vees que el offendedor no está presente? ¿Con quién lo has? Torna en ti. Mira que nunca los absentes se hallaron justos. Oye entrambas partes para sentenciar. ¿No vees que por executar la justicia no avía de mirar amistad ni deudo ni criança? ¿No miras que la ley tiene de ser ygual a todos? Mira que Rómulo, el primer cimentador de Roma, mató a su propio hermano porque la ordenada ley traspassó. Mira a Torcato romano, cómo mató a su hijo porque excedió la tribunicia constitución[17]. Otros muchos hizieron lo mesmo. Considera que, si aquí presente él estoviese, respondería que hazientes y consintientes merecen ygual pena; aunque a entrambos matasse por lo que el uno pecó. Y que si

---

[15] Es un calco del *Index* de las obras de Petrarca: "Hoste inexpectato nil nocentius" (*Rebus fam.*, 5 D in fin): Cf. Deyermond (1961: 146).

[16] Estas palabras de Calisto deriban de las *Epistolae* de Petrarca: "Nisi enim multorum impunita scelera tulissemus: numquam ad unum tanta licentia pervenisset... et profecto periculosissimum est sub iniusto iudice iustam causam fovere" (70 E 3-4. E 12-13): *Vid.* Deyermond (1961: 76).

[17] Según Cejador (1913/1968: II, 126), se trata de un recuerdo del *Laberinto* (c. 216): "Estaba Torquato de digna memoria,/ siendo del hijo cruel matador,/ maguera lo vido venir vencedor,/ porque pasara la ley ya notoria"; es oportuno señalar, sin embargo, que éste y otros casos ejemplares llegarían a un estudiante *d* leyes por múltiples y diversas avenidas.

aceleró en su muerte, que era crimen notorio y no eran neces-
sarias muchas pruevas, y que fueron tomados en el acto del
matar; que ya estava el uno muerto de la cayda que dio. Y tam-
bién se deve creer que aquella lloradera moça, que Celestina
tenía en su casa, le dio rezia priessa con su triste llanto, y él, por
no hazer bullicio, por no me disfamar, por no esperar a que la
gente se levantasse y oyessen el pregón del qual gran infamia se
me siguía, los mando justiciar tan de mañana, pues era forçoso el
verdugo y bozeador para la execución y su descargo. Lo qual
todo, assí como creo es hecho, antes le quedo deudor y obligado
para quanto biva, no como a criado de mi padre, pero como a
verdadero hermano. Y puesto caso que assí no fuesse, puesto
caso que no echasse lo passado a la mejor parte, acuérdate,
Calisto del gran gozo passado, acuérdate de tu señora y tu bien
todo. Y pues tu vida no tienes en nada por su servicio, no has de
tener las muertes de otros, pues ningún dolor ygualará con el
rescebido plazer.

¡O mi señora y mi vida! Que jamás pensé en absencia offen-
derte. Que paresce que tengo en poca estima la merced que
me has hecho. No quiero pensar en enojo, no quiero tener ya con
la tristeza amistad. ¡O bien sin comparación! ¡O insaciable
contentamiento! ¿Y quándo pidiera yo más a Dios por premio de
mis méritos, si algunos son en esta vida, de lo que alcançado
tengo? ¿Por qué no estoy contento? Pues no es razón ser ingrato a
quien tanto bien me ha dado. Quiérolo conocer, no quiero con
enojo perder mi seso, porque perdido no cayga de tan alta pos-
sessión. No quiero otra honrra, otra gloria, no otras riquezas,
no otro padre ni madre, no otros deudos ni parientes. De día
estaré en mi cámara, de noche en aquel parayso dulce, en aquel
alegre vergel, entre aquellas suaves plantas y fresca verdura. ¡O
noche de mi descanso, si fuesses ya tornada! ¡O luziente Febo,
date priessa a tu acostumbrado camino![18] ¡O deleytosas estrellas,
apareceos ante de la continua orden! ¡O espacioso relox, aun te
vea yo arder en bivo fuego de amor! Que si tú esperasses lo que
yo, quando des doze, jamás estarías arrendado a la voluntad del
maestro que te compuso. Pues ¡vosotros, invernales meses, que
agora estáys escondidos, viniéssedes con vuestras muy
complidas noches a trocarlas por estos prolixos días! Ya me

---

[18] Se trata de una coincidencia textual con la *Historia de duobus amantibus*
"Inuida nox, cur fugis? Mane, Apollo, mane apud inferos diu. Cur equos tam cito in
iugum trahis?"; Cf. Lida de Malkiel (1962: 391).

paresce haver un año que no he visto aquel suave descanso, aquel deleytoso refrigerio de mis trabajos. ¿Pero qué es lo que demando? ¿Qué pido, loco, sin sufrimiento? Lo que jamás fue ni puede ser. No aprenden los cursos naturales a rodearse sin orden, que a todos es un ygual curso, a todos un mesmo espacio para muerte y vida, un limitado término a los secretos movimientos del alto firmamento celestial, de los planetas y norte, de los crescimientos y mengua de la menstrua luna[19]. Todo se rige con un freno ygual, todo se mueve con ygual espuela: cielo, tierra, mar, fuego, viento, calor, frío. ¿Qué me aprovecha a mí que dé doze horas el relox de hierro, si no las ha dado el del cielo? Pues por mucho que madrugue no amanesce más ayna.

Pero tú, dulce ymaginación, tú que puedes, me acorre[20]. Trae a mi fantasía la presencia angélica de aquella ymagen luziente, buelve a mis oýdos el suave son de sus palabras, aquellos desvíos sin gana, aquel "Apártate allá, señor, no llegues a mí"; aquel "No seas descortés", que con sus rubicundos labrios vía sonar, aquel "No quieras mi perdición", que de rato en rato proponía, aquellos amorosos abraços entre palabra y palabra, aquel soltarme y prenderme, aquel huyr y llegarse, aquellos açucarados besos. Aquella final salutación con que se me despidió, ¡con quánta pena salió por su boca! ¡con quántos desperezos![21] ¡con quántas lágrimas, que parescían granos de aljófar, que sin sentir se le cayan de aquellos claros y resplandescientes ojos!

SOS.—*Tristán, ¿qué te paresce de Calisto, qué dormir ha hecho? Que son ya las quatro de la tarde y no nos ha llamado ni ha comido.*

TRI.—*Calla, que el dormir no quiere priessa. Demás desto,*

---

[19] Para Menéndez Pelayo (1910/1961: 399) era un recuerdo evidente de Mena [*Laberinto* (169a)]: "Aun si yo viera la menstrua luna"; Cf. también, Lida de Malkiel (1962: 363).

[20] Aquí Calisto ha sustituido a la divinidad (Dios, Jesucristo) por *dulce ymaginación*; se trata, según Lida de Malkiel (1962: 322) de "una piadosa frase hecha", y trae textos desde Berceo hasta el Arcipreste de Talavera. Berndt (1963: 37-38) señala que hay mucho parecido entre la actitud de Calisto, entregando al recuerdo de las horas de amor, y la de Fiammetta: "Oime! quanti piacevoli baci, quanti amorosi abbracciarsi, quante notti ragionando graziosa... quanti altri diletti cari ad ogni amanti avemmo..." (p. 29). También hay otro rasgo que identifica a Fiammetta con Calisto: el refugio en la soledad; "...il piu delle volte nella mia camera mi torvano, e quivi piu volentieri sola che accompagnata", dice Fiammetta, y Calisto: "venga entera soledad", VI, y aquí, "cerrad essa puerta y vamos a reposar, que yo me quiero sobir solo a mi cámara".

[21] 'pasmo, estremo'; Cf. Corominas (1954: s.v. *pereza*).

aquéxale por una parte la tristeza de aquellos moços, por otra le alegra el muy gran plazer de lo que con su Melibea ha alcançado. Assí, que dos tan rezios contrarios verás qué tal pararán un flaco subjecto, donde estuvieren aposentados.

Sos.—*¿Piénsaste tú que le penan a él mucho los muertos? Si no le penasse más aquella que desde esta ventana yo veo yr por la calle, no llevarías las tocas de tal color.*

Tri.—*¿Quién es, hermano?*

Sos.—*Llégate acá y verla has antes que trasponga. Mira aquella lutosa que se limpia agora las lágrimas de los ojos. Aquella es Elicia, cridada de Celestina y amiga de Sempronio. Una muy bonita moça; aunque queda agora perdida la pecadora, porque tenía a Celestina por madre y a Sempronio por el principal de sus amigos. Y aquella casa donde entra, allí mora una hermosa muger, muy graciosa y fresca, enamorada, medio ramera; pero no se tiene por poco dichoso quien la alcança tener por amiga sin grande escote, y llámase Areúsa. Por la cual sé yo que ovo el triste de Pármeno más de tres noches malas; y aun que no le plaze a ella con su muerte.*

XV

ARGUMENTO DEL DECIMOQUINTO AUTO

Areúsa dize palabras injuriosas a un rufián llamado Centurio, el qual se despide della por la venida de Elicia, la qual cuenta a Areúsa las muertes que sobre los amores de Calisto y Melibea se avían ordenado, y conciertan Areúsa y Elicia que Centurio aya de vengar las muertes de los tres en los dos enamorados. En fin, despídese Elicia de Areúsa, no consintiendo en lo que le ruega, por no perder el buen tiempo que se dava estando en su asueta casa.

ELI.—*¿Qué bozear es éste de mi prima? Si ha sabido las tristes nuevas que yo le traygo, no avré yo las albricias de dolor que por tal mensaje se ganan. Llore, llore, vierta lágrimas, pues no se hallan tales hombres a cada rincón. Plázeme que assí lo siente. Messe aquellos cabellos como yo, triste, he fecho; sepa que es perder buena vida más trabajo que la misma muerte. ¡O quánto más la quiero que hasta aquí, por el gran sentimiento que muestra!*

ARE.—*Vete de mi casa, rufián, vellaco, mentiroso, burlador, que me traes engañada, bova, con tus offertas vanas. Con tus ronces y halagos hasme robado quanto tengo. Yo te di, vellaco, sayo y capa, espada y broquel, camisas de dos en dos a las mill maravillas labradas, yo te di armas y cavallo, púsete con señor que no le merescías descalçar; agora una cosa que te pido que por mí fagas pónesme mill achaques.*

CEN[1].—*Hermana mía, mándame tú matar con diez hombres por tu servicio, y no que ande una legua de camino a pie.*

---

[1] Menéndez Pelayo (1910/1961: 288) apunta la posibilidad de que el nombre de Centurio haya surgido de la lectura del *Eunuco* (v. 775), donde se pregunta por Sanga, el centurión: "Ubi centurio est Sanga, manipulus furum?". Lida de Malkiel

ARE.—*¿Por qué jugaste tu el cavallo, tahúr vellaco? Que si por mí no oviesse sido, estarías tú ya ahorcado. Tres vezes te he librado de la justicia, quatro vezes desempeñado en los tableros. ¿Por qué lo hago? ¿Por qué soy loca? ¿Por qué tengo fe con este covarde? ¿Por qué creo sus mentiras? ¿Por qué le consiento entrar por mis puertas? ¿Qué tiene bueno? Los cabellos crespos, la cara acuchillada, dos vezes açotado, manco de la mano del espada, treynta mugeres en la putería. Salte luego de aý. No te vea yo más, no me hables ni digas que me conoces; sino por los huesos del padre que me hizo y de la madre que me parió, yo te haga dar mill palos en essas espaldas de molinero. Que ya sabes que tengo quien lo sepa hazer y, hecho, salirse con ello.*

CEN.—*¡Loquear, bovilla! Pues si yo me ensaño, alguna llorará. Mas quiero yrme y çofrirte, que no sé quien entra, no nos oyan.*

ELI.—*Quiero entrar, que no es son de buen llanto donde ay amenazas y denuestos.*

ARE.—¡Ay triste yo! ¿Eres tú mi Elicia? ¡Jesú, Jesú! No lo puedo creer. ¿Qué es esto? ¿Quién te me cubrió de dolor? ¿Qué manto de tristeza es este? Cata que me espantas, hermana mía. Dime presto qué cosa es, que estoy sin tiento, ninguna gota de sangre has dexado en mi cuerpo.

ELI.—*¡Gran dolor, gran pérdida! Poco es lo que muestro con lo que siento y encubro; más negro traygo el coraçón que el manto, las entrañas que las tocas. ¡Ay hermana, hermana, que no puedo fablar! No puedo de ronca sacar la boz del pecho.*

ARE.—*¡Ay triste, qué me tienes suspensa! Dímelo, no te messes, no te rascuñes ni maltrates. ¿Es común de entrambas este mal? ¿Tócame a mí?*

ELI.—*¡Ay prima mía y mi amor! Sempronio y Pármeno ya no biven, ya no son en el mundo. Sus ánimas ya están purgando su yerro. Ya son libres desta triste vida.*

ARE.—*¿Qué me cuentas? No me lo digas. Calla, por Dios, que me caeré muerta.*

ELI.—*Pues más mal ay que suena. Oye a la triste, que te contará más quexas. Celestina, aquella que tú bien conosciste, aquella que yo tenía por madre, aquella que me regalava, aquella que me encubría, aquella con quien yo me honrrava entre mis*

(1962: 702) cree, sin embargo, que la posibilidad no es grande, ya que la palabra debía ser bastante familiar por encontrarse en los evangelios, y sin duda la habían divulgado las obras lírico narrativas de la Pasión.

yguales, aquella por quien yo era conoscida en toda la ciudad y arrabales, ya está dando cuenta de sus obras. Mill cuchilladas le vi dar a mis ojos; en mi regaço me la mataron.

ARE.—*¡O fuerte tribulación! ¡O dolorosas nuevas, dignas de mortal lloro! ¡O acelerados desastres! ¡O pérdida incurable! ¿Cómo ha rodeado atan presto la fortuna su rueda? ¿Quién los mató? ¿Cómo murieron? Que estoy envelesada, sin tiento, como quien cosa impossible oye. No ha ocho días que los vide bivos, y ya podemos dezir: perdónelos Dios. Cuéntame, amiga mía, cómo es acaescido tan cruel y desastrado caso.*

ELI.—*Tú lo sabrás. Ya oýste dezir, hermana, los amores de Calisto y la loca de Melibea. Bien verías cómo Celestina avía tomado el cargo, por intercessión de Sempronio, de ser media-mera, pagándole su trabajo. La qual puso tanta diligencia y solicitud, que a la segunda açadonada sacó agua. Pues, como Calisto tan presto vido buen concierto en cosa que jamás lo esperava, a bueltas de otras cosas dio a la desdichada de mi tía una cadena de oro. Y como sea de tal calidad aquel metal que, mientra más bevemos dello, más sed nos pone, con sacrílega hambre[2], quando se vido tan rica, alçose con su ganancia y no quiso dar parte a Sempronio ni a Pármeno dello, lo qual avía quedado entre ellos que partiessen lo que Calisto diesse. Pues, como ellos viniessen cansados una mañana de acompañar a su amo toda la noche, muy ayrados de no sé qué questiones que dizen que avían avido, pidieron su parte a Celestina de la ca-dena para remediarse. Ella púsose en negarles la convención y promesa, y dezir que todo era suyo lo ganado, y aun descu-briendo otras cosillas de secretos, que, como dizen: riñen las comadres...[3] Assí que ellos, muy enojados, por una parte los aquexava la necesidad, que priva todo amor; por otra, el enojo grande y cansancio que trayan, que acarrea alteración; por otra, avían la fe quebrada de su mayor esperança. No sabían qué hazer. Estuvieron gran rato en palabras. Al fin, viéndola tan cobdiciosa, perseverando en su negar, echaron mano a sus espadas y diéronle mill cuchilladas.*

ARE.—*¡O desdichada de muger! ¡Y en esto avía su vejez de fenescer! ¿Y dellos qué me dizes? ¿En qué pararon?*

ELI.—*Ellos, como ovieron hecho el delicto, por huyr de la justicia, que acaso passava por allí, saltaron de las ventanas, y*

---

[2] Parece hacer referencia al hemistiquio de Virgilio: "Auri sacra fames" (*Eneida*, III, v. 57); *Vid.* Castro Guisasola (1924: 64).

[3] "Riñen las comadres y dícense las verdades"; Cf. Correas (1924: 481).

quasi muertos los prendieron y sin más dilación los degollaron.

ARE.—*¡O mi Pármeno y mi amor! ¡ Y quánto dolor me pone su muerte! Pésame del grande amor que con él tan poco tiempo havía puesto, pues no me avía más de durar. Pero pues ya este mal recabdo es hecho, pues ya esta desdicha es acaescida, pues ya no se pueden por lágrimas comprar ni restaurar sus vidas, no te fatigues tú tanto, que cegarás llorando. Que creo que poca ventaja me llevas en sentimiento, y verás con quánta paciencia lo cuffro y passo.*

ELI.—*¡Ay, que ravio! ¡Ay mezquina, que salgo de seso! ¡Ay, que no hallo quien lo sienta como yo! No hay quien pierda lo que yo pierdo. ¡O, quánto mejores y más honestas fueran mis lágrimas en passión ajena que en la propia mía!*[4] *¿Adónde yré, que pierdo madre, manto y abrigo; pierdo amigo, y tal que nunca faltava de mi marido? ¡O Celestina sabia, honrrada y autorizada, quántas faltas me encobrías con tu buen saber! Tú trabajavas, yo holgava; tú salías fuera, yo estava encerrada; tú rota, yo vestida; tú entravas contino como abeja por casa, yo destruýa, que otra cosa no sabía hazer. ¡O bien y gozo mundano, que mientra eres posseýdo eres menospreciado, y jamás te consientes conocer hasta que te perdemos! ¡O Calisto y Melibea, causadores de tantas muertes! ¡Mal fin ayan vuestros amores, en mal sabor se conviertan vuestros dulzes plazeres! Tórnese lloro vuestra gloria, trabajo vuestro descanso. Las yervas deleytosas donde tomáys los hurtados solazes se conviertan en culebras, los cantares se os tornen lloro, los sombrosos árboles del huerto se sequen con vuestra vista, sus flores olorosas se tornen de negra color*[5].

ARE.—*Calla, por Dios, hermana, pon silencio a tus quexas, ataja tus lágrimas, limpia tus ojos, torna sobre tu vida. Que quando una puerta se cierra, otra suele abrir la fortuna, y este mal, aunque duro, se soldará. Y muchas cosas se pueden vengar que es impossible remediar, y ésta tiene el remedio dudoso y la vengança en la mano.*

ELI.—*¿De quién se ha de haver enmienda, que la muerta y los matadores me han acarreado esta cuyta? No menos me fatiga la*

---

[4] Es un préstamo del *Index* de las obras de Petrarca: "Honestiores sunt lachrymae in alienis calamitatibus quam in nostris" (*Rebus fam.*, 12 B); Cf. Deyermond (1961: 146).

[5] Quizá este tópico del paisaje ameno que se trueca en lóbrego para indicar desdicha amorosa sea un eco de Santillana, de su poema *El sueño*, cc. 10-13, como señaló Castro Guisasola (1924: 169) y Lida de Malkiel (1962: 673), pero es también un lugar muy frecuentado en la lírica cortesana del siglo.

punición de los delinquentes que el yerro cometido. ¿Qué mandas que haga, que todo carga sobre mí? Pluguiera a Dios que fuera yo con ellos y no quedara para llorar a todos. Y de lo que más dolor siento es ver que por esso no dexa aquel vil de poco sentimiento de ver y visitar festejando cada noche a su estiércol de Melibea; y ella muy ufana en ver sangre vertida por su servicio.

ARE.—*Si esso es verdad ¿de quién mejor se puede tomar vengança? De manera que quien lo comió, aquel lo escote. Déxame tú, que si yo les caygo en el rastro, quándo se veen, y cómo, por dónde y a qué hora, no me ayas tú por hija de la pastellera vieja que bien conosciste, si no hago que les amarguen los amores. Y si pongo en ello a aquel con quien me viste que reñía quando entravas, si no sea él peor verdugo para Calisto que Sempronio de Celestina. Pues, ¡qué gozo avría agora él en que le pusiesse yo en algo por mi servicio, que se fue muy triste de verme que le traté mal! Y vería él los cielos abiertos en tornalle yo a hablar y mandar. Por ende, hermana, dime tú de quién pueda yo saber el negocio cómo passa, que yo le haré armar un lazo con que Melibea llore quanto agora goza.*

ELI.—*Yo conozco, amiga, otro compañero de Pármeno, moço de cavallos, que se llama Sosia, que le acompaña cada noche. Quiero trabajar de se lo sacar todo el secreto, y este será buen camino para lo que dizes.*

ARE.—*Mas hazme este plazer, que me embíes acá esse Sosia. Yo le halagaré y diré mill lisonjas y offrescimientos hasta que no le dexe en el cuerpo cosa de lo hecho y por hazer. Después a él y a su amo haré revessar[6] el plazer comido. Y tú Elicia, alma mía, no recibas pena. Passa a mi casa tu ropa y alhajas[7] y vente a mi compañía, que estarás muy sola, y la tristeza es amiga de la soledad. Con nuevo amor olvidarás los viejos. Un hijo que nasce restaura la falta de tres finados; con nuevo sucessor se pierde la alegre memoria y plazeres perdidos del passado[8]. De un pan que yo tenga, ternás tú la meytad. Más lástima tengo de tu fatiga que de los que te la ponen. Verdad sea, que cierto duele más la*

---

[6] 'devolver, vomitar'; *Vid.* nota 6 del noveno acto.

[7] *alhajas*: aquí con el sentido de 'cosas de las casa'; Corominas (1954: s.v. *alhaja*) dice que comúnmente significó 'mueble, utensilio'. *Vid.* Singleton (1968: 280, n. 113).

[8] Parece que el núcleo de este pasaje es una entrada del *Index* de las obras de Petrarca: "Amor omnis successore novo vincitur" (*Secretum*, iii R); Cf. Deyermond (1961: 146).

pérdida de lo que hombre tiene, que da plazer la esperança de otro tal, aunque sea cierta. Pero ya lo hecho es sin remedio y los muertos irrecuperables, y como dizen, mueran y bivamos. A los bivos me dexa a cargo, que yo te les daré tan amargo xarope a bever qual ellos a ti han dado!. ¡Ay prima, prima, cómo sé yo, quando me ensaño, rebolver estas tramas, aunque soy moça! Y de ál me vengue Dios, que de Calisto, Centurio me vengará.

ELI.—*Cata que creo que, aunque llame el que mandas, no havrá effecto lo que quieres, porque la pena de los que murieron por descobrir el secreto porná silencio al bivo para guardarle. Lo que me dizes de mi venida a tu casa te agradesco mucho. Y Dios te ampare y alegre en tus necessidades, que bien muestras el parentesco y hermandad no servir de viento, antes en las adversidades aprovechar. Pero, aunque lo quiera hazer, por gozar de tu dulce compañía, no podrá ser por el daño que me vernía. La causa no es necessari dezir, pues hablo con quien me entiende. Que allí, hermana, soy conoscida, allí estoy *aparrochada. Jamás perderá aquella casa el nombre de Celestina, que Dios aya. Siempre acuden allí moças conoscidas y allegadas, medio parientas de las que ella crió. Allí hazen sus conciertos, de donde se me seguirá algún provecho. Y también essos pocos amigos que me quedan, no me saben otra morada. Pues ya sabes quán duro es dexar lo usado, y que mudar costumbres es a par de muerte, y piedra movediza que nunca moho la cobija. Allí quiero estar, siquiera porque el alquile de la casa está pagado por ogaño; no se vaya en balde. Assí que, aunque cada cosa no abastasse por sí, juntas aprovechan y ayudan. Ya me paresce que es hora de yrme. De lo dicho me llevo el cargo. Dios quede contigo, que me voy.*

* aperrochada

XVI

ARGUMENTO DEL DECIMOSESTO AUTO

Pensando Pleberio y Alisa tener su hija Melibea el don de la virginidad conservado, lo qual, según ha parescido está en contrario, y están razonando sobre el casamiento de Melibea; y en tan gran quantidad le dan pena las palabras que de sus padres oye, que embía a Lucrecia para que sea causa de su silencio en aquel propósito.

PLE.—*Alisa, amiga, el tiempo, según me parece, se nos va, como dizen, entre las manos. Corren los días como agua de río[1]. No hay cosa tan ligera para huyr como la vida. La muerte nos sigue y rodea de la qual somos vezinos, y hazia su vandera[2] nos acostamos, según natura. Esto vemos muy claro si miramos nuestros yguales, nuestros hermanos y parientes en derredor. Todos los come ya la tierra, todos están en sus perpetuas moradas. Y pues somos inciertos quándo avemos de ser llamados, viendo tan ciertas señales, devemos echar nuestras barvas en remojo y aparejar nuestros fardeles para andar este for-*

---

[1] Para Castro Guisasola (1924: 158) la fuente inmediata de este texto de Pleberio es el último verso de la copla 270 del *Rimado de Palacio*: "ca nuestra vida corre como agua de río". No parece que deba desestimarse —en principio— a las *Coplas* manriqueñas, que también explotan el tópico. Vid. Cejador (1913/1968: II, 144). Para Deyermond (1961: 75-76), todo este pasaje ("Alisa, amiga... este forçoso camino") está inspirado en Petrarca: "tempora (ut aiunt) inter digitos effluxerunt. Spes nostrae veteres cum amicis saepultae sunt... Ego iam sarniculas compono (et quod migraturi solent)... Quid enim quaeso fugacius vita est? quid morte sequacius?" (*De Rebus familiaribus*, Praef. A 2-3, A 10, B 16-17). Pero obsérvese que en rigor no hay contradicción: la fugacidad del tiempo está expresado con símiles diferentes en uno y otro lugar.

[2] 'lado', de banda; Cf. Corominas (1954: s.v. *banda* II).

çoso camino; no nos tome improvisos ni de salto aquella cruel boz de la muerte. Ordenemos nuestras ánimas con tiempo, que más vale prevenir que ser prevenidos[3]*. Demos nuestra hazienda a dulce sucessor, acompañemos nuestra única hija con marido qual nuestro estado requiere, porque vamos descansados y sin dolor deste mundo. Lo qual con mucha diligencia devemos poner desde agora por obra, y lo que otras vezes avemos principiado en este caso, agora aya execución. No quede por nuestra negligencia nuestra hija en manos de tutores, pues parescerá ya mejor en su propia casa que en la nuestra. Quitarla hemos de lengua de vulgo, porque ninguna virtut ay tan perfecta que no tenga vituperadores y maldizientes*[4]*. No ay cosa con que mejor se conserve la limpia fama en las vírgenes, que con temprano casamiento*[5]*. ¿Quién rehuyría nuestro parentesco en toda la ciudad? ¿Quién no se hallará gozoso de tomar tal joya en su compañía? En quien caben las quatros principales cosas que en los casamientos se demandan, conviene a saber: lo primero, discrición, honestidad y virginidad; segundo, hermosura; lo tercero, el alto orígen y parientes; lo final, riqueza*[6]*. De todo esto la dotó natura. Qualquiera cosa que nos pidan hallarán bien complida.*

ALI.—*Dios la conserve, mi señor Pleberio, porque nuestros desseos veamos complidos en nuestra vida. Que antes pienso que faltará ygual a nuestra hija, según tu virtut y tu noble sangre, que no sobrarán muchos que la merezcan. Pero como esto sea officio de los padres y muy ageno a las mugeres, como tú lo ordenares, seré yo alegre, y nuestra hija obedecerá, según su casto bivir y honesta vida y humildad.*

[3] Foulché-Delbosc (1902) señaló que esta sentencia era una reminiscencia del *Laberinto* de Mena (c. 132), de donde aparece tomada literalmente; sin embargo, la expresión se encuentra también en un viejo refrán castellano, lo que abre nuevas posibilidades en cuanto a la interpretación de su fuente.

[4] Deyermond (1961: 147) apunta hacia el *Index* de las obras de Petrarca como fuente desta máxima: "Nulla virtus tam laudata est quin vituperatores inveniat" (*De Remediis*, II, 28 B).

[5] También aquí es el *Index* de las obras de Petrarca de donde saca su material el interpolador: "Virgineam castitatem nulla arte melius quam maturo coniugio praeservabis" (*De Remediis*, I, 84 C in fin); Cf. Deyermond (1961: 146).

[6] Para Lida de Malkiel (1956: 423 n.), estamos ante una traducción libre de un pasaje de la *Philogenia*, recopilado en la *Margarita poética*, de Eyb; Gilman (1972 431-2), que rechaza que Rojas hiziera uso de la antología de Eyb, no encuentra en los pasajes citados por Lida de Malkiel nada que pudiera servir de fuente a estas palabras de Pleberio, y señala en cambio, las *Coplas* 141 y 142 de Pérez de Guzmán, donde se habla de las cuatro características: honestidad, belleza, linaje y riqueza.

LUC.—¡Aun si bien lo supiesses, rebentarías! ¡Ya, ya! ¡Perdido es lo mejor! ¡Mal año se os apareja a la vejez! Lo mejor Calisto lo lleva. No hay quien ponga virgos, ( )[7] que ya es muerta Celestina. ¡Tarde acordáys; más avíades de madrugar! ¡Escucha, escucha, señora Melibea!

MEL.—¿Qué hazes ay escondida, loca?

LUC.—Llégate aquí, señora, oyrás a tus padres la priessa que traen por te casar.

MEL.—Calla, por Dios, que te oyrán. Déxalos parlar, déxalos devaneen. Un mes ha que otra cosa no hazen ni en otra cosa entienden. No parece sino que les dize el coraçón el gran amor que a Calisto tengo y todo lo que con él un mes ha he *passado. No sé si me han sentido, no sé qué sea aquexarles más agora este cuydado que nunca. Pues mándoles yo trabayar en vano, que por demás es la cítola en el molino. ¿Quién es el que me ha de quitar mi gloria? ¿Quién apartarme mis plazeres? Calisto es mi ánima, mi vida, mi señor, en quien yo tengo toda mi sperança. Conozco dél que no bivo engañada. Pues él me ama, ¿con qué otra cosa le puedo pagar? Todas las debdas del mundo resciben compensación en diverso género; el amor no admite sino solo amor por paga[8]. En pensar en él me alegro, en verlo me gozo, en oýrlo me glorifico. Haga y ordene de mí a su voluntad. Si passar quisiere la mar, con él yré; si rodear el mundo, lléveme consigo; si venderme en tierra de enemigos, no rehuyré su querer[9]. Déxenme mis padres gozar dél, si ellos quieren gozar de mí. No piensen en estas vanidades ni en estos casamientos: que más vale ser buena amiga que mala casada. Déxenme gozar mi mocedad alegre si quieren gozar su vejez cansada; si no, presto podrán aparejar mi perdición y su sepultura. No tengo otra lástima sino por el tiempo que perdí de no gozarlo, de no conoscerlo, después que a mí me sé conoscer. No quiero marido, no quiero ensuziar los ñudos del matrimonio, ni las maritales pisadas de ageno hombre

---

[7] P 1514 repite aquí que ya es muerta Celestina.

* passada

[8] Estamos ante otro eco del Index de las obras de Petrarca: "Amor amore compensandus est: in caeteris rebus generis compensatio admittitur" (Rebus mem., III, ii, 52); Cf. Deyermond (1961: 146).

[9] Lida de Malkiel (1962: 322) señala la posibilidad de que el parlamento de Melibea haga referencia a la leyenda de Niña de Gómez Arias; si así fuera, sería la más temprana alusión conocida, anterior en veintidós años a la referencia (burlesca) de La lozana andaluza.

repisar[10], *como muchas hallo en los antiguos libros que leý o que
hizieron, más discretas que yo, más subidas en estado y linaje.
Las quales algunas eran de la gentilidad tenidas por diosas, assí
como Venus, madre de Eneas y de Cupido, el dios del amor, que
siendo casada corrompió la prometida fe marital. Y aun otras, de
mayores fuegos encendidas, cometieron nefarios e incestuosos
yerros, como Mirra con su padre, Semíramis con su hijo.
Canasce con su hermano, y aun aquella forçada Thamar, hija del
rey David. Otras aún más cruelmente traspassaron las leyes de
natura, como Pasiphe, muger del rey Minos, con el toro. Pues
reynas eran y grandes señoras, debaxo de cuyas culpas la
razonable mía podrá passar sin denuesto. Mi amor fue con justa
*causa. Requerida y rogada, cativada de su merescimiento,
aquexada por tan astuta maestra como Celestina, servida de muy
peligrosas visitaciones, antes que concediesse por entero en *su
amor. Y después un mes há, como has *visto, que jamás noche ha
faltado sin ser nuestro huerto escalado como fortaleza, y muchas
aver venido en balde, y por esso no me mostrar más pena ni
trabajo. Muertos por mí sus servidores, perdiéndose su
hazienda, fingiendo absencia con todos los de la ciudad, todos
los días encerrado en casa con esperança de verme a la noche.
¡Afuera, afuera la ingratitud, afuera las lisonjas y el engaño con
tan verdadero amador, que ni quiero marido ni quiero padre ni
parientes! Faltándome Calisto, me falte la vida, la qual, porque
él de mí goze, me aplaze.*

LUC.—*Calla, señora, escucha, que todavía perseveran.*

PLE.—*Pues, ¿qué te parece, señora muger? ¿Devemos hablar-
lo a nuestra hija, devemos darle parte de tantos como me la
piden, para que de su voluntad venga, para que diga quál le
agrada? Pues en esto las leyes dan libertad a los hombres y
mugeres, aunque estén so el paterno poder, para elegir.*

ALI.—*¿Qué dizes? ¿En qué gastas tiempo? ¿Quién ha de yrle*

---

[10] Para Foulché-Delbosc (1902, gracias a una sugerencia de Cuervo) la fuente
indiscutible de este pasaje son unos versos que escribió Mena en *Los siete pecados
capitales* (c. 87): "Muchos lechos maritales/ de agenas pisadas huellas..." Castro
Guisasola (1924: 161) recuerda que la misma expresión se encuentra en Tito Livio
(I, 22, 58) y en *La ciudad de Dios* agustiniana, amén de en autores más cercanos a
Rojas como Santillana (*Proverbios*, LX glosa: "las pisadas de ageno ome") y San
Pedro (*Cárcel de amor*: "pisada de ombre ageno").

* casta
* so
* viste

con tan grande novedad a nuestra Melibea que no la espante? ¡Cómo! ¿Y piensas que sabe ella qué cosa sean hombres? ¿Si se casan o qué es casar? ¿O que del ayuntamiento de marido y muger se procreen los hijos? ¿Piensas que su virginidad simple le acarrea torpe desseo de lo que no conosce ni ha entendido jamás? ¿Piensas que sabe errar aun con el pensamiento? No lo creas, señor Pleberio, que si alto o baxo de sangre, o feo o gentil de gesto le mandáremos tomar, aquello será su plazer, aquello avrá por bueno. Que yo sé bien lo que tengo criado en mi guardada hija.

MEL.—Lucrecia, Lucrecia, corre presto, entra por el postigo en la sala y estórvales su hablar, interrúmpeles sus alabanças con algún fingido mensaje, si no quieres que vaya yo dando bozes como loca, según estoy enojada del concepto engañoso que tienen de mi ignorancia.

LUC.—Ya voy, señora.

XVII

ARGUMENTO DEL DECIMOSEPTIMO AUTO

Elicia, caresciendo de la castimonia de Penélope, determina de despedir el pesar y luto que por causa de los muertos trae, alabando el consejo de Areúsa en este propósito; la qual va a casa de Areúsa, adonde viene Sosia; al qual Areúsa con palabras fictas, saca todo el secreto que está entre Calisto y Melibea.

ELI.—*Mal me va con este luto. Poco se visita mi casa, poco se passea mi calle. Ya no veo las músicas de la alvorada, ya no las canciones de mis amigos, ya no las cuchilladas ni ruydos de noche por mi causa; y lo que peor siento, que ni blanca ni presente veo entrar por mi puerta. De todo esto me tengo yo la culpa, que si tomara el consejo de aquella que bien me quiere, de aquella verdadera hermana, quando el otro día le llevé las nuevas deste triste negocio que esta mi mengu ha acarreado, no me viera agora entre dos paredes sola, que de asco ya no ay quien me vea. El diablo me da tener dolor por quien no sé, si yo muerta, lo tuviera. A osadas que me dixo ella a mí lo cierto: nunca, hermana, traygas ni muestres más pena por el mal ni muerte de otro, que él hiziera por ti. Sempronio holgara, yo muerta; pues ¿por qué, loca, me peno yo por él degollado? ¿Y qué sé si me matara a mí como era acelerado y loco, como hizo a aquella vieja que tenía yo por madre? Quiero en todo seguir su consejo de Areúsa, que sabe más del mundo que yo, y verla muchas vezes y traer materia cómo biva. ¡O, qué participación tan suave, qué conversación tan gozosa y dulce! No en balde se dice que vale más un día del hombre discreto que toda la vida del nescio y simple*[1]. *Quiero, pues, deponer el luto, dexar tristeza, despedir*

---

[1] Tomada del *Index* de las obras de Petrarca: "Eruditorum diem unum plus placere quam stultorum longissimam vitam" (*Rebus mem.*, III, ii, 55 A); Cf. Deyermond (1961: 146).

las lágrimas que tan aparejadas han estado a salir. Pero como sea
el primer officio que en nasciendo hazemos llorar, no me ma-
ravilla ser más ligero de començar y de dexar más duro. Mas
para esto es el buen seso, viendo la pérdida al ojo, viendo que los
atavíos hazen la muger hermosa, aunque no lo sea, tornan de
vieja moça y a la moça más. No es otra cosa la color y alvayalde
sino pegajosa [liga]² en que se travan los hombres. Ande, pues,
mi espejo y alcohol, que tengo dañados estos ojos; anden mis
tocas blancas, mis gorgueras labradas, mis ropas de plazer.
Quiero adereçar lexía para estos cabellos, que perdían ya la ruvia
color; y esto hecho, contaré mis gallinas, haré mi cama, porque la
limpieza alegra el coraçón, barreré mi puerta y regaré la calle,
porque los que passaren vean que es ya desterrado el dolor. Mas
primero quiero yr a visitar mi prima, por preguntarle si ha ydo
allá Sosia, y lo que con él ha passado, que no lo he visto después
que le dixe cómo le querría hablar Areúsa. Quiera Dios que la
halle sola, que jamás está desacompañada de galanes, como
buena taverna de borrachos. Cerrada está la puerta. No deve
estar allá hombre. Quiero llamar. Tha, tha.

ARE.—*¿Quién es?*

ELI.—*Abreme, amiga; Elicia soy.*

ARE.—*Entra, hermana mía. Véate Dios, que tanto plazer me*
hazes en venir como vienes, mudado el hábito de tristeza. Agora
nos gozaremos juntas, agora te visitaré, vernos hemos en mi casa
y en la tuya. Quiçá por bien fue para entrambas la muerte de
Celestina, que yo ya siento la mejoría más que antes. Por esto se
dize que los muertos abren los ojos de los que biven: a unos con
haziendas, a otros con libertad, como a ti.

ELI.—*A tu puerta llaman. Poco espacio nos dan para hablar,*
que te querría preguntar si avía venido acá Sosia.

ARE.—*No ha venido; depués hablaremos. ¡Qué porradas que*
dan! Quiero yr abrir, que o es loco o privado³. ¿Quién llama?

SOS.—*Abreme, señora. Sosia soy, criado de Calisto.*

ARE.—*Por los santos de Dios, el lobo es en la conseja.*
Escóndete, hermana, tras esse paramento, y verás quál te lo paro

---

² En P 1514 falta la palabra *liga*, pero está en la mayoría de las ediciones antiguas de la *Tragicomedia*; *Vid.* Herriott (1964: 88) para *collatio*.

³ La frase de Areúsa está elaborada sobre un viejo refrán: "O es loco o privado quien llama apresurado"; Cf. Correas (1924: 151). Singleton (1958: 281, n. 114), apoyado en testimonios antiguos (*Mio Cid, Buen amor*), piensa que *privado* tiene aquí el sentido de 'apresurado, con prisa', pero el contexto también parece admitir el de 'familar, persona de confianza'.

*lleno de viento de lisonjas, que piense, quando se parta de mí, que
es él y otro no. Y sacarle he lo suyo y lo ageno del buche con
halagos, como él saca el polvo con la almohaça a los cavallos. ¿Es
mi Sosia, mi secreto [amigo]?[4] ¿El que yo me quiero bien sin que
él lo sepa? ¿El que desseo conoscer por su buena fama? ¿El fiel a
su amo? ¿El buen amigo de sus compañeros? Abraçarte quiero,
amor, que agora que te veo creo que ay más virtudes en ti que
todos me dezían. Andacá, entremos a assentarnos, que me gozo
en mirarte, que me representas la figura del desdichado de Pármeno. Con esto haze oy tan claro día que avías tú de venir a
verme. Dime, señor, ¿conoscíasme antes de agora?*

SOS.—*Señora, la fama de tu gentileza, de tus gracias y saber
buela tan alto por esta ciudad, que no deves tener en mucho ser
de más conoscida que conosciente, porque ninguno habla en
loor de hermosas que primero no se acuerde de ti que de quantas
son.*

ELI.—*¡O hideputa el pelón, y cómo se desasna! ¡Quién le ve yr
al agua con sus cavallos en cerro[5], y sus piernas de fuera, en sayo,
y agora, en verse medrado con calças y capa, sálenle alas y
lengua!*

ARE.—*Ya me correría con tu razón, si alguno estuviesse
delante, en oýrte tanta burla como de mí hazes; pero como todos
los hombres traygáys proveýdas essas razones, essas engañosas
alabanças, tan comunes para todas, hechas de molde, no me
quiero de ti espantar. Pero hágote cierto, Sosia, que no tienes
dellas necessidad; sin que me alabes te amo, y sin que me ganes
de nuevo me tienes ganada. Para lo que te embié a rogar que me
vieses son dos cosas, las quales, si más lisonja o engaño en ti
conozco, te dexaré de dezir, aunque sean de tu provecho.*

SOS.—*Señora mía, no quiera Dios que yo te haga cautela.
Muy seguro venía de la gran merced que me piensas hazer y
hazes. No me sentía digno para descalçarte. Guía tú mi lengua,
responde por mí a tus razones, que todo lo avré por rato y firme.*

ARE.—*Amor mío, ya sabes quánto quise a Pármeno, y como
dizen: quien bien quiere a Beltrán, a todas sus cosas ama[6]. Todos
sus amigos me agradavan, el buen servicio de su amo, como a él
mismo me plazía. Donde vía su daño de Calisto, le apartava.*

En P 1514 falta la palabra *amigo*, pero está en la mayoría de las ediciones
antiguas de la *Tragicomedia Vid.* Herriott (1964: 89) para *collatio.*

[5] 'sin montura'

[6] El refrán castellano que documenta Cejador (1913/1968: II, 159) es "Quien
quiere a Beltrán, quiere a su can".

Pues como esto assí sea, acordé dezirte, lo uno, que conozcas el amor que te tengo y quánto contigo y con tu visitación siempre me alegrarás, y que en esto no perderás nada, si yo pudiere, antes te verná provecho. Lo otro y segundo, que pues tu pongo mis ojos en ti, y mi amor y querer, avisarte que te guardes de peligros, y más de descobrir tu secreto a ninguno, pues ves quánto daño vino a Pármeno y a Sempronio de lo que supo Celestina. Porque no querría verte morir mal logrado como a tu compañero. Harto me basta aver llorado al uno. Porque has de saber que vino a mí una persona y me dixo que le avías tú descubierto los amores de Calisto y Melibea, y cómo la avía alcançado, y cómo vvas cada noche a le acompañar, y otras muchas cosas que no sabría relatar. Cata, amigo, que no guardar secreto es propio de las mugeres; no de todas, sino de las baxas, y de los niños. Cata que te puede venir gran daño. Que para esto te dio Dios dos oýdos y dos ojos, y no más de una lengua, porque sea doblado lo que vieres y oyeres que no el hablar. Cata no confíes que tu amigo te ha de tener secreto de lo que le dixeres, pues tú no le sabes a ti mismo tener. Quando ovieres de yr con tu amo Calisto a casa de aquella señora, no hagas bullicio, no te sienta la tierra, que otros me dixeron que yvas cada noche dando bozes como loco de plazer.

Sos.—¡O, cómo son sin tiento y personas desacordadas las que tales nuevas, señora, te acarrean! Quien te dixo que de mi boca lo havía oýdo no dize verdad. Los otros, de verme yr con la luna de noche a dar agua a mis cavallos, holgando y aviendo plazer, diziendo cantares por olvidar el trabajo y desechar enojo, y esto antes de las diez, sospechan mal; y de la sospecha hazen certidumbre, affirman lo que barruntan. Sí, que no estava Calisto loco, que a tal hora avía de yr a negocio de tanta affrenta sin esperar que repose la gente, que descansen todos en el dulçor del primer sueño. Ni menos avía de yr cada noche, que aquel officio no çufre cotidiana visitación. Y si más clara quieres, señora, ver su falsedad, como dizen que toman antes al mentiroso que al que coxquea, en un mes no avemos ydo ocho vezes, y dicen los falsarios rebolvedores que cada noche.

ARE.—Pues por mi vida, amor mío, porque yo los acuse y tome en el lazo del falso testimonio, me dexes en la memoria los días que avéys concertado de salir, y si yerran estaré segura de tu secreto y cierta de su levantar. Porque no siendo su mensaje verdadero, será tu persona segura de peligro y yo sin sobresalto *de tu vida. Pues tengo esperança de gozarme contigo largo tiempo.*

Sos.—*Señora, no alarguemos los testigos. Para esta noche en dando el relox las doze, está hecho el concierto de su visitación por el huerto. Mañana preguntarás lo que han sabido, de lo qual, si alguno te diere señas, que me tresquilen a mí a cruces[7].*

Are.—*¿Por qué parte, alma mía, porque mejor los pueda contradezir si anduvieren errados vacilando?*

Sos.—*Por la calle del vicaro gordo[8], a las espaldas de su casa.*

Eli.—*¡Tiénente, don handrajoso! ¡No es más menester! Maldito sea el que en manos de tal azemilero se confía. ¡Qué desgoznarse haze el badajo!*

Are.—*Hermano Sosia, esto hablado, basta para que tome cargo de saber tu innocencia y la maldad de tus adversarios. Vete con Dios, que estoy ocupada en otro negocio y me he detenido mucho contigo.*

Eli.—*¡O sabia muger! ¡O despidiente propio, qual le merece el asno que ha vaziado su secreto tan de ligero!*

Sos.—*Graciosa y suave señora, perdóname si te he enojado con mi tardança. Mientra holgares con mi servicio, jamás hallarás quien tan de grado aventure en él su vida. Y queden los ángeles contigo.*

Are.—*Dios te guíe. ¡Allá yrás, azemilero! ¡Muy ufano vas, por tu vida! Pues toma para tu ojo, vellaco, y perdona que te la doy de espaldas. ¿A quién digo? Hermana, sal acá. ¿Qué te parece quál le embío? Assí sé yo tratar los tales, assí salen de mis manos los asnos, apaleados como éste; y los locos, corridos; y los discretos, espantados, y los devotos, alterados; y los castos, encendidos. Pues, prima, aprende, que otra arte es esta que la de Celestina; aunque ella me tenía por bova, porque me quería yo serlo. Y pues ya tenemos deste hecho sabido quanto desseávamos, devemos yr a casa de aquellotro cara de ahorcado que el jueves eché delante de ti baldonado de mi casa, y haz tú como que nos quieres fazer amigos y que rogaste que fuesse a verlo.*

---

[7] *tresquilar a cruces*, 'cortar el pelo con total desorden, y sin reparo'; Cf. Aut (1737: s.v. *trasquilar*). Cejador (1913/1963: II, 161), apoyándose en el *Fuero Juzgo* (12, 3, 2, 3tc) indica que se trata de un castigo que daban a blasfemos y judíos.

[8] La calle del Vicario Gordo ha sido uno de los mayores dolores de cabeza de quienes desempeñan la labor policial de localizar concretamente la acción de *La Celestina*, pues no la encuentran en ninguna de las ciudades candidatas. Por fin, Morales (1950) ha indicado que podría haber sido una calle no rotulada, como casi todas en aquella época, y que se la citase, como referencia, por alguien que viviera allí: sería la calle donde vivía aquel conocido cliente de Celestina, el vicario gordo.

XVIII

ARGUMENTO DEL DECIMOOCTAVO AUTO

Elicia determina de fazer las amistades entre Areúsa y Centurio por precepto de Areúsa y vanse a casa de Centurio, onde ellas le ruegan que *aya de vengar las muertes en Calisto y Melibea; el qual lo premetió delante dellas. Y como sea natural a éstos no hazer lo que prometen *escúsase como en el proceso paresce.

ELI.—¿Quién está en su casa?

CEN.—*Mochacho, corre, verás quién osa entrar sin llamar a la puerta. Torna, torna acá, que ya he visto quién es. No te cubras con el manto, señora; ya no te puedes esconder, que, *quando vi adelante entrar a Elicia, vi que no podía traer consigo mala compañía ni nuevas que me pesassen, sino que me avían de dar plazer.*

ARE.—*No entremos, por mi vida, más adentro, que se estiende ya el vellaco, pensando que le vengo a rogar. Que más holgara con la vista de otras como él que con la nuestra. Bolvamos, por Dios, que me fino en ver tan mal gesto. ¿Paréscete, hermana, que me traes por buenas estaciones, y que es cosa justa venir de bísperas y entrarnos a ver un desuellacaras que ay está?*

ELI.—*Torna, por mi amor, no te vayas; si no, en mis manos dexarás el medio manto.*

CEN.—*Tenla, por Dios, señora, tenla. No se te suelte.*

ELI.—*Maravillada estoy, prima, de tu buen seso. ¿Quál hombre ay tan loco y fuera de razón que no huelgue de ser visitado, mayormente de mugeres? Llégate acá, señor Centurio,*

* ayan
* escusare
* quanto

qué en cargo de mi alma, por fuerça haga que te abraçe, que yo
pagaré la fruta[1].

ARE.—*Mejor lo vea yo en poder de justicia y morir a manos de*
sus enemigos, que yo tal gozo le dé. ¡Ya, ya hecho ha conmigo
para quanto biva! ¿Y por quál carga de agua le tengo de abraçar
ni ver a esse enemigo? Porque le rogué estotro día que fuesse una
jornada de aquí, en que me yva la vida, y dixo de no.

CEN.—*Mándame tú, señora, cosa que yo sepa hazer, cosa que*
sea de mi officio. Un desafío con tres juntos, y si más vinieren,
que no huya por tu amor. Matar un hombre, cortar una pierna o
braço, harpar el gesto[2] *de alguna que se aya ygualada contigo:*
estas tales cosas, antes serán hechas que encomendadas. No me
pidas que ande camino ni que te dé dinero, que bien sabes que no
dura conmigo, que tres saltos daré sin que me se cayga blanca.
Ninguno da lo que no tiene. En una casa bivo qual vees, que
rodará el majadero por toda ella sin que tropiece. Las alhajas[3]
que tengo es el axuar de la frontera, un jarro desbocado, un
assador sin punta. La cama en que me acuesto está armada sobre
aros de broqueles, un rimero de malla rota por colchones, una
talega de dados por almohada. Que, aunque quiero dar colla-
ción, no tengo qué empeñar sino esta capa harpada que traygo
acuestas.

ELI.—*Assí goze, que sus razones me contentan a maravilla,*
como un santo está obediente, como ángel te habla, a toda razón
se allega; ¿qué más le pides? Por mi vida, que le hables y pierdas
enojo, pues tan de grado se te offresce con su persona.

CEN.—*¿Offrescer *dizes, señora? Yo te juro por el sancto*
martilogio, de pe a pa, el braço me tiembla de lo que por ella
entiendo hazer, que contino pienso cómo la tenga contenta y
jamás acierto. La noche passada soñava que hazía armas, en un
desafío por su servicio, con quatro hombres que ella bien
conosce, y maté al uno. Y de los otros que huyeron, el que más
sano se libró me dexó a los pies un braço yzquierdo. Pues muy
mejor lo haré despierto de día, quando alguno tocare en su
chapín.

---

[1] Posiblemente *yo pagaré la fruta* signifique: 'yo me haré responsable', como *yo pagaré el plato,* pero el pasaje es oscuro. Singleton (1958: 281, n. 116), basado en Corominas, cree que *fruta* aquí es sinónimo de 'postre', y que la expresión pudiera significar 'even if she takes it out on me later'.

[2] 'cortar, marcar la cara'.

[3] 'utensilios'; Cf. la nota 7 del acto XV.

* diez

ARE.—*Pues aquí te tengo, a tiempo somos. Yo te perdono con condición que me vengues de un cavallero que se llama Calisto, que nos ha enojado a mí y a mi prima.*

CEN.—*¡O, reñiego de la condición! Dime luego si esta confessado.*

ARE.—*No seas tú cura de su ánima.*

CEN.—*Pues sea assí; embiémosle a comer al infierno sin confessión.*

ARE.—*Escucha, no atajes mi razón. Esta noche lo tomarás.*

CEN.—*No me digas más, al cabo estoy. Todo el negocio de sus amores sé y los que por su causa ay muertos, y lo que os tocava a* *vosotras, *por dónde va, y a qué hora, y con quién es. Pero dime, ¿quántos son los que le acompañan?*

ARE.—*Dos moços.*

CEN.—*Pequeña presa es essa, poco cevo tiene aý mi espada. Mejor cevara ell en otra parte esta noche, que estava concertada.*

ARE.—*Por escusarte lo hazes. A otro perro con esse huesso. No es para mí essa dilación. Aquí quiero ver si dezir y hazer si comen juntos a tu mesa.*

CEN.—*Si mi espada dixesse lo que haze, tiempo le faltaría para hablar. ¿Quién sino ella puebla los mas cimenterios? ¿Quién haze ricos los cirujanos desta tierra? ¿Quién da contino que hazer a los armeros? ¿Quién destroça la malla muy fina? ¿Quién haze riça de los broqueles de Barcelona? ¿Quién revana los capataces de Calatayud, sino ella? Que los caxquetes de'lmazén assí los corta como si fuessen hechos de melón. Veynte años ha que me da de comer. Por ella soy temido de hombres y querido de mugeres, sino de ti. Por ella le dieron Centurio por nombre a mi abuelo, y Centurio se llamó mi padre, y Centurio me llamo yo.*

ELI.—*Pues ¿qué hizo el espada por qué ganó tu abuelo esse nonbre? Dime, ¿por ventura fue por ella capitán de cient hombres?*

CEN.—*No, pero fue rufián de cient mugeres.*

ARE.—*No curemos de linaje ni hazañas viejas. Si has de hazer lo que te digo, sin dilación determina, porque nos queremos* *yr.

CEN.—*Más desseo ya la noche por tenerte contenta que tú por verte vengada, y porque más se haga todo a tu voluntad, escoge qué muerte quieres que le dé. Allí te mostraré un reportorio en*

* vosotros
* oýr

que ay sietecientas y setenta species de muertes; verás quál más te agradare.

ELI.—*Areúsa, por mi amor, que no se ponga este fecho en manos de tan fiero hombre. Más vale que se quede por hazer que no escandalizar la ciudad, por donde nos venga más daño de lo passado.*

ARE.—*Calla, hermana; díganos alguna que no sea de mucho bullicio.*

CEN.—*Las que agora estos días yo uso y más traygo entre manos son espaldarazos sin sangre, o porradas de pomo de espada, o revés mañoso; a otros agujero como harnero a pu- ñaladas, tajo largo, estocada temerosa, tiro mortal. Algún día doy palos por dexar holgar mi espada.*

ELI.—*No passe, por Dios, adelante; déle palos, porque quede castigado y no muerto.*

CEN.—*Juro por el cuerpo santo de la letanía no es más en mi braço derecho dar palos sin matar que en el sol dexar de dar bueltas al cielo.*

ARE.—*Hermana, no seamos nosotras lastimeras. Haga lo que quisiere, mátele como se le antojare. Llore Melibea como tú has hecho. Dexémosle... Centurio, da buena cuenta de lo encomen- dado. De qualquier muerte holgaremos. Mira que no se escape sin alguna paga de su yerro.*

CEN.—*Perdónele Dios, si por pies no se me va. Muy alegre quedo, señora mía, que se ha ofrecido caso, aunque pequeño, en que conozcas lo que yo sé hazer por tu amor.*

ARE.—*Pues Dios te dé buena manderecha, y a él te enco- miendo, que nos vamos.*

CEN.—*El te guíe y te dé más paciencia con los tuyos.*

¡Allá yrán estas putas atestadas de razones! Agora quiero pensar cómo me escusaré de lo prometido, de manera que piensen que puse diligencia con ánimo de executar lo dicho, y no negligencia, por no me poner en peligro. Quiérome hazer doliente; pero, ¿qué aprovecha? Que no se apartarán de la de- manda quando sane. Pues si digo que fue allá y que les hize huyr, pedirme han señas de quién eran, y quántos yvan, y en qué lugar los tomé, y qué vestidos llevavan; yo no las sabré dar. ¡Helo todo perdido! Pues ¿qué consejo tomaré, que cumpla con mi seguridad y su demanda? Quiero embiar a llamar a Traso[4] el co-

---

[4] El nombre de este personaje procede de la comedia de Terencio; es el soldado fanfarrón del *Eunuco; Vid.* Menéndez Pelayo (1910 1961: 288).

xo y a sus dos compañeros, y dezirles que, porque yo estoy occupado esta noche en otro negocio, vayan a dar un repiquete de broquel⁵ a manera de levada⁶, para oxear⁷ unos garçones, que me fue encomendado. Que todo esto es passos seguros, y donde no consiguirán ningún daño, más de fazerlos huyr y bolverse a dormir.

⁵ 'meter ruido, repicando los broqueles con los pomos de las espadas o con las hojas'; Cf. Cejador (1913/1968: II, 172).

⁶ a manera de levada: 'imitando un ataque de espada'; levada fue 'la acción de levantar airosamente la espada o lanza, dando en el aire'. Cf. Cejador (1913/1968: II, 173). Vid. también Aut (1737: ss.vv. levada, levadas).

⁷ 'ahuyentar, espantar con gritos', formado sobre ox, originalmente usada 'para espantar las gallinas u otras aves o animales'; Cf. Aut (1737: s.v. ox). De aquí, oxear; 'espantar con voces la caza, para que se levante y vaya al sitio donde se le ha de tirar' y, en sentido más general, 'espantar y ahuyentar de qualquier suerte alguna cosa'; Cf. Aut (1737: s.v. oxear, acs. 1 y 2).

XIX

ARGUMENTO DEL DECIMONONO AUTO

Yendo Calisto con Sosia y Tristán al huerto de Pleberio a visitar a Melibea, que lo estava esperando, y con ella Lucrecia, cuenta Sosia lo que le acontecio con Areúsa. Estando Calisto dentro del huerto con Melibea, viene Traso y otros por mandado de Centurio a complir lo que avía prometido a Areúsa y a Elicia. A los quales sale Sosia; y oyendo Calisto desde el huerto, onde estava con Melibea, el ruydo que trayan, quiso salir fuera; la qual salida fue causa que sus días *peresciessen, porque los tales este don resciben por galardón, y por esto han de saber dasamar los amadores.

Sos.—*Muy quedo, para que no seamos sentidos; desde aquí al huerto de Pleberio te contaré, hermano Tristán, lo que con Areúsa me ha passado oy, que estoy el más alegre hombre del mundo. Sabrás que ella, por las buenas nuevas que de mí avía oýdo, estava presa de mi amor y embióme a Elicia, rogándome que la visitasse. Y dexando aparte otras razones de buen consejo que passamos, mostró al presente ser tanto mía quanto algún tiempo fue de Pármeno. Rogóme que la visitasse siempre, que ella pensava gozar de mi amor por tiempo. Pero yo te juro, por el peligroso camino en que vamos, hermano, y assí goze de mí, que estuve dos o tres veces por mè arremeter a ella, sino que me empachava la vergüença de verla tan hermosa y arreada[1], y a mí con una capa vieja ratonada. Echava de sí en bulliendo un olor de almizque; yo hedía al estiércol que llevava dentro en los çapatos.*

---

* peresciessen
[1] Las palabras de Sosia provienen, según Lida de Malkiel (1956: 428) de los versos 859-860 del *Eunuchus* de Terencio: "ac uix ipse me continebam quin illam protinus irrumperem, uelut insanus et amens", pero a través del *Poliodorus*.

Tenía unas manos como la nieve, que quando las sacava de rato en rato de un guante parecía que se derramava azahar por casa. Assí por esto, como porque tenía un poco ella de hacer, se quedó mi atrever para otro día. Y aun porque a la primera vista todas las cosas no son bien tratables, y quanto más se comunican mejor se entienden en su participación.

TRI.—*Sosia amigo, otro seso más maduro y esperimentado que no el mío era necessario para darte consejo en este negocio. Pero lo que con mi tierna edad y mediano natural alcanço al presente te diré. Esta muger es marcada ramera, según tú me dixiste; quanto con ella te passó has de creer que no caresce de engaño. Sus offrecimientos fueron falsos, y no sé yo a qué fin. Porque amarte por gentilhombre ¡quántos más terná ella desechados!; si por rico, bien sabe que no tienes más del polvo que se te pega del almohaça; si por hombre de linaje, ya sabrá que te llaman Sosia, y a tu padre llamaron Sosia, nascido y criado en una aldea, quebrando terrones con un arado, para lo qual eres tú más dispuesto que para enamorado. Mira, Sosia, y acuérdate bien si te quería sacar algún punto del secreto deste camino que agora vamos, para con que lo supiesse rebolver a Calisto y Pleberio, de embidia del plazer de Melibea. Cata que la embidia es una incurable emfermedad donde assienta, huésped que fatiga la posada; en lugar de galardón, siempre goza del mal ageno*[2]. *Pues si esto es assí, ¡o, cómo te quiere aquella malvada hembra engañar con su alto nombre, del qual todas se arrean! Con su vicio ponçoñoso quería condenar el ánima por complir su apetito, rebolver tales casas para contentar su dañada voluntad. ¡O arufianada muger, y con qué blanco pan te dava çaraças! Quería vender su cuerpo a trueco de contienda. Oyeme, y si assí presumes que sea, ármale trato doble, qual yo te diré: que quien engaña al engañador... ya me entiendes. Y si sabe mucho la raposa, más el que la toma. Contramínale sus malos pensamientos, escala sus ruyndades quanto más segura la tengas, y cantarás después en tu establo: uno piensa el vayo, y otro el que lo ensilla.*

SOS.—*¡O Tristán, discreto mancebo! Mucho más has dicho que tu edad demanda. Astuta sospecha has remontado, y creo*

---

[2] Para Castro Guisasola (1924: 158) esta definición de la envidia no está muy distante de la que trae el *Rimado de Palacio*: "Embidia es un pecado que muchos males ha,/ de bienes del tu próximo grant pesar te fará,/ e de sus grandes dannos siempre te alegrará".

*que verdadera. Pero, porque ya llegamos al huerto y nuestro
amo se nos acerca, dexemos este cuento, que es muy largo, para
otro día.*

CAL.—*Poned, moços, la escala; y callad, que me paresce que
está hablando mi señora de dentro. Sobiré encima de la pared y
en ella estaré escuchando, por ver si oyré alguna buena señal de
mi amor en absencia.*

MEL.—*Canta más, por mi vida, Lucrecia, que me huelgo en
oýrte, mientra viene aquel señor; y muy passo entre estas verdu-
ricas, que no nos oyrán los que passaren*[3].

LUC.— *¡O quién fuesse la ortelana
de aquestas viciosas flores,
por prender cada mañana,
al partir, a tus amores!*[4]
* Vístanse nuevas collores
los lirios y el açucena,
derramen frescos olores
quando entre por estrena*[5].

MEL.—*¡O quán dulce me es oýrte! De gozo me deshago. No
cesses, por mi amor.*

LUC.— *Alegre es la fuente clara
a quien con gran sed la vea;
mas muy más dulce es la cara*

---

[3] Lo que cantan Lucrecia y Melibea son cinco octavillas con el esquema
ababbcbc, con excepción de la última, que trae dos versos de pie quebrado:
ababcbc.

[4] Esta primera mitad de la octavilla ha dado lugar a interpretaciones múltiples, y
algunas sumamente pintorescas como la de Barth, que recuerda Lida de Malkiel
(1962: 428-9), junto a otras versiones de traductores antiguos y modernos. Los
textos primeros traen "*a* tus amores", pero gran parte de las traducciones parten de
un texto fuente que debe leer "*de* tus amores"; suponen sin duda que no es
explicable que cada mañana los jóvenes partan *a* sus amores, cuando lo que ocurre
es justamente lo contrario. Pero esta interpretación es inadecuada, pues *a tus
amores* es el complemento directo de *prender*, y *cada mañana* y *al partir* son
adverbiales. Lo que los versos dicen es "Quién fuese la hortelana (que viene cada
mañana a cuidar el huerto) de aquellas flores, para detener a Calisto cuando éste se
va". No sé si es necesaria la interpretación de Lida de Malkiel de que Lucrecia
pudiera estar pensando en detenerlo para ella y no para Melibea, pues no veo
relación entre este momento y los celos de la copla de pie quebrado, que muy
claramente hacen referencia a una hipotética dama desconocida.

[5] En esta segunda mitad, donde se invita a la Naturaleza a hermosearse para
celebrar la llegada del amado, Lida de Malkiel (1962: 429) ve la reelaboración de
varios pasajes de las *Eglogas* virgilianas (II, vv. 45 y ss., 55 y ss., VII, 59).

de Calisto a Melibea.
        Pues aunque más noche sea,
con su vista gozará.
¡O, quando saltar le vea,
qué de abraços le dará!

        Saltos de gozo infinitos
da el lobo viendo ganado;
con las tetas, los cabritos;
Melibea, con su amado.
        Nunca fue más desseado
amado de su amiga,
ni huerto más visitado,
ni noche más sin fatiga[6].

MEL.—*Quanto dizes amiga Lucrecia, se me representa delante; todo me parece que lo veo con mis ojos. Procede, que a
muy buen son lo dizes, y ayudarte he yo.*

LUC., MEL.—   Dulces árboles sombrosos,
        humillaos quando veáys
        aquellos ojos graciosos
        del que tanto desseáys.
                Estrellas que relumbráys,
        norte y luzero del día.
        ¿por qué no le despertáys,
        si duerme mi alegría?[7]

MEL.—*Óyeme tú, por mi vida, que yo quiero cantar sola.*

        Papagayos, ruyseñores,
        que cantáys al alvorada,
        llevad nueva a mis amores,
        cómo espero aquí asentada.
        La media noche es passada,

---

[6] La segunda y tercera octavilla parecen reflejar dos pasajes de las *Eglogas* de
Virgilio, pues pueden observarse algunas coincidencias no sólo de contenido, sino
también de sintaxis (II, vv. 63 y ss.; II, vv. 89 y ss.); Cf. Lida de Malkiel (1962: 429).
[7] Según Lida de Malkiel (1962: 429), estos versos parecen adaptación de un
conocido y difundido tema popular, que reelabora Lope en sus "Mañanicas
floridas" de *El Cardenal de Belén, III.*

y no viene;
sabedme si ay otra amada
que lo detiene[8].

CAL.—*Vencido me tiene el dulçor de tu suave canto; no puedo
más suffrir tu penado esperar. ¡O mi señora y mi bien todo!
¿Quál muger podía aver nascida que desprivasse[9] tu gran merescimiento? ¡O salteada melodía! ¡O gozoso rato! ¡O coraçón mío!
¿Y cómo no podiste más tiempo sufrir sin interrumper tu gozo y
complir el desseo de entrambos?*
MEL.—*¡O sabrosa trayción! ¡O dulce sobresalto! ¿Es mi señor de
mi alma? ¿Es él? No lo puedo creer. ¿Dónde estavas, luziente
sol? ¿Dónde me tenías tu claridad escondida? ¿Avía rato que
escuchavas? ¿Por qué me dexavas echar palabras sin seso al ayre,
con mi ronca boz de cisne? Todo se goza este huerto con tu
venida. Mira la luna quán clara se nos muestra, mira las nuves
cómo huyen[10], oye la corriente agua desta fontezica, quanto más
suave murmurio zurrío[11] lleva por entre las frescas yervas.*

[8] Ya Menéndez Pelayo (1910/1961: 273, n. 1) redujo a mera coicidencia la
canción de Melibea y los versos de Safo, ni el texto de la poetisa de Lesbos ni el de
Hefestión, fueron conocidos por Rojas. Castro Guisasola (1924: 21, 181) señala que
las fuentes pudieran ser o la *Estoria de los dos amantes Eurialo franco e Lucrecia*,
de Eneas Silvio, impreso en Salamanca en 1496, o Juan del Encina, bien a través de
una de sus églogas (VII: "La media noche es pasada/ viénese la madrugada"), bien a
través de los versos de su romance *Yo me estaba reposando* ("La media noche
pasada   ya era cercano el día..."), pero se inclina definitivamente a ver la
fuente de estos versos de Melibea en un villancico popular: "La media noche es
pasada/ y el que me pena no viene;/ mi desdicha lo detiene". Lida de Malkiel (1962:
429) la cree también derivada de una canción popular —todavía vivísima en España
y en América— aunque los testimonios antiguos sean todos posteriores a *La
Celestina*. Señala Lida de Malkiel que la canción debió de ser muy popular ya a
finales del siglo XV, apoyada en la versión española de la *Historia de duobus
amantibus* que traduce el parlamento de Eurialo: "iam mediam noctem hic te
opperior" por *ya media noche es pasada que te espero*, lo que deja percibir el
recuerdo del cantarcillo, con su ritmo de pie quebrado y todo.

[9] *desprivar* es variante popular de *privar*: 'apartar, particularizar'; Cf.
Corominas (1954: s.v. *privar*).

[10] Lida de Malkiel (1962: 165) ha notado el contraste de este cielo nublado que
describe Melibea y los cielos limpios de los jardines literarios; piensa que estamos
ante un influjo de la pintura flamenca, donde no son raros los cielos nublados.

[11] El término presenta muchas dificultades de interpretación; parece derivado de
zurrir o *zurrir*, que *Autoridades* hace derivar de un lat. *sufurrare*, y Corominas
(1954: s.v. *zumbar*) considera onomatopéyico. En todos los casos, a pesar de las
discrepancias etimológicas, se da por 'sonar broncamente', significado que no
conviene a esta escena en que Melibea está usando un léxico de valoración positiva

Escucha los altos cipresses, cómo se dan paz unos ramos con otros por intercessión de un templadico viento que los menea. Mira sus quietas sombras, quán escuras están, y aparejadas para encobrir nuestro deleyte. Lucrecia, ¿qué sientes, amiga? ¿Tórnaste loca de plazer? Déxamele, no me le despedaces, no le trabajes sus miembros con tus pesados abraços. Déxame gozar lo que es mío, no me ocupes mi plazer.

CAL.—*Pues, señora y gloria mía, si mi vida quieres, no cesse tu suave canto. No sea de peor condición mi presencia, con que te alegras, que mi absencia, que te fatiga.*

MEL.—*¿Qué quieres que cante, amor mío? ¿Cómo cantaré, que tu desseo era el que regía mi son y hazía sonar mi canto? Pues conseguida tu venida, desaparecióse el desseo, destemplóse el tono de mi boz. Y pues tú, señor, eres el dechado de cortesía y buena criança, ¿cómo mandas a mi lengua hablar y no a tus manos que estén quedas? ¿Por qué no olvidas estas mañas? Mándalas estar sossegadas y dexar su enojoso uso y conversación incomportable. Cata, ángel mío, que assí como me es agradable tu vista sossegada, me es enojoso tu riguroso trato; tus honestas burlas me dan plazer, tus deshonestas manos me fatigan quando passan de la razón. Dexa estar mi ropas en su lugar, y si quieres ver si es el hábito de encima de seda o de paño, ¿para qué me tocas en la camisa? Pues cierto es de lienço. Holguemos y burlemos de otros mill modos que yo te mostraré; no me destroces ni maltrates como sueles. ¿Qué provecho te trae dañar mis vestiduras?*[12]

---

para describir el huerto. No puede aceptarse que el *suave murmurio* sea a la vez un sonido 'desagradable y áspero'. Creo que en este contexto no queda otra alternativa que entender *zurrío* como 'rumorosa'; Corominas trae el valor semántico 'hacer rumor' para *dundunear* (< *zunzunear*) aunque sólo para Cáceres. Otras ediciones antiguas traen *y ruzio* —Vid. Herriott (1964: 250)—, de más difícil interpretación aún. Algunos editores modernos han seguido la 'versión' de Cejador, que estampa *su río*.

[12] Gaspar Barth señaló como fuente de este parlamento de Melibea unos versos de un poema atribuido a Teócrito (*Theocriti*, XXVII, incertorum, 7); Castro Guisasola (1924: 17-18) reconoce algún paralelo entre el *Colloquio amoroso* de Teócrito y este momento de la *Tragicomedia* ("Quid facis satyrisce? quid mamillas intus tetigisti?.../ Conjicis me in sordes, et vestes pulchras contaminas"), aunque lo cree enteramente casual. Con respecto a las quejas de Melibea ante los ímpetus amorosos del galán, Castro Guisasola ha pensado en el Arcipreste de Talavera, pero Lida de Malkiel (1962: 425) advierte muy atinadamente que "señalar esta fuente, aunque sólo como probable, puede inducir a error ya que las circunstancias son muy diferentes: En el Arcipreste se señala la continúa hipocresía de la mujer

CAL.—*Señora, el que quiere comer el ave quita primero las plumas.*

LUC.—*Mala landre me mate si más los escucho. ¿Vida es ésta? ¡Que me esté yo deshaziendo de dentera, y ella esquivándose porque la rueguen! Ya, ya apaziguado es el ruydo: no ovieron menester despartidores. Pero también me lo haría yo, si estos necios de sus criados me fablassen entre día; pero esperan que los tengo que yr a buscar.*

MEL.—*¿Señor mío, quieres que mande a Lucrecia traer alguna colación?*

CAL.—*No ay otra colación para mí sino tener tu cuerpo y belleza en mi poder. Comer y bever, donde quiera se da por dinero, en cada tiempo se puede aver, y qualquiera lo puede alcançar; pero lo no vendible, lo que en toda la tierra no ay ygual que en este huerto, ¿cómo mandas que se me passe ningún momento que no goze?*

LUC.—*Ya me duele a mí la cabeça descuchar, y no a ellos de hablar, ni los braços de retoçar, ni las bocas de besar. ¡Andar! Ya callan; a tres me parece que va la vencida.*

CAL.—Jamás querría, señora, que amaneciesse, según la gloria y descanso que mi sentido recibe de la noble conversación de tus delicados miembros.

MEL.—*Señor, yo soy la que gozo, yo la que gano; tú, señor, el que me hazes con tu visitación incomparable merced.*

SOS.—*¿Assí, vellacos, rufianes, veníades a asombrar a los que no os temen? pues yo juro que si esperárades, que yos hiziera yr como mereciades.*

CAL.—*Señora, Sosia es aquel que da bozes. Déxame yr a valerle, no le maten, que no está sino un pajezico con él. Dame presto mi capa, que está debaxo de ti.*

MEL.—*¡O triste de mi ventura! No vayas allá sin tus coraças; tórnate a armar.*

CAL.—*Señora, lo que no haze espada y capa y coraçón, no lo fazen coraças y capaçete y covardía.*

SOS.—*¿Aún tornáys? Esperadme; quiçá venís por lana*[13].

---

que, sintiendo amor, no lo muestra, y mostrándolo, no lo siente; por lo tanto, las quejas que subraya el *Corbacho* con burla irónica, por falsas, no ofrecen verdadera comparación con estas de Melibea, que son tan sentidas y verdaderas como el amor que siente por Calisto "

[13] La alusión de Sosia es al viejo refrán: "Ir por lana y volver trasquilado"; Cf. Correas (1924: 149).

CAL.—*Déxame, por Dios, señora, que puesta está el escala.*

MEL.—*¡O desdichada yo! ¿Y cómo vas tan rezio y con tanta priessa y desarmado, a meterte entre quien no conosces? Lucrecia, ven presto acá, que es ydo Calisto a un ruydo. Echémosle sus coraças por la pared, que se quedan acá.*

TRI.—*Tente, señor, no baxes, que ydos son; que no era sino Traso el coxo y otros vellacos, que passavan bozeando. Que ya se torna Sosia. Tente, tente, señor, con las manos al escala.*

CAL.—*¡O, válame Santa María! ¡Muerto soy! ¡Confessión!*

TRI.—*Llégate presto, Sosia, que el triste de nuestro amo es caýdo del escala, y no habla ni se bulle.*

SOS.—*¡Señor, señor! ¡A èssotra puerta...!* [14] *¡Tan muerto es como mi abuelo! ¡O gran desventura!* [15]

LUC.—¡Escucha, escucha! ¡Gran mal es éste!

MEL.—¿Qué es esto que oygo, amarga de mí?

TRI.—¡O mi señor y mi bien muerto! ¡O mi señor y nuestra honrra despeñado! ¡O triste muerte y sin confessión! Coge, Sosia, essos sesos de essos cantos, júntalos con la cabeça del desdichado amo nuestro. ¡O día de aziago! ¡O arrebatado fin!

MEL.—¡O desconsolada de mí! ¿Qué es esto? ¿Qué puede ser tan áspero contescimiento como oygo? Ayúdame a sobir, Lucrecia, por estas paredes, veré mi dolor; si no, hundiré con alaridos la casa de mi padre. ¡Mi bien y plazer, todo es ydo en humo! ¡Mi alegría es perdida! ¡Consumiósse mi gloria!

LUC.—Tristán, ¿qué dizes, mi amor! ¿Qué es esso que lloras tan sin mesura?

TRI.—¡Lloro mi gran mal, lloro mis muchos dolores! Cayó mi señor Calisto del escala y es muerto. Su cabeça esta en tres partes. Sin confessión pereció. Díselo a la triste y nueva amiga, que no espere más su penado amor. Toma tú, Sosia dessos pies.

---

[14] El simple de Sosia emplea aquí un refrán —"A esotra puerta, que esta no se abre"; Correas (1924: 1)— utilizado por los hablantes cuando quieren indicar que el interlocutor no escucha, bien por sordez física o psíquica.

[15] Pudieron no haber sido fuentes librescas las que inspiraron la muerte de Calisto, sino el recuerdo de algún suceso real o simplemente la imaginación del autor. Sin embargo, Castro Guisasola (1924: 16, n.1) apunta los siguientes antecedentes literarios: la muerte de Elpenor en la *Odisea* (X, 551-560) y sus muchas imitaciones post-homéricas, entre ellas las de Ovidio (*In Ibim*, 486; *Trist.* 3, 4, 19), Marcial y Plinio en su *Natural Historia*. Ha habido otros intentos de explicación: el de Serís (1954: 199) quien cree que el jurista Rojas quizá se haya basado en un proceso criminal real, y el de Garrido Pallardó (1957: 84, 86 y ss.), quien piensa que Rojas dramatiza un hecho luctuoso acontecido en la judería de Toledo. Para una crítica a estos últimos "devaneos", Cf. Lida de Malkiel (1962: 232, n.).

Llevemos el cuerpo de nuestro querido amo donde no padezca su honrra detrimento, aunque sea muerto en este lugar. Vaya con nosotros llanto, acompáñenos soledad. *síganos desconsuelo, visítenos tristeza, cúbranos luto y dolorosa xerga.

MEL.—¡O la más de las tristes triste![16] ¡Tan tarde alcançado el plazer, tan presto venido el dolor.

LUC.—Señora, no rasgues tu cara ni meses tus cabellos. ¡Agora en plazer, agora en tristeza! ¿Qué planeta hovo que tan presto contrarió su operación? ¡Qué poco coraçón es éste! Levanta, por Dios, no seas hallada de tu padre en tan sospechoso lugar, que serás sentida. Señora, señora, ¿no me oyes? No te amortezcas por Dios. Ten esfuerço para sofrir la pena, pues toviste osadía para el plazer.

MEL.—¿Oyes lo que aquellos moços van hablando? ¿Oyes sus tristes cantares? ¡Rezando llevan con responso mi bien todo! ¡Muerta llevan mi alegría! ¡No es tiempo de yo bivir! ¿Cómo no gozé más del gozo? ¿Cómo tuve en tan poco la gloria que entre mis manos tove?[17] ¡O ingratos mortales! ¡Jamás conocés vuestros bienes, sino quando dellos carescéys![18]

LUC.—Abívate, abiva, que mayor mengua será hallarte en el huerto que plazer sentiste con la venida, ni pena con ver que es muerto. Entremos en la cámara, acostarte as. Llamaré a tu padre y fingiremos otro mal, pues éste no es para poderse encobrir

---

* sigamos

[16] La expresión pudiera venir de una canción de Gómez Manrique cuyos versos dicen: "Con la beldad me prendiste:/ el más de los tristes triste". Cf. Castro Guisasola (1924: 177).

[17] Según Lida de Malkiel (1962: 456) estos reproches que se autodirige Melibea son un recuerdo de las palabras de la heroína de la *Cautelaria*: "vellem te amatorem meum accersire ne, si quandocumque diem claudere extremun mihi obtigerit, dolore possim in hac uita quidquam uoluptatis quod percipere potuerim me praetermisisse".

[18] Se trata de un préstamo del *De Remediis*: "Ingratissimi mortales bona vestra vix aliter quam perdendo cognoscitis" (I, 4 A 2-3); Cf. Deyermond (1961: 58).

XX

ARGUMENTO DEL VEYNTENO AUTO

Lucrecia llama a la puerta de la cámara de Pleberio. Pregúntale Pleberio lo que quiere. Lucrecia le da priessa que vaya a ver su hija Melibea. Levantado Pleberio, va a la cámara de Melibea. Consuélala, preguntando [qué] mal tiene. Finge Melibea dolor de coracón. Embía Melibea a su padre por algunos estrumentos músicos. Sube ella y Lucrecia en una torre. Embía de sí a Lucrecia. Cierra tras ella la puerta. Llégase su padre al pie de la torre. Descúbrele Melibea todo el negocio que havía passado. En fin, déxase caer de la torre abaxo.

PLE.—¿Qué quieres, Lucrecia? ¿Qué quieres tan presurosa? ¿Qué pides con tanta importunidad y poco sosiego? ¿Qué es lo que mi hija ha sentido? ¿Qué mal tan arrebatado puede ser que no aya yo tiempo de me vestir ni me des aun espacio a me levantar?

LUC.—Señor, apresúrate mucho, si la quieres ver viva, que ni su mal conozco de fuerte ni a ella ya de desfigurada.

PLE.—*Vamos presto, anda allá, entra adelante, alça essa antepuerta y abre bien essa ventana, porque le pueda ver el gesto con claridad.* ¿Qué es esto, hija mía? ¿Qué dolor y sentimiento es el tuyo? ¿Qué novedad es esta? ¿Qué poco esfuerço es éste? Mírame, que soy tu padre. Fabla comigo, cuéntame la causa de tu arrebatada pena. ¿Qué has? ¿Qué sientes? ¿Qué quieres? Háblame, mírame, dime la *razón de tu dolor, porque presto sea remediado. No quieras embiarme con triste postrimería al sepulcro. Ya sabes que no tengo otro bien sino a ti. Abre essos alegres ojos y mírame.

MEL.—¡Ay dolor!

* rozon

PLE.—¿Qué dolor puede ser que yguale con ver yo el tuyo?[1] I u madre está sin seso en oýr tu mal. No pudo venir a verte de turbada. Esfuerça tu fuerça, abiva tu coraçón, arréziate de manera que puedas tú comigo yr a visitar a ella. Dime, ánima mía, la causa de tu sentimiento.

MEL.—¡Pereció mi remedio!

PLE.—Hija, mi bien amada y querida del viejo padre, por Dios, no te ponga desesperación el cruel tormento desta tu enfermedad y passión, que a los flacos coraçones el dolor los arguye[2], Si tú me cuentas tu mal, luego será remediado. Que ni faltarán medicinas, ni médicos, ni sirvientes para buscar tu salud, agora consista en yervas, o en piedras, o en palabras, o esté secreta en cuerpos de animales. Pues no me fatigues más, no me atormentes, no me hagas salir de mi seso, y dime qué sientes.

MEL.—Una mortal llaga en medio del coraçón, que no me consiente hablar. No es ygual a los otros males; menester es sacarle para ser curada, que está en lo más secreto dél.

PLE.—Temprano cobraste los sentimientos de la vegez. La moçedad toda suele ser plazer y alegría, enemiga de enojo. Levántate de aý. Vamos a ver los frescos ayres de la ribera; alegrarte has con tu madre, descansará tu pena. Cata, si huyes de plazer, no hay cosa más contraria a tu mal.

MEL.—Vamos donde mandares. Subamos, señor, al açotea alta, porque desde allí goze de la deleytosa vista de los navíos[3]; por ventura afloxará algo mi congoxa.

---

[1] Según Lida de Malkiel (1962: 476) podría tratarse de una reminiscencia bíblica (*Trenos*, I, 12): "O uos omnes qui transitis per uiam, attendite et uidete si est dolor sicut dolor meus!".

[2] Es posible, como apunta Castro Guisasola (1924: 64) que esta frase de Pleberio sea un recuerdo de la *Eneida*: "Degeneres animos timor arguit" (IV, v. 13).

[3] Los navíos que quiere contemplar Melibea desde la azotea alta han sido un punto sumamente controvertible en los intentos por localizar la acción de *La Celestina*. Sevilla se convirtió en la candidata favorita desde Blanco White (1824), ya que el río debía ser navegable; pero Salamanca contó también con defensores. Algunos, como Serrano Sanz (1902), pensaban que Rojas, se tomaba la licencia poética de poner navíos en el Tormes, mientras otros se preguntaban si el Tormes habría sido navegable entonces. Para Ruiz y Bravo-Villasante (1967), los más recientes abogados de Talavera, la vista de los navíos no es problema mayor, pues sin duda se trataría de pequeñas embarcaciones de placer. Los que, mucho más atinadamente, han vuelto la espalda a toda interpretación realista topográfica, piensan en modelos literarios y en pintura de la época. Cf. Pabst (1955: 147) quien señala conexión con la *Eneida*, y Lida de Malkiel (1962: 164) que la rechaza tajantemente, quizá influida por otros despropósitos del libro de Pabst, y piensa en las tablas flamencas, que con frecuencia pintaban ciudades amuralladas al borde de un río, o un mar, con naves.

Ple.—Subamos, y Lucrecia con nosotros.

Mel.—Más, si a ti plazerá, padre mío, mandar traer algún instrumento de cuerdas con que se sufra mi dolor, o tañiendo o cantando, de manera que, aunque aquexe por una parte la fuerça de su acidente, mitigarlo han por otra los dulces sones y alegre armonía.

Ple.—Esso, hija mía, luego es hecho. Yo lo voy a *mandar* aparejar.

Mel.—Lucrecia, amiga *mía*, muy alto es esto. Ya me pesa por dexar la compañía de mi padre. Baxa a él y dile que se pare al pie desta torre, que le quiero dezir una palabra que se me olvidó que fablasse a mi madre

Luc.—Ya voy, señora.

Mel.—De todos soy dexada. Bien se ha adereçado la manera de morir. Algún alivio siento en ver que tan presto seremos juntos yo y aquel mi querido y amado Calisto. Quiero cerrar la puerta, porque ninguno suba a me estorvar mi muerte. No me impidan la partida, no me atajen el camino por el qual, en breve tiempo, podré visitar en este día al que me visitó la pasada noche. Todo se ha hecho a mi voluntad. Buen tiempo terné para contar a Pleberio, mi señor, la causa de mi ya acordado fin. Gran sinrazón *hago a sus canas, gran ofensa a su vegez, gran fatiga le acarreo con mi falta, en gran soledad le dexo. Y caso que por mi morir a mis queridos padres sus días se diminuyessen, ¿quién dubda que no aya avido otros más crueles contra sus padres? Bursia, rey de Bitinia, sin ninguna razón, no aquexándole pena como a mí, mató su propio padre; Tolomeo, rey de Egypto, a su padre y madre y hermanos y muger, por gozar de una manceba; Orestes, a su madre Clistenestra. El cruel emperador Nero, a su madre Agripina, por solo su plazer hizo matar. Estos son dignos de culpa, estos son verdaderos parricidas, que no yo, que con mi pena, con mi muerte purgo la culpa que de su dolor se me puede poner. Otros muchos crueles ovo que mataron hijos y hermanos, debaxo de cuyos yerros el mío no parescerá grande. Philipo, rey de Macedonia; Herodes, rey de Judea; Constantino, emperador de Roma; Laodice, reyna de Capadocia, y Medea, la nigro-mantesa[4]. Todos estos mataron hijos queridos y amados sin ninguna razón, quedando sus personas a salvo. Finalmente, me*

---

* haho

[4] La alusión hace pensar a Castro Guisasola (1924: 166) en la copla 133 del *Laberinto*, donde Mena dice: "Estava sus hijos despedaçando/ Medea la inútil nigromantesa".

ocurre aquella gran crueldad de Phrates, rey de los parthos, que,
porque no quedasse succesor después dél, mató a Orode, su viejo
padre, y a su único hijo y treynta hermanos suyos[5]. *Estos fueron*
delictos dignos de culpable culpa, que guardando sus personas
de peligro, matavan sus mayores y descendientes y hermanos.
Verdad es que, aunque todo esto assí sea, no avía de remedarlos
en lo que mal hizieron; pero no es más en mi mano. Tú, Señor,
que de mi habla eres testigo, ves mi poco poder, ves quán cativa
tengo mi libertad, quán presos mis sentidos de tan poderoso
amor del muerto cavallero, que priva al que tengo con los vivos
padres.

PLE.—Hija mía, Melibea, ¿qué hazes sola? ¿Qué es tu voluntad
dezirme? ¿Quieres que suba allá?

MEL.—Padre mío, no pugnes ni trabajes por venir adonde yo
estó, que estorvaras la presente habla que te quiero fazer.
Lastimado serás brevemente con la muerte de tu única fija. Mi
fin es llegado, llegado es mi descanso y tu passión, llegado es mi
alivio y tu pena, llegada es mi acompañada hora y tu tiempo de
soledad. No havrás, honrrado padre, menester instrumentos
para aplacar mi dolor, sino campanas para sepultar mi cuerpo. Si
me escuchas sin lágrimas, oyrás la causa desesperada de mi
forçada y alegre partida. No la interrumpas con lloro ni palabras;
si no, quedarás más quexoso en no saber por qué me mato, que

---

[5] Todo este largo añadido del interpolador deriva del *De Remediis utriusque*
Fortunae: "Chari inquam sunt parentes: Nonne aiunt Iuppiter Saturnum regno
patrem expulit? Nicomedes Prusiam Bithyniae regem: suum patrem consilia licet
necandi filii agitantem vita privavit? Et Ptolemaeus hinc Philopater dictus: patre ac
matre insuper et frate occisis: ad ultimum et uxore Eurydice interfecta: regnum
Aegypti scortorum sic rexit arbitrio: ut nihil in regno proprium haberet praeter
nudum et inane regis nomen? Nonne et Orestes Clytaemnestram matrem:
Agrippinam Nero: Antipater Thessalonicen interfecit? Chari filii: Nonne Theseus
Hippolytum castissimum: Philippus rex Macedoniae Demetrium filium ado-
lescentem optimum iussit occidi? Nonne et Ptolomaeus alter adversum pietatis
nomen et ipse quoque fidissimus rex Aegypti duos? Et Herodes rex Iudeae unum:
Et Constantinus Romanorum Imperator unum quoque Crispum filium interemit?
Nonne Maleus dux Carthaginensium Carthalonem filum crucifixit? Quin et matres
quarum amor hinc intensior: hinc mitior sexus: in filios saevierunt. Nota omnibus
Medea. Quid Laodice Cappadociaeque regina: quae regnandi cupidine filios
quinque mactavit? Chari inquam parentes: repeto enim: chari filii: chari fratres. At
ut uno exemplo omnis claudatur impietas: Phrates rex Parthorum omnium regum
scelestissimus: omniumque mortalium regnandi non cupiditate sed rabie furiisque
actus Orodem senem et afflictum patrem: ad haec et triginta fratres suos dicti regis
filios: suumque insuper filium occidit: ne quis superesset in Parthia qui regnaret" (I,
52, B 7-22); Cfr. Deyermond (1961: 67-8). Obsérvese que la nómina de Melibea es
selecta y abreviada.

doloroso por verme muerta. Ninguna cosa me preguntes ni respondas más de lo que de mi grado dezirte quisiere. Porque quando el coraçón está embargado de passión, están cerrados los oýdos al consejo, y en tal tiempo las frutuosas palabras, en lugar de amansar, acrecientan la saña[6]. Oye, padre mío, mis últimas palabras, y si como yo espero las recibes, no culparás mi yerro. Bien vees y oyes este triste y doloroso sentimiento que toda la cibdad haze. Bien vees este clamor de campanas, este alarido de gentes, este aullido de canes, este grande estrépito de armas. De todo esto fuy yo la causa. Yo cubrí de luto y xergas en este día quasi la mayor parte de la cibdadana cavallería, yo dexé oy muchos sirvientes decubiertos de señor, yo quité muchas raciones y limosnas a pobres y envergonçantes[7], yo fui ocasión que los muertos toviessen compañía del más acabado hombre que en gracia nasció, yo quité a los vivos el dechado de gentileza, de invenciones galanas, de atavíos y brodaduras, de habla, de andar, de cortesía, de virtud; yo fuy causa que la tierra goze sin tiempo el más noble cuerpo y más fresca juventud, que al mundo era en nuestra edad criada. Y porque estarás espantado con el son de mis no acostumbrados delitos, te quiero más aclarar el hecho. Muchos días son passados, padre mío, que penava por amor un cavallero que se llamava Calisto, al que tú bien conosciste. Conosciste assimismo a sus padres y claro linaje: sus virtudes y bondad a todos eran manifiestas. Era tanta su pena de amor y tan poco el lugar para hablarme, que descubrió su passión a una astuta y sagaz muger que llamavan Celestina. La qual, de su parte venida a mí, sacó mi secreto amor de mi pecho. Descubría a ella lo que a mi querida madre encubría. Tovo manera cómo ganó mi querer, ordenó cómo su desseo y el mío hoviessen efeto. Si él mucho me amava, no vivía engañado. Concertó el triste concierto de la dulce y desdichada execución de su voluntad. Vencida de su amor, díle entrada en tu casa. Quebrantó con escalas las paredes de tu huerto, quebrantó mi propósito. Perdí mi virginidad, *del qual deleytoso yerro de amor gozamos quasi un mes. Y como esta passada noche viniesse, según era acostumbrado,* a la buelta de su venida, como de la

---

[6] Las palabras de Melibea son un recuerdo de las de Diego de San Pedro: "Bien sabes, quando el coraçón está embargado de passión, que están cerrados los oýdos al conseio, y en tal tiempo las fructuosas palabras en lugar de amansar, acrecientan la saña"; *Vid.* Castro Guisasola (1924: 185).

[7] Es forma arcaica —ya lo era para *Autoridades*— de *vergozante* 'pobre de obligaciones, que pide secretamente, y con recato'; Cf. *Aut* (1737: s.v. *vergonzante*).

fortuna mudable estoviese dispuesto y ordenado según su des-
ordenada costumbre; como las paredes eran altas, la noche escura, la escala delgada, los sirvientes que traýa no diestros en
aquel género de servicio, *y él baxava pressuroso a ver un ruydo
que con sus criados sonava en la calle, con el gran ímpetu que
levava,* no vido bien los pasos, puso el pie en vazío y cayó. De la
triste caýda sus más escondidos sesos quedaron repartidos por
las piedras y paredes. Cortaron las hadas sus hilos, cortáronle sin
confessión su vida[8], cortaron mi esperança, cortaron mi gloria,
cortaron mi compañía. Pues ¡qué crueldad sería, padre mío,
muriendo él despeñado, que viviese yo penada! Su *muerte
combida a la mía, combídame y fuerça que sea presto sin
dilación, muéstrame que ha de ser despeñada por seguille en todo. No digan por mí: "A muertos y a ydos..."[9] Y assí, contentarle he en la muerte, pues no tuve tiempo en la vida. ¡O mi
amor y señor Calisto! Espérame, ya voy. Detente, si me esperas;
no me incuses la tardança que hago dando esta ultima cuenta a
mi viejo padre, pues le devo mucho más. ¡O padre mío muy
amado! Ruégote, si amor en esta passada y penosa vida me has
tenido, que sean juntas nuestras sepulturas, juntas nos hagan
nuestras obsequas[10]. Algunas consolatorias palabras te diría
antes de mi agradable fin, coligidas y sacadas de aquellos antigos
libros que tú, por más aclarar mi ingenio, me mandavas leer; sino que ya la dañada memoria, con la gran turbación, me las ha
perdido, y aun porque veo tus lágrimas mal sofridas decir por tu
arrugada haz. Salúdame a mi cara y amada madre, sepa de ti
largamente la triste razón porque muero. ¡Gran plazer llevo de
no la ver presente! Toma, padre viejo, los dones de tu vegez, que
en largos días largas se sufren tristezas. Recibe las arras de tu
senetud antigua, rescibe allá tu amada hija. Gran dolor llevo de
mí, mayor de ti, muy mayor de mi vieja madre. Dios quede

---

[8] La alusión al mito clásico de las Parcas es muy diáfana; quizá sea un eco de la
Comedieta de Ponza (c. 101): "De quien ya la tela cortaron la fadas", como sugiere
Castro Guisasola (1924: 6 169), pero el lugar es muy común en la literatura culta.
* murte
[9] "A muertos y a idos, pocos amigos"; Cf. Correas (1924: 22).
[10] Para Castro Guisasola (1924: 74) estas palabras son las mismas que dice Tisbe
antes de morir en la *Metamorfosis* de Ovidio (IV, 151 y ss.): "Persequar exstinctum;
lethique miserrima dicar/ Causa comesque tui.../ Hoc tamen amborum verbis
estote rogati,/ O multum miserique mei illiusque parentes!,/ Ut, quos certus amor,
quos hora novissima junxit,/ Componi tumulo non invideatis eodem." *Obsequias*
es arcaísmo por 'exequias'.

contigo y con ella. A El ofrezco mi alma. Pon tú en cobro este cuerpo que allá baxa[11].

---

[11] Menéndez Pelayo (1910/1961: 395-6) sugirió que el suicidio de Melibea estaba inspirado en el de Hero en el poema de Museo, *Hero y Leandro*; se basaba en la coincidencia de ciertas circunstancia de la muerte de ambas heroínas, precipitadas torre abajo, y en el hecho insólito y "poco español" del suicidio mismo. Castro Guisasola (1924: 14-17) encuentra, sin embargo, que no es forzoso acudir a tal fuente para encontrar expuesta la idea del suicidio, y cita una instancia del *Tristán de Leonís* (151-2) y sobre todo un fragmento de la Fiammetta, que considera fuente indiscutible de Rojas, no sólo por el suicidio, sino por algún otro detalle, como la idea de desviar al ama (Lucrecia en el caso de la *Tragicomedia*) para que no le entorpezca su propósito: "Mas allende de todas estas maneras me ocurrió la muerte de Phenice cayda del muy alto muro cretense y aquesta sola guisa me plugo de seguir por infalible muerte y quita de todo disfamo, diziendo: "Yo de las altas partes de la mi casa echádame el cuerpo despedaçado en cien partes y por todas ciento dará la desventurada ánima'." La *Fiammetta* boccacciana se publicó en Salamanca en 1497, en versión española. Castro Guisasola subraya además, que el suicidio de Melibea se aleja del de Hero en la premeditación y el planeamiento cuidadoso que contrasta con el arrebato de Hero. También Berndt (1963: 67-68) señala puntualmente las semejanzas entre la *Fiammetta* y *La Celestina*, inclinándose hacia el texto de Boccaccio como fuente del suicidio, pero además, desentierra unos diálogos escritos por el humanista Diego Ramírez Villaescusa compuestos a raíz de la muerte del príncipe don Juan, hijo de los Reyes Católicos; en uno de ellos, entre el Rey Fernando y la viuda, doña Margarita, esta se expresa en términos parecidos a los de las heroínas clásicas: "¿Dónde estás, mi querido Juan? Respóndeme. Te sonreirás si yo me sonrío. Venid, mujeres de los cimbrios; soy germana como vosotras y quiero imitar vuestro valor. ¿Pondré fin a mi vida con el lazo o con el precipicio?..." El diálogo sigue elaborando este lugar entre ayes de lamento, alusiones a las Parcas y a las Furias, y muchos ejemplos clásicos. Cf. Berndt (1963: 112-113, nota). El suicidio por amor de las heroínas, como señala Lida de Malkiel (1962: 447), no era nada excepcional en las letras españolas de entonces, y citando a Matulka, dice: "constituye un tema fijo en la novela sentimental española: Juan Rodríguez del Padrón, Fernando de la Torre, Juan de Flores, Diego de San Pedro". La renovación de los estudios clásicos familiarizó a autores y lectores con las enamoradas suicidas de la antigüedad: Filis, Fedra, Dido, Deyanira, Hero, Safo. Pabst (1961) piensa que el suicidio de Melibea debe mucho al de Dido; su análisis arroja más de doce coincidencias entre uno y otro, y concluye que es evidente la alusión a Virgilio. También Lida de Malkiel (1956: 418) se había mostrado partidaria de la influencia de Virgilio.

XXI

ARGUMENTO DEL VEYNTE Y UN AUTO

Pleberio tornado a su cámara con grandíssimo llanto. Pregúntale Alisa, su muger, la causa de tan súpito mal. Cuéntale la muerte de su hija Melibea, mostrándole el cuerpo della todo hecho pedaços, y haziendo su planto concluye.

ALI.—¿Qué es esto, señor Pleberio? ¿Por qué son tus fuertes alaridos? Sin seso estava adormida del pesar que ove quando oý dezir que sentía dolor nuestra hija; agora, oyendo tus gemidos, tus vozes tan altas, tus quexas no acostumbradas, tu llanto y congoxa de tanto sentimiento, en tal manera penetraron mis entrañas, en tal manera traspasaron mi coraçón, assí abivaron mis turbados sentidos, que el ya rescebido pesar alançé de mí. Un dolor sacó otro, un sentimiento otro. Dime la causa de tus quexas. ¿Por qué maldizes tu honrrada vegez? ¿Por qué pides la muerte? ¿Por qué arrancas tus blancos cabellos? ¿Por qué hieres tu honrrada cara? ¿Es algún mal de Melibea? Por Dios, que me lo digas, porque si ella pena no quiero yo vivir.

PLE.—¡Ay, ay, noble muger! ¡Nuestro gozo en el pozo! [1] ¡Nuestro bien todo es perdido! ¡No queramos más vivir! Y porque el incogitado[2] dolor te dé más pena, todo junto sin

---

[1] En el texto de *La Celestina*, tanto en el de la *Comedia* como en el de la *Tragicomedia*, sorprenden algunas frases y expresiones en extremo coloquiales que chocan duramente al lector de hoy; quizá la más notable de ellas, sea esta de Pleberio, que en realidad disuena mucho con el 'decoro' general de la escena. Cf. Bataillon (1963-64). Este contraste no ha sido sentido sólo por lectores modernos; algunas ediciones antiguas han eliminado la frase del solemne parlamento de Pleberio.

[2] 'impensado, sorpresivo'; es término usado anteriormente para traducir el *inexpectato* de Petrarca; Cf. la nota 15 del acto XIV.

pensarle, porque más presto vayas al sepulcro. porque no llore yo solo la pérdida dolorida de entramos, ves allí a la que tú pariste y yo engendré, hecha pedaços. La causa supe della; mas la he sabido por estenso desta su triste sirvienta. Ayúdame a llorar nuestra llagada postremería. ¡O gentes que venís a mi dolor! ¡O amigos y señores, ayudáme a sentir mi pena!³ ¡O mi hija y mi bien todo! Crueldad sería que viva yo sobre ti; más dignos eran mis sesenta años de la sepultura que tus veynte⁴. Turbóse la orden del morir con la tristeza que te aquexava. ¡O mis canas, salidas para aver pesar! Mejor gozara de vosotras la tierra que de aquellos ruvios cabellos que presentes veo. Fuertes días me sobran para vivir. Quexarme he de la muerte, incusarla he su dilación, quanto tiempo me dexare solo, depués de ti. Fálteme la vida, pues me faltó tu agradable compañía⁵. ¡O muger mia! Levántate de sobre ella, y si alguna vida te queda, gástala comigo en tristes gemidos, en quebrantamiento y sospirar. Y si por caso tu espíritu reposa con el suyo, si ya has dexado esta vida de dolor, ¿por qué quesiste que lo passe yo todo? En esto tenés ventaja las hembras a los varones, que puede un gran dolor sacaros del mundo sin lo sentir, o a lo menos perdéys el sentido, que es parte de descanso. ¡O duro coraçón de padre! ¿Cómo no te quiebras de dolor, que ya quedas sin tu amada heredera? ¿Para quien edifiqué torres? ¿Para quién adquirí honrras? ¿Para quién planté árboles? ¿Para quién fabriqué navíos?⁶ ¡O tierra dura! ¿como me sostienes?

---

³ Según Lida de Malkiel (1962: 476) se trata de un recuerdo bíblico (*Trenos*, I, 12): "O uos omnes qui transitis per uiam, attendite et uidete si est dolor sicut dolor meus!".

⁴ Menéndez Pelayo (1910/1961: 352) fue el primero en indicar el muy estrecho paralelo entre estas palabras de Pleberio y la lamentación de la madre de Leriano en la *Cárcel de amor*: "¡O muerte! Más razón avía para que conservases los veynte años del hijo moço, que para que dexases los sesenta de la vieja madre. ¿Por qué volviste el derecho al revés?".

⁵ Parece una reminiscencia bíblica, de los *Salmos* (CXXXVII, 5): "Si oblitus fuero tui, Jerusalem, obliuioni detur dextera mea": Cf. Lida de Malkiel (1962: 476).

⁶ Estas palabras de Pleberio han dado lugar a las interpretaciones más encontradas. El enfoque realista las ve, bien como señalamiento topográfico, bien como testimonio étnico-social: Si Pleberio construye barcos, la acción hay que situarla en Sevilla; Cf. Manacya (1938), aunque con reservas, y lo dicho en la nota 3 del acto XX; si Pleberio se dedica a la edificación y a la construcción de navíos, debía tratarse de un converso, pues las tales ocupaciones estuvieron siempre en manos de judíos (!): Cf. por sobre todos a Sánchez Albornoz (1956). Bataillon (1961), por su parte, piensa que las torres edificadas y los barcos construidos sólo hablan del estado nobiliario de Pleberio. La crítica que ve esencialmente huellas literarias apunta al unísono a Petrarca, con excepción de Pabst (1961) que oye aquí

¿Adónde hallará abrigo mi desconsolada vegez? ¡O fortuna variable, ministra y mayordoma de los temporales bienes!, ¿por qué no executaste tu cruel ira, tus mudables ondas, en aquello que a ti es subjeto? ¿Por qué no destruyste mi patrimonio? ¿Por qué no quemaste mi morada? ¿Por qué no asolaste mis grandes heredamientos? Dexárasme aquella florida planta en quien tú poder no tenías; diérasme, fortuna flutuosa, triste la mocedad con vegez alegre, no pervertieras la orden. Mejor sufriera persecuciones de tus engaños en la rezia y robusta edad, que no en flaca postremería.

¡O vida de congoxas llena, de miserias acompañada! ¡O mundo, mundo! Muchos mucho de ti dixeron, *muchos en tus qualidades metieron la mano. A diversas cosas por oýdas te compararon; yo, por triste esperiencia, lo contaré, como a quien las ventas y compras de tu engañosa feria no prósperamente sucedieron, como aquel que mucho ha fasta agora callado tus falsas propiedades, por no encender con odio tu yra, porque no

---

un eco de la desventurada Dido cuando se pregunta a sí misma por qué permitió que los barcos de Eneas fuesen reconstruidos *(Eneida*, VI, vv. 537 y ss.), que, como sin duda supondrá el lector tienen poco que ver con los barcos de Pleberio. En realidad se trata de un recuerdo del *De Remediis* (I, 90 B 2-8), que lee: "Expectata puto mercium navis applicuit: periculum evasisti: extruxiste domum: exarasti aruum: putasti vineam: rigasti prata: compegisti aream: insevisti arbores: effodisti rivos: texuisti sepem: columbarium erexisti: misisti greges in pascua: apes in alvearia: sementem in sulcos: novas merces in maria: tuto loco collocatum foenus: plena arcula: dives aula: cultus thalamus: referta horrea: spumans penu: provista dos filiae: coniugium nato: empta populi gratia blando ambitu: parta suffragia: pronum ad the opibus summis atque honoribus atratum iter: O foelicem te: Restat ut gaudeas"; Cf. Cejador (1913/1968: II, 202), Lida de Malkiel (1962: 473) y sobre todo, Deyermond (1961: 60). Se observará que Petrarca no menciona ni la construcción de navíos ni las torres, por eso Deyermond señala que se trata de un recuerdo verbal lejano, y formula dos hipótesis: o Petrarca y Rojas elaboran una fuente común, posiblemente el *Ecclesiastes* (II, 4-12), o existe entre ambos una fuente intermedia desconocida. Aun cuando se acepta que el eco es de Petrarca, las opiniones interpretativas están divididas: Gilman (1956: 176 y ss.) ve aquí la excesiva confianza de Pleberio en la seguridad material, que se ha esmerado en resguardar su vejez con riquezas, pero Lida de Malkiel (1962: 473-4) rechaza la interpretación, haciendo ver que lo indicado por el texto es la excesiva confianza del anciano padre "en sus defensas contra el Amor, no en su prosperidad material". Casa (1968) no cree —contra Bataillon— que las torres y los barcos sean un símbolo de status, sino que sirven para subrayar la desilusión de Pleberio, que creía en un orden y en una lógica sucesión de eventos, pero que se encuentra con que nada de eso era cierto.

* mucho

me *secasses sin tiempo esta flor que este día echaste de tu poder.
Pues agora, sin temor, como quien no tiene qué perder, como
aquel a quien tu compañía es ya enojosa, como caminante pobre,
que sin temor de los crueles salteadores va cantando en alta voz.
Yo pensava en mi más tierna edad que eras y eran tus hechos
regidos por alguna orden; agora, visto el pro y la contra de tus
bienandanças, me pareces un *laberinto de errores, un desierto
espantable, una morada de fieras, juego de hombres que andan
en corro, laguna llena de cieno, región llena de espinas, monte alto, campo pedregoso, prado lleno de serpientes, huerto florido y
sin fruto, fuente de cuydados, río de lágrimas, mar de miserias,
trabajo sin provecho, dulce ponçoña, vana esperança, falsa
alegría, verdadero dolor[7]. Cévasnos, mundo falso, con el manjar
de tus deleytes; al mejor sabor nos descubres el anzuelo[8]. No lo
podemos huyr, que nos tiene ya caçadas las voluntades. Prometes mucho, nada no cumples; échasnos de ti porque no te podamos pedir que mantengas tus vanos prometimientos. Corremos
por los prados de tus viciosos vicios, muy descuydados, a rienda suelta; descúbresnos la celada quando ya no ay lugar de bolver[9]. Muchos te dexaron con temor de tu arrebatado dexar:
bienaventurados se llamarán, quando vean el galardón que a este
triste viejo has dado en pago de tan largo servicio. Quiébrasnos el

---

* sacasses
* labarinto

[7] Este pasaje del parlamento de Pleberio deriva del texto de las *Epistolae* de
Petrarca: "Labyrinthus errorum: circulatorum ludus: desertum horribile: limosa
palus: senticulosa regio: vallis hispida: mons praeruptus: caligantes speluncae habi-
tatio ferarum: terra infoeix: campus lapidosus: vepricosum nemus: pratum
herbidum plenumque serpentibus: florens hortus ac sterilis: fons curarum: fluvius
lachrymarum: mare miseriarum: quies anxia: labor inefficax: conatus irritus: grata
pherenesis: pondus infaustum: dulce virus: degener metus: inconsulta securitas:
vana spes: ficta fabula: falsa laeticia: verus dolor" (122 A 4-9); Cf. Deyermond
(1961: 73).

[8] Para Lida de Malkiel (1962: 268), estamos ante un recuerdo del *Diálogo del
Viejo, el Amor y la Hermosa*, atribuido a Cota: "qué es el çevo con que engañas/
nuestra mudable afición", (c. 7fg).

[9] Foulché-Delbosc (1902) apuntó la posibilidad de que este pasaje de Pleberio
estuviese inspirado en una de las *Coplas manriqueñas:*" Los plazeres y dulzores/
desta vida trabajada/ que traemos,/ ¿qué son sino corredores/ y la muerte la cela-
da/ en que caemos?/ No mirando a nuestro daño/corremos a rienda suelta/sin
parar:/ desde vemos el engaño/ y queremos dar la vuelta/ no ay lugar". Castro
Guisasola (1924: 178), sin embargo, la cree sólo probable, ya que es expresión que
comparte el refranero popular antiguo.

ojo y úntasnos con consuelos el casco[10]. Hazes mal a todos, porque ningún triste se halle solo en ninguna adversidad, diziendo que es alivio a los míseros como yo tener compañeros en la pena. Pues desconsolado viejo, ¡qué solo estoy!

Yo fuy lastimado sin haver ygual compañero de semejante dolor, aunque más en mi fatigada memoria rebuelvo presentes y passados. Que si aquella severidad y paciencia de Paulo Emilio me viniere a consolar, con pérdida de dos hijos muertos en siete días, diziendo que su animosidad obró que consolase él al pueblo romano y no el pueblo a él, no me satisfaze, que otros dos le quedavan dados en adobción[11]. ¿Qué compañía me ternán mi dolor aquel Pericles, capitán ateniense, ni el fuerte Xenofón, pues sus pérdidas fueron de hijos absentes de sus tierras? Ni fue mucho no mudar su frente y tenerla serena, y el otro responder al mensajero, que las tristes albricias de la muerte de su hijo le venía a pedir, que no recibiesse él pena, que él no sentía pesar. Que todo esto bien diferente es a mi mal.

Pues menos podrás dezir, mundo lleno de males, que fuimos semejantes en pérdida aquel Anaxágoras y yo, que seamos yguales en sentir, y que responda yo, muerta mi amada hija, lo que él [a] su único hijo, que dixo: "Como yo fuesse mortal, sabía que havía de morir el que yo engendrava"[12]. Porque mi Melibea mató a sí misma de su voluntad, a mis ojos, con la gran fatiga de amor que la aquexava; el otro matáronle en muy lícita batalla. ¡O incomparable pérdida! ¡O lastimado viejo! Que quanto más busco consuelos, menos razón fallo para me consolar. Que si el

---

[10] Cejador (1913/1968: II, 205) anota aquí un recuerdo del *Diálogo* de Cota: "Robador fiero sin asco,/ ladrón de dulce despojo,/ bien sabes quebrar el ojo/ y después untar el casco".

[11] Se trata de uno de los casos en que Rojas suplementó la entrada del *Index* de las obras de Petrarca con la lectura del texto; la entrada *Pauli Aemilii* lo llevó a la Epístola 12 del *De Rebus familiaribus*: "Aemilius Paulus vir amplissimus et suae aetatis ac patriae summum decus: ex quattuor filiis praeclarissimae indolis: duos extra familiam in adoptionem aliis dando ipse sibi abstulit: duos reliquos intra septem dierum spatium mors rapuit: Ipse tamen orbitatem suam tam excelso animo pertulit ut prodiret in publicum: Ubi audiente populo romano casum suum: tam magnifice consolatus est"; Cf. Deyermond (1961: 42-43).

[12] El caso de Anaxágoras es similar al de Emilio Paulo; la entrada del *Index* dice parcamente: "Anaxagorae Philosophi constantia in morte filii sui", que no satisface como fuente de Rojas, pero el texto del *De Rebus familiaribus* amplía: "Anaxagoras mortem filii nuncianti: Nihil inquit novum aut inespectatum audio: ego enim cum sim mortalis sciebam ex me genitum esse mortalem"; Cf. Deyermond (1961: 40, 42).

profeta y rey David al hijo que enfermo llorava, muerto no quiso llorar, diziendo que era casi locura llorar lo irrecuperable, quedávanle otros muchos con que soldase su llaga. Y yo no lloro triste a ella muerta, pero la causa desastrada de su morir. Agora perderé contigo, mi desdichada hija, los miedos y temores que cada día me espavorecían; sola tu muerte es la que a mí me haze seguro de sospecha[13].

¿Qué haré quando entre en tu cámara y retraymiento y la halle sola? ¿Qué haré de que no me respondas si te llamo? ¿Quién me podrá cobrir la gran falta que tú me hazes? Ninguno perdió lo que yo el día de oy, aunque algo conforme parescía la fuerte ani- mosidad de Lambas de Auria, duque de los ginoveses[14], que a su hijo herido con sus braços desde la nao echó en la mar. Porque todas estas son muertes que, si roban la vida, es forçado complir con la fama. Pero ¿quién forçó a mi hija a morir, sino la fuerte fuerça de amor? Pues mundo halagüero, ¿qué remedio das a mi fatigada vegez? ¿Cómo me mandas quedar en ti conosciendo tus falacias, tus lazos, tus cadenas y redes, con que pescas nues- tras flacas voluntades? ¿A dó me pones mi hija? ¿Quién acom- pañará mi desacompañada morada? ¿Quién terná en regalos mis años que caducan?

¡O amor, amor! ¡Que no pensé que tenías fuerça ni poder de matar a tus subjetos! Herida fue de ti mi juventud, por medio de tus brasas passé. ¿Cómo me soltaste, para me dar la paga de la huyda en mi vegez? Bien pensé que de tus lazos me avía librado quando los quarenta años toqué, quando fui contento con mi

[13] Como demuestra Deyemond (1961: 61-62) todo este fragmento del planto de Pleberio deriva del *De Remediis*: "Nec te praeterit: ut Propheta idem et rex filium quem languentem fleverat: non flevit extinctum: cogitans quae irrecuperabilia lugere supervacuae dementiae verius quam pietatis est... Amisisti simul et metus multos infinitamque materiam sollicitudinum et curarum: quibus ut careres vel tibi vel filio moriendum fuit. Securum patrem sola mors facit" (II, 48 A 12-14, B 1-3).

[14] B 1499 trae: *atenienses*, que de acuerdo a la fuente es evidente error. El pasaje reproduce otro del *De Rebus familiaribus*, de Petrarca, donde se lee: "Lambas de Auria: vir acerrimus atque fortissimus: dux Ianuensium fuisse narratur: eo maritimo praelio quod primum cum Venetis habuerunt... Cumque in eo congressu filius illi unicus florentissimus adolescens qui paternae navis proram obtinebat: sagitta traiectus: primus omnium corruisset: ac circa iacentem luctus horrendus sublatus esset: accurrit pater et non gemendi inquit: sed pugnandi tempus est. Deinde versus ad filium postquam in eo nullam vitae spem videt... proiecit in medios fluctus" (Ep. 13 C); Cf. Deyermond (1961: 72-73), pero la fuente había sido señalada ya por Cejador (1913/1966: II, 208). Obsérvese que el texto latino dice *dux Ianuensium*, es decir, *duque de los ginoveses*.

conjugal compañera, quando me vi con el fruto que me cortaste
el día de oy. No pensé que tomavas en los hijos la vengança de los
padres. Ni sé si hieres con hierro ni si quemas con fuego. Sana
dexas la ropa, lastimas el coraçón. Hazes que feo amen y
hermoso les parezca[15]. ¿Quién te dio tanto poder? ¿Quién te puso
nombre que no te conviene? Si amor fuesses, amarías a tus
sirvientes. Si los amases, no les darías pena. Si alegres viviessen,
no se matarían, como agora mi amada hija. ¿En qué pararon tus
sirvientes y sus ministros? La falsa alcahueta Celestina murió a
manos de los más fieles compañeros que ella, para su servicio
enpoçoñado jamás halló. Ellos murieron degollados; Calisto,
despeñado, Mi triste fija quiso tomar la misma muerte por
seguirle. Esto todo causas. Dulce nombre te dieron; amargos
hechos hazes. No das yguales galardones. Iniqua es la ley que a
todos ygual no es[16]. Alegra tu sonido, entristece tu trato
Bienaventurados los que no conociste o de los que no te cu-
raste[17]. Dios te llamaron otros, no sé con qué error de su sentido traýdos. Cata que Dios mata los que crió[18]; tú matas los
que te siguen. Enemigo de toda razón, a los que menos te sirven
das mayores dones, hasta tenerlos metidos en tu congoxosa dança. Enemigo de amigos, amigo de enemigos, ¿por qué te riges sin
orden ni concierto? Ciego te pintan, pobre y moço[19] Pónente un
arco en la mano, con que tiras a tiento; más ciegos son tus
ministros, que jamás sienten ni veen el desabrido galardón que se
saca de tu servicio. Tu fuego es de ardiente rayo, que jamás haze
señal do llega. La leña que gasta tu llama son almas y vidas de
humanas criaturas, las quales son tantas, que de quien començar

[15] En esta invectiva contra el Amor, Pleberio parece recordar varios versos del
Arcipreste de Hita: "fazes por muger fea perder omne apuesto", 404a; "al que mejor
te syrue, a él fieres quando tiras", 183c; "eres mal enemigo a todos quantos plases",
372c (cito por el Ms S); Cf. Cejador (1913/1968: II, 210-211).

[16] Tomada del *De Remediis*, de Petrarca: "Iniquissima vero lex: quae non
omnibus una est" (I, I A 7); Cf. Deyermond (1961: 58).

[17] La alusión parece ser a los *Salmos* (I,1): "Beatus uir qui non abiit in consilium
impiorum et in uia peccatorum non stetit"; Cf. Lida de Malkiel (1962: 477).

[18] Singleton (1958: 202, n. 119) piensa que el original pudo haber dicho "que
Dios *no* mata...", pues le parece una frase en extremo violenta; sin embargo, él
mismo cita, por boca de Américo Castro, un proverbio andaluz que dice: "Dios que
los crió, Dios que los mate". Parece que el sentido de esta frase de Pleberio es
contrastar el hecho de que Dios quita la vida porque la dio, pero el Amor, sin darla, y
sólo por seguirlo, la quita, lo cual es una patente injusticia.

[19] Para Lida de Malkiel (1962: 268) estas palabras son un recuerdo del *Diálogo
del Amor, el Viejo y la Hermosa* (c. 23f): "siendo moço, pobre e ciego"

pueda, apenas me ocurre[20]. No sólo de christianos, mas de gentiles y judíos, y todo en pago de buenos servicios. ¿Qué me dirás de aquel Macías de nuestro tiempo, cómo acabó amando[21], cuyo triste fin tú fuiste la causa? ¿Qué hizo por ti Paris? ¿Qué, Elena? ¿Qué hizo Ypermestra? ¿Qué, Egisto? Todo el mundo lo sabe. Pues a Sapho, Ariadna, Leandro, ¿qué pago les diste? Hasta David y Salomón no quisiste dexar sin pena. Por tu amistad Sansón pagó lo que mereció, por creerse de quien tú le forçaste a darle fe. Otros muchos que callo, porque tengo harto que contar en mi mal.

Del mundo me quexo porque en sí me crio, porque no me dando vida, no engendrara en él a Melibea; no nascida, no amara; no amando, cessara mi quexosa y desconsolada postrimería[22]. ¡O mi compañera buena! ¡O mi hija despedaçada! ¿Por qué no quesiste que estorvasse tu muerte? ¿Por qué no hoviste lástima de tu querida y amada madre? ¿Por qué te mostraste tan cruel con tu viejo padre? ¿Por qué me dexaste quando yo te havía de dexar? ¿Por qué me dexaste penado? ¿Por qué me dexaste triste y solo in hac lachrimarum valle?[23]

[20] Siguen las influencias del *Diálogo* atribuido a Cota: "De los tuyos más de dos,/ por colorar tu locura, te pusieron nombre dios.../ que si fuesses quien te llamas...,/ la leña para tus llamas/ no serían vidas ni famas/ de quien sigue tus plazeres" (C. 24); Cf. Lida de Malkiel (1962: 268).

[21] Lida de Malkiel (1962: 17) hace derivar este pasaje del *Laberinto* de Mena: "Tanto andovimos el cerco mirando,/ que nos fallamos con nuestro Maçías,/ e vimos que estava llorando los días/ con que su vida tomó fin amando..." (c. 105); Cree la autora que también hay influencia de la copla 115.

[22] Estas palabras de Pleberio parecen recordar los versos de una canción (*Ya no sufre mi cuydado*) de Juan de Mena: "Mas quéxome de la tierra/ porque me sufre en el mundo;/ ca si muriera en nascer,/ o si nascido muriera,/ no me plugiera el plazer,/ ni me diera yo al querer,/ ni él a mí no se diera"; *Vid.* Castro Guisasola (1924: 164-5).

[23] Es expresión que provine directamente de la *Salve Regina*; había sido utilizada antes en latín (*Coplas de Mingo Revulgo*) y en romance (Gómez Manrique); Lida de Malkiel (1962: 477) señala que ocurre como designación ascética del mundo en la literatura hebraico-española coetánea de Rojas. A propósito de esta expresión, Rösler (1938: 365 y ss.) creía ver alguna relación entre el planto de Pleberio y el de los padres de San Alejo en la leyenda sobre el santo, pero todo conspira contra sus razonamientos, como ha señalado Lida de Malkiel (1962: 479, n.): si las versiones castellanas de la leyenda son todas posteriores a *La Celestina*, si —como la misma Rösler reconoce— no hay posibilidad de que Rojas se inspirase en los *Acta sanctorum* o en el poema francés, quedan como fuentes únicas posibles, las versiones latinas, pero el hecho de que en muchas de ellas el lamento de la madre lea: "Quis dabit oculis meis fontem lachrymarum?" no significa nada, máxime cuando hay tanta distancia entre las lágrimas que brotan de los ojos, convertidos en fuentes, de la angustiada madre y la expresión de Pleberio.

CONCLUYE EL AUTOR

APLICANDO LA OBRA AL PROPOSITO POR QUE LA ACABO.

Pues aquí vemos quán mal fenescieron
aquestos amantes, huygamos su dança.
Amemos a aquél que espinas y lança,
açotes y clavos su sangre vertieron.
Los falsos judíos su haz escupieron,
vinagre con hiel fue su potación;
porque nos lleve con el buen ladrón,
de dos que a sus santos lados pusieron.

No dudes ni ayas verguença, lector,
narrar lo lascivo, que aquí se te muestra;
que siendo discreto verás ques la muestra
por donde se vende la honesta lavor.
De nuestra vil massa con tal lamedor,
consiente coxquillas de alto consejo
con motes y trufas del tiempo más viejo;
escriptas a bueltas le ponen sabor.

Y assí, no me juzques por esso liviano,
más antes zeloso de limpio bivir,
zeloso de amar, temer y servir
al alto Señor y Dios soberano.
Por ende, si vieres turvada mi mano,
turvias con claras mezclando razones,
dexa las burlas , ques paja y grançones,
sacando muy limpio dentrellas el grano.

ALONSO DE PROAZA,

CORRECTOR DE LA IMPRESION,

AL LECTOR

La harpa de Orpheo y dulce armonía
forçava las piedras venir a su son,
abríe los palacios del triste Plutón,
las rápidas aguas parar las hazía.
Ni ave bolava ni bruto pascía;
ella assentava en los muros troyanos
las piedras y froga sin fuerça de manos,
según la dulçura con que se tañía.

PROSIGUE Y APLICA.

Pues mucho más puede tu lengua hazer,
lector, con la obra que aquí te refiero:
que a un coraçón más duro que azero
bien la leyendo harás liquescer;
harás al que ama amar no querer,
harás no ser triste al triste penado,
al que sin aviso, harás avisado;
assí que no es tanto las piedras mover.

PROSIGUE.

No debuxó la comica mano
de Nevio ni Plauto, varones prudentes
tan bien los engaños de falsos sirvientes
y malas mugeres en metro romano;
Cratino y Menandro y Magnes anciano
esta materia supieron apenas
pintar en estilo primero de Athenas,
como este poeta en su castellano.

DICE EL MODO QUE SE HA DETENER LEYENDO ESTA TRAGICOMEDIA.

Si amas y quieres a mucha atención
leyendo a Calisto mover los oyentes,
cumple que sepas hablar entre dientes,
a vezes con gozo, esperança y passión,
A vezes ayrado, con gran turbación.
Finge leyendo mil artes y modos,
pregunta y responde por boca de todos,
llorando y riyendo en tiempo y sazón.

DECLARA UN SECRETO QUE EL AUTOR ENCUBRIO EN LOS METROS QUE PUSO AL PRINCIPIO DEL LIBRO.

No quiere mi pluma ni manda razón
que quede la fama de aqueste gran hombre,
ni su digna fama, ni su claro nombre,
cubierto de olvido por nuestra ocasión.
Por ende juntemos de cada renglón
de sus onze coplas la letra primera,

las quales descubren por sabia manera
su nombre, su tierra, su clara nación.

TOCA COMO SE DEVIA LA OBRA LLAMAR TRAGICOMEDIA Y NO COMEDIA.

Penados amantes jamás conseguieron
dempresa tan alta tan prompta victoria,
como estos de quien recuenta la hystoria,
ni sus grandes penas tan bien succedieron.
Mas, como firmeza nunca tovieron
los gozos de aqueste mundo traydor,
supplico que llores, discreto lector,
el trágico fin que todos ovieron.

DESCRIBE EL TIEMPO Y LUGAR EN QUE LA OBRA PRIMERAMENTE SE IMPRIMIO ACABADA.

El carro Phebeo después de aver dado
mill y quinientas bueltas en rueda,

ambos entonces los hijos de Leda
a Phebo en su casa teníen possentado.
Quando este muy dulce y breve tratado,
después de revisto y bien corregido,
con gran vigilancia puntado y leýdo,
fue en Salamanca impreso acabado.

CLÁSICOS UNIVERSALES PLANETA